人啊，认识你自己！

——人类两次大思潮运动

罗铭泉 ◎ 著

中国出版集团 | 全国百佳图书
中国民主法制出版社 | 出版单位

图书在版编目（CIP）数据

人啊，认识你自己！：人类两次大思潮运动 / 罗铭泉著 . —北京：中国民主法制出版社，2024.9.
ISBN 978-7-5162-3601-7

Ⅰ．K103

中国国家版本馆 CIP 数据核字第 20245PB266 号

图 书 出 品 人／刘海涛
出 版 统 筹／石　松
责 任 编 辑／刘险涛　吴若楠
文 字 编 辑／高文鹏

书　　　名／人啊，认识你自己！——人类两次大思潮运动
作　　　者／罗铭泉　著

出版·发行／中国民主法制出版社
地　　址／北京市丰台区右安门外玉林里 7 号（100069）
电　　话／（010）63055259（总编室）　63058068　63057714（营销中心）
传　　真／（010）63055259
http：//www.npcpub.com
E-mail／mzfz@npcpub.com
经　　销／新华书店
开　　本／16 开　710 毫米 ×1000 毫米
印　　张／15.5　字　数／197 千字
版　　本／2024 年 10 月第 1 版　2024 年 10 月第 1 次印刷
印　　刷／廊坊市海涛印刷有限公司

书　　号／ISBN 978-7-5162-3601-7
定　　价／68.00 元
出版声明／版权所有，侵权必究。

（如有缺页或倒装，本社负责退换）

卷首语

谨以此书献给所有希望认识自己的人。

不管是从东方的哲理方向去认识"人之为人",明白自己的个性、感情,抑或是通过西方的科学手段去理解"人之为物",了解自己的基因、遗传密码,都祝愿你们能有所获,做个善良的人,为构建美好的"人类命运共同体"多做贡献。

序

  人在尘间，存活靠爱；小爱为私，为的是家族更好地生活；大爱为公，为的是人类整体和谐地生存，这也是人类命运共同体理念的题中应有之义。

  人类历史是用血泪写成的，主要原因是小爱多，大爱寡。到人类第一次大思潮运动在中华大地铺开后（百家争鸣，前770—前476年），人类开始有了真正意义上的人文哲学，开始在哲理的摸索探讨中找到方向，在道德伦理的修炼上找到方法，在人类行为的规范方面找到出路。这就是以道德伦理为基础的民本思想。在人类社会千万年的发展历程中，这一人兽的本质区别被挖掘出来了，但要使它传播好却是件十分艰难的事，要把它传遍全人类，传给一些对东方道德伦理毫无概念的族群，传给一些通过不同宗教信仰早已形成另一套价值观的民族，乃至传给一些仍在人类文明边缘地带的部落，让所有人都能理解并接受肯定更难。这一点到今天我们还远远没能做到。

  汉武帝罢黜百家，独尊儒术，民本思想在董仲舒的平衡下，终于在帝王阶层的利益和广大人民的利益之间找到了共同点，在利益与共、相对和谐的背景下，帝国之路被引导至一条以忠孝廉耻、仁义礼

人啊，认识你自己！
—— 人类两次大思潮运动

智信为主导思想的文明之路上。儒家学说从此一发不可收拾，在中华大地上已经流传了两千多年。人类文明的路也就是在汉代岔开，一条是东方哲理文明之路，另一条仍然是以武力主宰的帝国之路。

我们不妨用历史的轨迹来印证一下。我们会发现，自汉以后人类文明从东往西走是探索人文文明的丝绸之路，而反过来从西往东走的则是以武力开拓的帝国之路。看来，汉末人类文明的发展方向已很明确。

"人啊，认识你自己"，希腊人就这样抛出了一句有问无答的口号。而在差不多同一时期，中国人从哲学的角度切入，已经找到了这句话的答案。

两千年后人类第二次大思潮运动（文艺复兴，14—17世纪）爆发，带来了科学文明体系的确立，于是从埃及木乃伊的解剖学，到今天科技、医学对人体的物质性的认识，构成了我们在这方面对人的认知。科学是进步了，丰富的物质世界令人迷乱，本就难管的人心更难控制了，名利场上的角逐愈演愈烈，与看重精神修养、淡泊名利的文明的对立，已经到了不可忽视的地步。

庄子的《秋水》篇里有一个故事，说在南方有一种鸟，名叫鹓鶵，这种鸟十分爱干净，不是梧桐树它不下来栖息，不是竹子的果实它不吃，不是山泉活水它不喝。碰巧有一只鸱鹰找到了一只腐烂的死老鼠，正准备在树上吃，看到鹓鶵飞过，生怕它下来抢，就抬头"吓"的一声，想把它吓走。

今天，中国人凭自己的力量发展国家，不抢夺、不欺骗，我们富强了，可是，我们的勤奋却换回来远处"吓"声一串。看来鸱鹰还不少呀！

前言

人类的心灵是脆弱的,因为无知,在一些认知空白的领域上,我们是无助的;古时如此,今日仍然如此。物质、金钱与科技的力量表面上好像为一些人提供了无可言状的自信,可是骨子里他们脆弱的神经往往是不堪一击的。

占卜问事,几乎是所有古代人类尝试对很多迷惑不解的自然现象和悬而未决的大事(包括国家大事),寻求一个可以令人心安的答案或预测一个可以接受的结果的共同手段。在希腊雅典西北约一百七十千米处,有一座举世闻名的阿波罗神殿,它的祭坛就是供占卜问事用的,而且不止为希腊所用,也为欧亚附近地区公用。于是,千余年间王公贵族和金银珠宝纷至沓来,这个地方就是德尔斐。

在阿波罗神殿的外侧,刻有七位智者的名言,其中有一位叫塔列斯,他的名言就是:"人啊,认识你自己!"这么简简单单看上去毫不起眼的一句话,想深了,却比千言万语更耐人寻味,刻在被看作世界精神中心的神殿上,其意义更不能小觑。在一个神殿上要求人认识自己而不是简单地相信神,这本身就带有很大的挑战意味。这样的话多说无益,字越少越含糊,流传的机会就越大,也越能开拓广阔的思

人啊，认识你自己！
—— 人类两次大思潮运动

想空间，让世人细细品味与体会。

这句被认为点燃了希腊文明火花的警语"人啊，认识你自己"，后来被著名的思想家苏格拉底作为自己哲学研究的核心命题。苏格拉底在哲学观点上自成一体，为古希腊文明标出了他人难以企及的思想高度。他认为，自然哲学家的方法都是错误的，他们不关心自身而去关心自然，并且在对宇宙万物本原的探讨上以感官物为依据，以自然物作原因，众说纷纭，让人无所适从。

苏格拉底认为，认识自己就是认识心灵的内在原则，即认识德行。这里的"德行"原指事物的特性、品格、特长、功能，具体到人就是"人的本性"。"善"是自然万物的内在原因和目的，体现在人身上，就是"德行"。我们可以通过下面两个故事来了解他的两个核心观点。

当苏格拉底知道尤苏戴莫斯雄心勃勃，想在将来竞选城邦的领袖时，就对他说："一个希望当领袖的人必须有治国齐家的本领，但是，一个非正义的人能掌握这种才能吗？"

"当然不能。一个非正义的人甚至连做一个良好的公民都不够格。"尤苏戴莫斯坚定地回答。

"那么，你知道什么叫正义的行为，什么叫非正义的行为吗？"苏格拉底继续问并拿出羊皮纸，把"正义"和"非正义"分开写在羊皮纸的两边，要尤苏戴莫斯一一列举。

尤苏戴莫斯把虚伪、欺骗、奴役、偷窃、抢劫都放在"非正义"的一边。然后，苏格拉底问："作战时，潜入敌方军营，偷窃其作战图是非正义行为吗？为防绝望中的朋友自杀，把他藏在枕头底下的刀偷走，难道不应该吗？生病时儿子不肯吃药，父亲就骗他，把药当饭给他吃，使儿子很快恢复了健康，这种欺骗行为又应该怎么理解呢？……"

这一连串的问题，使尤苏戴莫斯一时语塞，哑口无言。

苏格拉底在破除了对方的成见后，就正面进行引导，接着他就指出什么样的知识对人来说是最为重要的，这就是"认识你自己"。

苏格拉底另外一个观点是"德行即知识"。他认为自然万物真正的主宰和原因并不是物质性的本原，而是它的内在目的——"善"。由于我们都不具备认识自然本性的能力，所以哲学的真正对象不是自然万物而是人自己，即认识人的善，这也是万物所追求的同一目的。在自然界特别是有机界中存在的和谐、均衡、完美等自然现象，都是由于事物追求"好"或"善"而形成的。

苏格拉底同时认为，人并不是生来就能认识自己的本性，只有在理性指导下才能认识自己的德行。也就是说，未经理性调节管控的生活是没有价值的，一个人只有真正认识自己，才能实现自己的本性，完成自己的使命，成为一个有德行的人。而且，苏格拉底进一步指出，趋善避恶是人的本性，没有人志愿追求恶或他认为恶的东西，是行善还是作恶，关键取决于他的知识，因而每个人在他有知识的事情上是善的，在他无知识的事情上则是恶的。他用了另一个故事解释他在这方面的观点。

某天，苏格拉底很早就来到市场上，他一把拉住一个过路人问："向您请教一个问题。人人都说要做一个有道德的人，但道德究竟是什么呢？"

那人回答说："忠诚老实，不欺骗别人。"

苏格拉底装作不懂的样子接着问："但为什么和敌人作战时，我军将领却千方百计地去欺骗敌人呢？"

"欺骗敌人是符合道德的，但欺骗自己人就不道德了。"

苏格拉底立即反驳道："当我军被敌军包围时，为了鼓舞士气，将领就欺骗士兵说：'士兵们，我们的援军已经到了，向前冲啊！大家奋力突围出去。'突围果然成功了，但是大家根本就没有看到什么援兵，这种欺骗道德吗？"

那人说："那是战争中出于无奈才这样做的，日常生活中这样做就是不道

人啊，认识你自己！
—— 人类两次大思潮运动

德的。"

苏格拉底又问："假如您的儿子生病了，又不肯吃药，你欺骗他说：'赶快吃吧，这不是药，而是一种很好吃的东西。'这也是不道德吗？"

那人只好承认："这种欺骗也是符合道德的。"

苏格拉底接着又问："不骗人是道德的，骗人也可以是道德的。道德不能用骗不骗人来说明。究竟用什么来说明它呢？"

那人想了想，说："不知道道德就不能做到道德，知道了道德才能做到道德。"

所以，苏格拉底倡导"知德合一"的学说，他认为正确的行为来自正确的思想，美德基于知识，源于知识，没有知识便不能为善，也不会有真正的幸福。他认为，从怀疑自己的知识开始的自我认识是认识美德的来源。他常常爱说的一句话是："我除了知道我的无知这个事实外，一无所知。"

苏格拉底明显地指出西方对自然科学的偏重和对人文道德、德行方面的知识的欠缺，但他始终未能使西方摆脱宗教的某些羁绊，使人性释放出应有的善意与光芒，结果是西方文明沿着惯性的轨迹向前滑行，终于在文艺复兴后，在两次世界大战的强大推动下爆发出一个现代工业科技文明来。可惜的是，这个文明的侧重点既不在民生，也不在科学，却在战争武器的研究开发上。

占卜神谕在目前世界上的广大地区仍未过时，很多政权的掌权者都是通过向神灵宣誓，从神灵的"默认"中证明和巩固自己权力来源的合法性和合理性的。当然，我们也知道，在政教合一的管治体制下，这些作用到今天已不复存在，只剩下简单的仪式功能了。

两千多年前，希腊人在神殿上提出一句简单却有力，并且不乏挑战性的警语，它足以成为一门哲学的命题，苏格拉底更是穷尽一生去研究它、破解它。但到这里，我们不禁要问，希腊的思想家除了从被神灵囿固的思想体系中艰难地敲开一条缝隙，开始回到对人自身的认识并发出考问外，到底有什么具体的建树，尤其是能够上升到理论高度的哲理思想，成为一门哲学呢？西方除了神学外又是否有真正"人文"的哲学呢？人类要文明，就必须要发展出一套与"人"的德行相匹配的人文哲学。那么，"人"又应该有什么德行呢？因为只有自然科学的文明远不是完整的文明。通过接下来的分析，笔者希望能给读者提供一个合理的答案。

目 录

第一章　人啊，认识你自己 / 001

第二章　文明的曙光 / 006

第三章　三皇树纲　五帝传法 / 008

第四章　三代擘画　一秦立命 / 012

  4.1　夏代（约前 21—前 16 世纪）/ 014

  4.2　商代（约前 1600—前 1046 年）/ 025

  4.3　周代（前 1046—前 221 年）/ 039

  4.4　秦代（前 221—前 207 年）/ 092

第五章　第一次大思潮：中国哲理思想体系的确立 / 102

  5.1　易经 / 104

  5.2　礼记 / 107

  5.3　道德经 / 110

  5.4　儒家四书 / 120

  5.5　《孙子兵法》/ 132

5.6　法家 / 136

　　　5.7　墨家 / 139

第六章　汉固一统　民本统一 / 142

　　　6.1　汉朝（前202—220年）/ 143

　　　6.2　罗马帝国 / 159

第七章　第一次大思潮运动对当时世界文明格局的影响 / 173

　　　7.1　第一次大思潮时期的世界文明格局 / 174

　　　7.2　帝国之路在延续 / 177

第八章　第二次大思潮：文艺复兴到科学体系的确立 / 178

　　　8.1　欧洲的文艺复兴 / 183

　　　8.2　启蒙运动 / 190

　　　8.3　西方科学体系的确立 / 197

　　　8.4　数的和谐 / 200

　　　8.5　欧洲的"百家争鸣"与秩序重整 / 203

第九章　李约瑟之问与元明清之殇 / 206

第十章　科学需要伦理道德 / 221

后　记 / 227

后记之后 / 231

第一章
人啊，认识你自己
◀◀◀

"人啊，认识你自己"，一句充满智慧的希腊思想家的感叹语传颂了两千多年，但它好像一株孱弱细小的树干，在周遭宗教、神学等参天大树的阴影下生长，不多的小树枝挂着不多的树叶，不开花也不结果。西方的人文哲学大概就像这株小树一样，虽然不时会有一些警语、感叹语，好比挂在小树枝上不多的树叶，可就是没有在人文德行、伦理道德的基础上发展出一套系统的理论，缺少了恰当的养分，又何来精神哲学？

在我们从人类历史长河中，寻找前人与人性有关、与伦理道德有关、与哲学有关的人文元素前，我们应该认真地思考一下，什么是人？有漂亮外表、堂皇的衣冠就算是人吗？有一些连话都不会说的"人"，他们在狼群中长大、在猴群中长大，与人好像都已经不沾边了，那他们算什么？可是，就算他们什么都不是，也可能比一些人好，至少他们不反人类，他们不会有邪恶、无良的信念。他们没有道德伦理、羞耻善恶的观念，只有活下去的动物本能。

我们不能光从"进化论"这个角度去认识人，因为它不全面、不感性、没人情味，西方的学术界就是这样进入误区的。

那我们该怎样去认识人呢？

首先，我们可以从物性的角度去看人，这就是人一开始就具备的动物属性，与其他动物没有不同，都是为了生存而生存，都比较单纯。随着时间的推移，在与所有物种一同进化的过程中，人，慢慢变得不再老实、不再单纯了。

很多人看人只看外表，把注意力全放在种族肤色、美丑肥瘦、身材高矮上，而把人之所以为人最重要的思想德行部分全忽略了。这些人又从他们关注的角度开发出他们所谓"美"的标准，并通过讲究、奢华的包装，隆重的推介营销活动，把人们的注意力引导到一个个误区里去。

地球上的动物很多，人类与它们的不同在于思考能力、动手能力与各自不尽相同的分辨是非的能力，于是我们学会协作、创作、制造，在相互竞争的过程中不仅学会了生存、学会了应对挑战，还学会了破坏，学会了霸占，学会了驯服、管理、控制。人类是众多动物中唯一会为了非生存需要而杀戮的动物。

英国生物学家赫胥黎在他的《进化论与伦理学》上卷中，依据达尔文学说阐述自然界生物竞争、适者生存的进化规律；在下卷，他认为人类具有相亲相爱的先天本性，高于其他所有动物，因而进化规律不适用于人。只不过在缺乏牢固的伦理道德基础的土壤里、在古树参天阳光稀缺的环境中，真正的人文哲学论说总会引来很多批评与指责，也总难冒尖。而且，在一些集团与国家的利益面前，人文哲学只能居于次要地位或沦为摆设，点缀门面，这就是为什么"帝国主义之路"在西方走得这么踏实，两千多年的兴替轮回，迄今不衰。

其实，这些有关人文的论点，早在两千多年前已被中国的孔子、孟子、墨子等人细加阐释，并自汉代以后为各朝各代极力推崇，其理论广为流传且成体系，在整个中华大地开花结果。

墨子提倡的是人类的"兼爱"，孔孟思想的核心之一是"民本思想"，他们

第一章
人啊，认识你自己

一众人等为中华人文文明打下了坚固的哲理基础，为我们应该如何为"人"开发了一条形而上的通道。所以，要真正认识人，我们还得从这个非物性的角度入手。

从非物性的角度去看人，人变得看不见摸不着，那就复杂得多了。总的来说，在这个角度人又可分为三类，即感性的人、灵性的人和悟性的人。

（一）感性的人——人是感性的动物，因感觉而存在；没有感觉的人，譬如，痴呆的人乃至植物人，他们只能说是高度物性的人，已经没有多少"人"的意味了。

感性的人自然有感觉、感情、感受，并从诸多有感中生情、生爱、生恻隐之心等，这就是"人性"善的部分，也就是人的良知。如果这部分泯灭了，很多邪恶的东西就会跑出来，而战争恰恰最能提供这样质变的环境。当一个国家年年月月都在鼓吹武力至上，派航母四处游弋挥舞大棒；当一个国家岁岁年年都要动用军队，不是为了自卫而是为了所谓"国家利益"而大动干戈，这样的国家能带领人类走向光明吗？

感觉当然也能生恨、生痛、生苦，反正是七情六欲，在所难免。如何管控好个人的感觉、感情、感受，是一门大学问，留待后文分析。不过，不会管控自己的人是大多数，此乃世界不得安宁的最大缘由。

（二）灵性的人——人的心灵需要与每个人的阅历有很大的关系，越是跌宕起伏的人生，心灵的需要越复杂。简单举个例子吧，长年征战的国家，退役军人的数目肯定比一般国家多好多倍，这些特殊的平民心中免不了积存一些战场上的阴影。当硝烟归于平静，很多人的心灵却平静不下来，梦魇随之而生，有人因之自杀、有人因之患上精神病，也有人转而作恶成为社会的祸害。这些国家的大兵在退役后需要精神调养的比例极高。没有这些经历而又胸怀坦荡的人，难以理解梦魇。

人啊，认识你自己！
—— 人类两次大思潮运动

　　人对心灵的需要其实各不相同，但宗教却能在众多的不同中找到人们需要的共通点，为众生提供一个简单的"解脱"方法，于是，简简单单的"心诚则灵"便成了联系信徒们的手段和满足他们精神需要的良方。

　　信仰与理想可以是慰藉心灵更高层次的选择，在追寻崇高理想的过程中，人们难免会面对很多艰难险阻乃至巨大的挑战与牺牲，不过这些考验也能激发出人无私奉献的精神，因为"无私"、因为"忘我"，所以"感人"，这种精神内含的力量是惊人的，改变人类历史、改变人类命运靠的往往就是这种精神力量、这种无私奉献。当一个人带领着一群人为了众人的幸福走进这境界，"英雄"由是而生、"圣者"由是而出，很多宗教、主义、信仰的源头人物都是这样为万众景仰、为万民敬服的，这大概就是人在灵性部分所能做到的最大限度了。当然，这种人实属凤毛麟角，少之又少。

　　世界上所有宗教无分好坏，许多教义都是引人向善的，可惜的是，有些宗教或为不恰当的人控制，或与只重利益、草菅人命的政权挂钩，而致表里不一，误导世人。罗马帝国曾施行政教合一制度，宗教与政权交织，权贵们更是随心所欲，人性往不良方向游移。这好比希腊的苏格拉底在与他人辩论时得出的结果，同一事件之所以为善为恶，分别就在场合与德行上。

　　传统的探索源于人类的无知，源于人类求知的需要，近代科学的探索却显示了人类空前膨胀的自信，显示人类对大自然的改造与挑战。人类虽然对漫无边际的浩瀚宇宙自以为有所了解，但事实上我们还是高度无知的，不过对于控制欲望强烈而又自以为是的人来说，这已经不再重要了。

　　（三）悟性的人——人类改造的物质世界是从理念到现实的，这需要智慧和动手的能力。与宇宙万物的始源有关的探索与实践，需要的则是哲理思想，除了智慧外更需要悟性。

　　"创新需要活跃的头脑、缜密的思维逻辑、平稳合理轻松的环境、充分丰富的知识，不过最重要的，还是敢为人先的勇气和坚韧不拔的探索精神。自然科学如此，人文科学也一样，都需要面对真理时敢说话的人。……

"生存依靠感觉。现实与感觉触动神经思维，引起感触；感触产生思想；不同程度的教育、文化背景和阅读习惯构建起不同角度和层次的思想；思想碰撞会迸出火花，产生星星点点的光明。这短暂的光明可能闪出智慧、创造历史、推动文明。在只为生存浑浑噩噩的凡尘俗世中，这是一条智者和勇者的心路。"[1]

人的生命有限，很多人生的问题一时间想不出答案，又不能够像对待自然科学的命题那样进行接力赛，令一代接一代的人去解答，于是，很多事情只能用虚构的鬼神搪塞过去。

中国人探讨的是"人之为人"，是从人性、人的感性和人的良知的角度出发；西方人探讨的是"人之为物"，基本上是从物质的角度出发。我们必须认识清楚，仅知道"人之为物"，就算是不差毫厘也会谬以千里，没有伦理道德、没有良知的人主导的世界，会让我们活得很累，难以实现人的全面发展。

---

[1] 罗铭泉.文明丝路[M].北京：中国民主法制出版社，2018：274.

第二章
文明的曙光
▶▶▶

在所有生物进化的过程中，人类的生存能力和竞争力并不突出，到人类学会控制火种后，这一切改变了。人类开始从丛林中走出来到平原上活动，开始了农耕并有了定居点，文明也因为人类聚族而居的需要开始生根发芽了。

开始时，这些聚居点十分星散，通过大自然最原始的弱肉强食的规律作用，慢慢地，偏远隔涉的地方不说，文明的主源头就剩下四个了。印度河文明断流较早，留下来的是饱经侵略与磨难的多种文化嫁接起来的恒河文明。埃及文明与两河流域文明相对较近，相互的争斗也十分激烈，结果是两败俱伤。到赫梯帝国因为铁兵器的发明和使用在地区称雄，随后亚述帝国兴起并以尚武残暴称霸，接下来横跨欧亚非三大洲的波斯帝国出现了。就这样，一个帝国兴替的链条开始成型。

这个时期人类是野蛮、暴力的，思想比较简单，还说不上有什么文明。中华文明也不例外，从神话传说中的盘古初开天地，到轩辕黄帝与炎帝（神农氏）联手打败蚩尤后，各地的动乱才基本上得到平息。大局初定，人类开始在大河边定居，捕鱼农耕，中华文明开始发展。

不同的文明并不是有规律地在同一时期内同步发展的。早期文明的发展，因为地域相互隔离，比较独立，但有些会因地理环境的关系，很快便与其他文明接触并相互影响。中华文明因为地处东方一隅，发展更是自成体系，有着自己的特色。

公元前5世纪中期，尼罗河谷地区出现了农耕文化。距今约9000年前，人们在尼罗河谷地区进行农业和畜牧业生产活动，并建起房屋开始定居生活，此时人们使用的是简单的石制和木制工具，靠着这些简陋的工具，人们在尼罗河流域生活了2000多年。公元前4000年左右，古埃及人开始使用铜，这是巨大的科技进步。这时，国家和政权逐渐开始在古埃及产生，埃及各地出现了很多小国，即独立的城邦。后来逐渐合并成比较大的王国，大约类似于中国上古时期的黄帝和炎帝统一黄河流域各个部落，这一过程耗时五六百年。这些人开发出来的文明就是如今为人所熟知的古埃及文明。

美索不达米亚文明也在差不多同一时间产生，公元前6000年初，一批狩猎者和牧人已来到了两河流域北部的丘陵地区。他们在渔猎之余，也开始着手垦耕并建起了村落。我们把这一时期两河流域的农耕文化称作"哈苏纳文化"。[①]

中国人从燧人氏那里学会了钻木取火，西方人在普罗米修斯偷取天火到人间后得到了火种。有了火种，文明的曙光便出现了。

---

① 邵亮，郭西萌. 星月之辉 古代两河文明 [M]. 长沙：湖南美术出版社，1999：9.

第三章
三皇树纲　五帝传法

（前五千年—约前 21 世纪）
▶▶▶

相传，燧人氏在燧明国（今河南商丘睢阳一带）发明了钻木取火，是中华民族第一个驯服火种并加以利用的氏族。

睢阳是阏伯司火的圣地，阏伯是黄帝的玄孙，帝喾的儿子，商部落的始祖，帝尧时居商丘任火正。[①]

燧人氏在约公元前 7800 年总结天道大发现，建立远古文明。由天道而生地道，由天地之道生人道，到后来辗转发展便有了天道观，其中就有"一生二，二生三，三生万物"的含义。

后来，伏羲氏取法天地的文理法象，创立八卦，开启了"易"的思路。

氏族社会早期，人类过着原始群居生活，男女混杂，但无家庭概念。随着社会的发展，群婚的害处逐渐显现。伏羲改革婚制，提倡一夫一妻制的对

---

① 张学勇.中国火文化之乡河南睢阳［M］.郑州：大象出版社，2010：82.

偶婚，三国谯周《古史考》说："伏羲制嫁娶，以俪皮为礼。"俪皮就是两张鹿皮，送俪皮表示希望成双成对。血缘杂婚变为族外对偶婚，提高了人口的生育质量，提高了人口的体能，推动了社会进步。而俪皮为礼作为一种古老习俗也就流传了下来。《诗经》中就有猎人以猎获来的鹿追求少女的故事。直至汉代，《仪礼·士昏礼》的"纳征礼"仍有"纳俪皮"一项。为防止乱婚和近亲结婚，伏羲又让人们制定姓氏，那时人们大多以动物、植物、住所、官职为姓氏，这是中华民族姓氏的起源。伏羲氏也因为这些贡献被人们称为中华民族的"人文始祖"。

后来，神农氏制耒耜，种五谷，育苗试种、选种留种，奠定了中华民族的农耕文明基础。他尝百草，开创了中华中医药学，同时又立历日，立星辰，分昼夜，定日月；三十日为月，（农历）十一月某日为冬至，为我国二十四节气的创立打下了基础。

三皇为中华文明打下的基础远不止于此，但以上各点，基本上都与人文有关，既实用又科学，为后世人文科学的哲理探讨指引了理性的方向。

五帝时期自轩辕黄帝击败蚩尤（约前26世纪）始，经历过的皇帝数目不详，其中，黄帝以他留下的《黄帝内经》和诸多发明见称于世；尧帝、舜帝以"中华十六字心法"和"禅让"传颂一时，十六字的中华心法"人心惟危，道心惟微；惟精惟一，允执厥中"，则为历代皇帝相传铭记，引以为戒。至今，"允执厥中"四字横匾仍然高高悬挂在故宫中和殿上。

其他三大独立发展的文明，古印度文明留下来的资料十分匮乏，埃及文明则因为木乃伊而显得独具特色，美索不达米亚居民的宗教信仰则反映在他们生活的变化上。至今发现的美索不达米亚史前妇女塑像（坐像）说明当时已有母神崇拜，同时还有对肥沃土地的崇拜；后来出现和母神崇拜有联系的植物神

人啊，认识你自己！
——人类两次大思潮运动

崇拜。① 随着社会生产的发展和社会关系的变化，人民的精神信仰也有了相应的变化。远古时候，美索不达米亚居民对洪水泛滥淹没一切生命财物，感到非常畏惧，就信仰创世母神提亚玛特。后来人们能够筑堤开沟，引水灌溉，开始进行农业生产，于是就有了善良的和造福世间的水神恩基。农业和春天之神杜木兹，最初被描绘为青年时代生活在没入水中的船上，到壮年时就转到谷堆里，这反映了从渔业公社到农业公社的过渡。到农业生产确立后，杜木兹神又体现为死而复活的植物神，这是象征植物冬天枯死、春天再生的现象。农业发展后，对于和农业生产有关的天、地、水等自然力的崇拜受到重视，它们体现为天神安努、地神恩利尔和前面介绍过的水神恩基。

农业生产、河水泛滥都和季节更替有关。美索不达米亚的居民观察日月星辰的运行来确定季节的时间，因此，他们认为星辰会影响生产丰歉，又和人事祸福有关。星体就被认为是神，星的符号也就代表"神"。人们观察天象变化，就可以推测神的意旨，预测人们的未来命运，这就演化成后来的占星术。最初主要的星宿神是太阳神乌图或埃巴巴尔、月神南纳和金星女神伊南娜等。当时人们观察天象时，不仅看星象变化，还要看风、雨、云等气象变化，以及日月光色的变化等。

古代流行崇拜祖先，还表现在对家神、家灶的崇拜以及对死后生活的信仰等方面。后者则发展为繁复的葬仪。②

这大概就是各文明在这个时期对大自然的各种现象、对苍天、对鬼神、对祖先、对生命和生活的看法，有很多共同点，但也有明显不同的地方。因为无知，人类对鬼神的崇拜与祭祀永远是一个绕不过去的命题，但在这一时期末

---

① 涂厚善.古代两河流域的文化[M].北京：商务印书馆，1964：13.
② 涂厚善.古代两河流域的文化[M].北京：商务印书馆，1964：38—39.

期，各文明已显示出各自发展方向的差异。譬如，中华文明在管治中出现了"禅让"，开启了用人唯贤而非唯亲的良好先例，"中华十六字心法"则是对管治国家的元首的忠告，对人心警惕、对道心慎微，同时也为日后"中庸之道"的发展打开了一条通道。

关于其他文明对火种控制的发展过程，我们并不十分清楚，不过希腊有这么一个传说：当世界成形时，宙斯是主宰一切、呼风唤雨的天神。他命令普罗米修斯用土造人，并教人们知识和技艺。但他千叮万嘱："你可以送给人们任何礼物，除了只有神才能拥有的火！"普罗米修斯接到任务后，便开始造人，并帮助人们适应地上的生活。但是没有火，人们只能吃着难以下咽的生食，晚上伸手不见五指，尤其是冬天，人们被冻得瑟瑟发抖。普罗米修斯看了于心不忍，便拜托宙斯的女儿雅典娜帮他盗取火种。雅典娜答应了，并通知他趁宙斯不在的时候溜回天上，偷偷地从太阳神的马车上带走了一簇火。

宙斯回到天上后，发现人间有一团团光亮的营火。他勃然大怒，很快便查明是普罗米修斯偷了火种。宙斯下令把普罗米修斯五花大绑，用铁链把他锁在峭壁上，任由秃鹰叼食，而被吃掉的肉又会重新长出来。普罗米修斯日复一日地承受着巨大的痛苦。人们则因为普罗米修斯的伟大奉献，开始过上了有火的日子。

第四章
三代擘画　一秦立命

（约前21世纪—前202年）
▶▶▶

在中国的历史时空序列中，五帝后是夏、商、周三代，之后秦王嬴政横扫六合，并吞群雄，统一华夏，建立了中华民族第一个大一统国家——秦国，也就是中国朝代谱上的秦朝。中国就是在这一基础上随着朝代的更迭轮替慢慢发展壮大起来的，国家的大一统观念早已深入民心。

夏、商、周三代是中国国家初建，人们在中华大地这张白纸上擘画设计、书写蓝图的阶段，其他各大文明几乎同时也在做着相似的事，只是具体的制度、内容、格局、要求不一样。人类从野蛮中走出来，渴望文明、安稳、和谐的生活，但在处理民族与个人利益方面却又因为找不到排除武力解决问题的办法，而不得不走回野蛮的死胡同。有些文明更是除了武力外别无所有，只知道争取在武器、兵力上占优势，精神文明一片空白。这样的文明孕育出来的是帝国主义的思维逻辑，赫梯王国就是这样的一个国家。赫梯王国在夏朝（约前2000年）兴起于小亚细亚这一古老的文明地区，在古巴比伦的后期逐渐强盛，并在公元前1600年左右击溃古巴比伦王国。后赫梯国王苏比努里乌玛什趁埃及埃赫那吞改革之机,夺取埃及在西亚的领地,开始与埃及争霸,结果两败俱伤。赫梯王国自此走向衰亡,公元前8世纪被亚述帝国所灭。

亚述王国曾经是一个强大的帝国,亚述人认为,要生存就要扩张,对外扩张就要推行"铁血政策"。亚述帝国大约有一百万人口,但竟然维持着十几万人的军队,精细的分工和专业的操练又进一步加强了亚述帝国的军事力量。亚述帝国主要依靠大规模的对外掠夺战争来刺激经济的增长,不停地对外战争不仅给亚述带回大批财富,还带回了大量劳动力——战俘。这一切为亚述帝国的社会经济发展创造了有利条件。他们崇尚霸权、残暴嗜血的军事文化,为近代一些帝国主义的推崇者所坚信,甚至为研究这一死去的文化创立了专门的"亚述学"。

公元前614年,米底军队趁亚述人在外作战、城中空虚之机,攻陷千年古都亚述城。公元前612年,新巴比伦和米底联军杀入亚述首都"血腥的狮穴"尼尼微,亚述王自焚,暴力血腥的亚述帝国灭亡。但他们播下的血腥残暴的种子却一直开花结果,为一代代在"帝国之路"上延绵的帝国提供养分。

公元前671—前667年,亚述人入侵埃及,最终将库施人赶回努比亚,占领孟菲斯,洗劫了底比斯神庙。公元前653年,赛特王普萨美提克一世在希腊人的帮助下赶走了亚述人。希腊人在埃及的影响力剧增,三角洲地区的城市纳奥克拉提斯成了希腊人的家园。公元前525年,波斯帝国冈比西斯二世率军征服埃及,将埃及划为总督区,建立第二十七王朝(前525—前402年)。

公元前380—前343年,最后的本土王朝——第三十王朝统治埃及。公元前343年,波斯人第二次统治埃及,建立第三十一王朝。亚历山大在公元前332年率领马其顿人和希腊人组成的大军征服了埃及,建立了亚历山大城。其继承者托勒密仿照埃及模式建立政府机构,定都亚历山大,开始了托勒密王朝的统治（前305—前30年）。

到先秦时期，人类文明的发展已经到了一个十分关键的阶段。这个时期还谈不上有真正的文明，物质、工具的创新与发明基本上都是与改良、增强战斗力有关，这就更助长了战争的规模与强度。古印度文明断层较早，两河文明开辟的是一条帝国主义的杀戮之路，血腥一片；埃及文明与两河文明接近，很容易就成了走帝国之路的国家的第一批牺牲品，到此时可以说国已不国了。而中华文明一开始便在顺情管治、树立宗法、制礼作乐、道德伦常上做文章，逐渐从数百年的战争中走出一条符合人情人性的文明路来，只是这条路不好走也不易走，因为文明与野蛮相辅相成，文明总是不时地被野蛮冲击。

到了秦末，四大文明有些已开始消亡，发展文明的过程没有坦途。不过，这时在东方出现的人类第一次大思潮运动中，具有人的意味、人的灵性、人的良知的哲理文明已初露头角。

如果"种善因得善果，种恶因得恶果"这个逻辑得以成立，我们不妨从四大文明走过的路，细察一下它们各自播下的是什么样的种子，为什么在两千年前的秦汉，我们就可以粗略感觉到各文明的命运走向。

4.1 夏代（约前21—前16世纪）

公元前21世纪，中国进入了夏代，开始有了比较精细的社会分工和国家建制，也从此进入了君权时代，但巫师祭司的影响还在继续。在同时期，其他文明的情况大致相似，埃及文明与两河文明起源较早，但几千年的发展并没有让它们完全摆脱巫权的控制。世界各地的文明情况大致如下。

第四章
三代擘画 一秦立命

一、古埃及——（公元前 3100 年，美尼斯一统上下埃及，而这一年被认为是古埃及进入文明时期的标志）第一中间期，公元前 2184—前 2040 年，第六到第十王朝；中王国时期，约为公元前 2040—前 1786 年，包括第十一和第十二王朝。第二中间期喜克索斯人入侵埃及，约公元前 18 世纪后半期。

二、美索不达米亚平原——阿卡德王国，公元前 2300—前 2191 年，苏美尔早王朝时期，人类历史上第一个君主专制帝国。乌尔第三王朝，公元前 2113—前 2006 年。苏美尔早王朝时期拉尔萨王国，公元前 2025—前 1763 年。伊辛第一王朝，公元前 2017—前 1794 年。古巴比伦时期，公元前 1894—前 1595 年。

三、小亚细亚地区——公元前 19 世纪时期出现赫梯国家，公元前 17 世纪拉巴尔纳斯始建赫梯帝国，约公元前 14 世纪达到鼎盛。其首都先在库萨尔，后迁至哈图沙，约公元前 12 世纪瓦解。公元前 8 世纪，其残存的势力被亚述帝国灭亡。

四、底格里斯河中游，美索不达米亚北部——存在亚述国家，这是古亚述时期（前 3000—前 2000 年初）。

五、幼发拉底河中游西岸——马里古国，约公元前 2000—前 1700 年。

六、古巴勒斯坦——公元前 20 世纪前后，闪米特族的迦南人定居在巴勒斯坦的沿海平原。公元前 13 世纪，腓尼基人在沿海建立国家。

七、叙利亚西北部——哈勒布王国。约公元前 1800 年，腓尼基人在叙利亚西部建立比布勒斯王国和西顿王国。

从地理位置上看，在中东，两河地区犹如我国的中原地区，而埃及、波斯、阿拉伯、小亚细亚则是两河流域在东、西、南、北需要面对的四大地缘力量。因此，两河地区的文明更迭非常频繁，苏美尔、阿卡德、古巴比伦、亚述等文明不断在这里崛起。

我国夏朝时期，苏美尔文明逐渐消亡，萨尔贡创立的阿卡德王朝也在公元前 2191 年被来自北方的游牧民族所灭。此时的两河地区处于乌尔第三王朝（前 2111—前 2006 年）和古巴比伦时期（前 1894—前 1595 年）。

八、古巴比伦王国——公元前 18 世纪，古巴比伦王国在汉谟拉比的带领下，成为囊括整个两河流域的帝国。

我们通常所说的四大文明古国之一的古巴比伦，其实并非两河流域最早的文明，苏美尔至阿卡德王朝在两河地区出现得比古巴比伦王国更早。

九、古印度——哈拉巴文化，公元前 3300—前 1300 年；吠陀时代，公元前 13 世纪，雅利安人入侵。我们如今所说的印度文明，其实指的是雅利安人在继承了古印度文明后因应自己政治宗教的需要发展起来的恒河文明，而古印度本土的文明大约在我国商朝时消亡。

此外，世界各地存在的其他文化如下。

一、古美洲地区——约公元前 2000—250 年。美洲地区主要存在的都是大大小小的部落。

二、古希腊——狭义上的古希腊城邦文明要到公元前 800 年才出现。我国夏朝时期，古希腊处于爱琴海文明时期。

爱琴海文明分为克里特文明和迈锡尼文明两个阶段，克里特文明并不是发端于希腊本土，而是希腊和埃及之间的一个岛屿，受古埃及文明影响而进入文明阶段。

因此，夏朝时期，希腊本土还没有文明存在。至于克里特文明，主要是通过考古发掘与史诗、神话中的线索推测出的，至今还存在较大争议。

另外，特洛伊战争发生在爱琴海文明的第二阶段——迈锡尼文明时期，此时我国处于商周之际。

三、波斯文化——今天的伊朗地区，最早的文化是埃兰文明。作为两河文明的次生文明，埃兰文明起源很早，大约在公元前 2700 年进入文明阶段。埃兰文明可分为三个时期：古埃兰时期（约前 2700—前 1600 年）、中埃兰时期（约前 1400—前 1100 年）、新埃兰时期（约前 800—前 600 年）。

我国夏朝时期，伊朗地区处于古埃兰文明时期。由于与两河地区距离很近，埃兰一直处在与两河流域政权——阿卡德、巴比伦、亚述等帝国的侵略与反侵略战争中。至公元前 639 年，埃兰被两河地区的亚述帝国所灭。后来亚述衰落，最终由波斯一统整个伊朗地区，这便是赫赫有名的波斯第一帝国——阿契美尼德王朝。

除了这些地区，我国夏朝时期，地球上的其他地区尚未进入文明阶段，而这些文明中最辉煌的无疑是两河文明和古埃及文明。

4.1.1 夏朝

夏朝是中国史书中记载的第一个世袭制朝代。夏时期的文物中有一定数量的青铜和玉制的礼器，年代约在新石器时代晚期、青铜时代初期。

根据史书记载，禹传位于子启，改变了原始部落的禅让制，开创了在中国沿袭近四千年的世袭制的先河。因此，中国历史上的"家天下"，从夏朝的建立开始。经夏商周断代史研究和中华文明探源工程初步勾勒出了公元前 2500—前 1500 年，即尧舜时代到夏商之际的社会图景。中原地区，包括禹都阳城（今河南郑州登封王城岗遗址）在内的夏朝时期六座规模大、等级高的中心性都邑，被列为研究重点。最早有文献记载的一位夏氏族成员是鲧。《国语·周语》中说，鲧作为夏族首领被封在崇，故称"崇伯鲧"。禹是鲧的儿子，鲧死后，禹受命联合共工氏以及其他众多部落，在伊、洛、河、济一带，逐步展开治水的工作。禹放弃了鲧"堵"的治水方略，改为以疏导为主，依据地势的高下，疏导高地的川流积水，使肥沃的平原少受洪水泛滥等灾害。经过治理，原来大多居住在平原边沿地势较高地区的居民，纷纷迁移到地势较低平的原野中，开垦那些肥沃的土地。那些草木茂盛、易于繁殖的薮泽地，成为人们乐于定居的地方。

夏朝共传13世、16王，历时约470年，公元前1600年灭亡。

现在，让我们看看夏朝在人文科学和伦理道德的建制上留下了什么，是什么样的种子，又结出什么样的果实。

一、建制：王室分封各部族，以封地建立新氏。各部族以父权家长制为核心，按班辈高低和族属亲疏等关系确定各级贵族的等级地位。《礼记·祭义》言，"昔者，有虞氏贵德而尚齿，夏后氏贵爵而尚齿"，反映了夏人对官位的重视。

二、文字：原始文字的雏形，从仰韶文化（前5000—前3000年）到大汶口文化（前4300—前2500年）等文化遗存中均有出现。在商都殷墟等处出土的甲骨文和金文，是中国现已发现的最早文字。从殷墟时代上溯到夏初，不过八九百年，夏代已有文字和文献记录，是毋庸置疑的。历史上有夏篆的记载，夏禹书、禹王碑都是夏朝的传世文字。

三、历法：夏代历法是中国最早的历法，以斗柄指在正东偏北的所谓"建寅"之处时为岁首。现代仍旧流行的有时称为夏历的农历历法可能是在夏代编成的。《大戴礼记》中的《夏小正》，按夏历十二个月的顺序，分别记述每个月中的星象、气象、物象以及所应从事的农事和政事。世界上第一次日食记录，发生在夏代仲康时期（《尚书·胤征篇》）。

四、刑法：《禹刑》是中国历史上第一部正规法典，其基本内容是以制裁违法犯罪行为的刑事法律性质的习惯法为主。夏朝法律数量较多，《尚书·大传》

记载"夏刑三千条",足见其规定细密,粗具规模。

五、土地制:井田之制,"实始于禹",夏代实行井田制,即公社所有制。

4.1.2 古印度

哈拉巴文化(约前3200—前1750年)以南部的摩亨佐•达罗和北部的哈拉巴为中心,是古印度青铜时代的文化,代表一种城市文明。大约在公元前3000—前2000年,或更早一点儿的时候,雅利安人开始来到印度河流域,渐渐地在那里定居下来。他们不是一次涌到那里去的,而是一批又一批地迁移去的,在印度河流域立足后,再扩大到东面的恒河流域。

· 文明成果 ·

一、文字:公元前3000年代中叶,古印度居民就创造了印章文字。哈拉巴文字主要留存于各种石器、陶器和象牙印章上,分为象形文字和几何图案,目前尚未被成功解读。印度河文明衰亡后,落后的雅利安人只留下了口头相传的记忆。

二、数学:用十进位制,尚无位值法。"自古以来,印度就是一个数学发达的国家,其渊源可一直追溯至远古(上古)的吠陀时代。古代的印度人不仅建立了十进制的运算方法,引入了零的概念,还留下了许多渐变巧妙的解题方法。印度的教育非常重视中小学生逻辑思维能力的培养。中学数学课的课时每年约达200个小时。通过这些精妙的数学训练,学生们提高的不仅仅是算数能力,还有记忆能力、统筹能力、逻辑思维能力。……只要变换一下解题的思路和方法，一切就变得轻而易举。相对于恪守书本所授的运算法则的我们来说，他们走的是一条捷径。"①

4.1.3 古埃及

古埃及第五王朝时期，"太阳崇拜意识"迅速发展，沙卡拉的乌纳斯金字塔墙上刻着著名的金字塔铭文。在古王国时期后，古埃及紧接着经历了第一中间期（第七王朝至第十王朝）、中王国时期（第十一至第十二王朝）、第二中间期（第十三至第十七王朝）。第二中间期，埃及遭受了喜克索斯人的入侵和统治。

·文明成果·

一、神巫：与大力推崇神灵的古王国不同，中王国时期，一种被称为"民主化"的"个人的虔诚"的观点兴起，认为所有人都能支配一个灵魂并能在死后陪伴神灵。

二、文字：古埃及的文字最初是一种单纯的象形文字，经过长期的演变，形成了由字母、音符和词组组成的复合象形文字体系。今天所发现的古埃及文字多刻于金字塔、方尖碑、庙宇墙壁和棺椁等神圣的地方。埃及盛产的一种植物——纸莎草，其茎干部切成薄的长条，压平晒干后可以用作书写材料。这种纸草文书有少数流传至今。

字母的出现，约在公元前2500—前1500年。把声音变成字母这一巨大的进步，是古埃及人完成的。这些字母由埃及人传给地中海

---

① 远藤昭则. 印度式数学[M]. 刘薇, 译. 西安：陕西师范大学出版社, 2008：2—3.

东岸（今叙利亚境内）的腓尼基人。作为亚洲文化和欧洲文化中介的腓尼基人，把这些字母演变成真正的音标文字，传到古希腊。这一字母系统，后经希腊人增补元音字母而进一步完备，形成希腊字母。希腊字母又经过一些改进后传遍四方。字母是古埃及人留给西方文明，乃至世界文明的重大文化遗产。

三、文学：中王国时期古埃及文学的特点是诡辩的主题和自信而雄辩的人物风格。

四、音乐：桶形鼓首见于公元前20世纪。从一幅公元前24世纪刻有双笛、竖笛、竖琴合奏的浮雕上的手语分析，证明3种乐器演奏的是3个不同声部。①

4.1.4 两河流域

公元前2371年，君主集权制的阿卡德王国建立，到公元前2191年覆灭。约公元前2113年，苏美尔人建立乌尔第三王朝。闪米特人早在公元前2000多年前便已经闯进苏美尔人的家乡，他们的一支部族——阿摩利人在平原的中部建立了两座城市，两座城市的人相互争斗，对峙了200余年。公元前19世纪初，一支新的部族打破了两城对峙的局面，建立了一个新的王国——古巴比伦第一王朝。古巴比伦王朝的第六代国王汉谟拉比（约前1792—前1750年）统一了两河流域的南北两部，建立了一个奴隶制的中央集权王国，为了巩固自己的权力，他竖起了一块巨大的玄武岩石碑，刻画着正义之神赐予他权杖的过

---

① 赵克仁. 古埃及音乐文化探析［J］. 西亚非洲，2009.

程，用以表现他权力来源的正当性。

· 文明成果 ·

一、神巫：生活在两河流域的统治阶级都会修建非常多的神庙用来举办大型的祭祀活动，同时也通过神庙内的铭文表示自己与神明的关系。这样一来，他们自然会对自己的神明作出非常多的贡献，比如，举行祭祀活动，同时在祭祀中宣扬自己的功绩。

二、数学：阿卡德时期，苏美尔人会分数、加减乘除和解一元二次方程，发明了10进位法和60进位法。巴比伦人借助乘法表、倒数表、平方表、立方表等计算工具，引入以60为基底的位值制，讨论了某些三次方程和含多个未知量的线性方程组问题。约公元前1900—前1600年，得出不定方程的整数解，将圆分为360°，1°分为60′，1′分为60″，这种方法一直沿用至今。希腊人、欧洲人直到16世纪才将六十进制系统运用于数学计算和天文学计算中，至今，六十进制仍被应用于角度、时间等的记录。知道 π 近似于3，会计算不规则多边形面积及一些锥体体积。建立数位值的原则，即同一个数字符号可以表示不同的数值。数值的大小，由这个数字符号和其他数字符号的位置关系来决定。有了这个原则，就可用最少的数字符号来书写一切可能的数目。这时，苏美尔人和巴比伦人已经熟悉四则算法，又知道自乘、立方，能够根据特别的公式求平方根和立方根。由于商业的发达，需要加快计算的速度，他们仿照苏美尔人编成了许多表，计算时只要查一下就可以迅速找到答数。如有从一到十八万的乘法表，表式分两栏：头一栏是二与各数相乘的乘法表，第二栏是六与各数相乘的乘法表。

第四章
三代擘画 一秦立命

三、法律：乌尔第三王朝的《乌尔纳姆法典》是迄今所知的世界上最早的成文法典。汉谟拉比颁布了《汉谟拉比法典》，至今已有三千七百多年。

四、音乐：苏美尔人的牛头竖琴是迄今所知的最古老的精美乐器。在阿卡德人统治时期第一次出现具有棒状长颈和特小音箱的琉特琴，以及经过改进的新式里拉琴和陶制动物形哗啷器。在此之前，一些有据可查的乐器早就已经得到了改革和完善。[①] 在古巴比伦时期，出现了一种新形式的竖琴：三角竖琴。此类竖琴有两种不同的类型，不仅弹奏的姿势各异，而且弹奏技法和构造式样也有不同。在公元前2000年左右，这种三角竖琴流传甚广。在阿蒙诺菲斯二世统治时期（前1450—前1425年），三角竖琴第一次出现在埃及，并在第十一王朝时期（前1050年前后）成为交口称道的时髦乐器。在古巴比伦时期还出现了新形式的哗啷器以及带脚与支板的锅状鼓。[②]

五、文学：巴比伦著名的文学作品中，有在苏美尔—阿卡德文化中的创造世界的神话史诗，反映了远古以来人们企图理解自然现象的原始诉求。这篇史诗以苏美尔文明为蓝本，经过僧侣改编后，强调了人类应该虔诚侍奉神灵这一思想。后来，巴比伦僧侣再度加工，大大提高了巴比伦主神马尔杜克的地位。一共有七块泥板刊载了这篇史诗。[③] 另一篇著名的诗篇是描写女神伊什塔尔进入地狱拯救自

[①] 希克曼，等.上古时代的音乐 古埃及、美索不达米亚和古印度的音乐文化[M].王昭仁，金经言，译.北京：文化艺术出版社，1989：85.

[②] 希克曼，等.上古时代的音乐 古埃及、美索不达米亚和古印度的音乐文化[M].王昭仁，金经言，译.北京：文化艺术出版社，1989：88.

[③] 涂厚善.古代两河流域的文化[M].北京：商务印书馆，1964：49.

然之神的故事。它的原型是苏美尔时代的"印妮娜之降入地下世界"的神话。① 巴比伦文学中最杰出的著作是咏吉尔伽美什的史诗。早在苏美尔时期就已有了关于吉尔伽美什的一整套史诗故事，可能到巴比伦时期，人们又将一些片段传说穿插一些古代宗教神话，综合成了一篇完整的史诗。② 巴比伦时期许多著名的文学作品中，有不少是探讨生死问题的。咏阿达帕的史诗和咏埃塔纳的史诗，也都反映了古代两河流域居民对长生不死的想法和愿望。③

六、医学：医病已使用药物器械，如公元前2100年左右拉伽什城医生的圆柱印章上，除了刻有医生的名字外，还刻有外科用的针和两瓶油膏的图像。④ 医学文献对疾病的征候、各种药物及其制造方法等都有记载。已经有了对疾病的某些分类，这种分类是依照患病的部位区分的。如所有头部的疾病，像秃头、精神错乱、太阳穴病、眼病、耳病等，都归于"当人的头部着热的时候"这一类。关于呼吸器官的病，从感冒到肺痨，则归到"当他的口（的呼吸）遇到困难的时候"这一类。另外，还有肝病、心病、风湿症等分类。医生也有一般医生和兽医之分，一般医生中又有内科、外科、眼科等。当时已充分认识到医生诊断的重要，如果医生没有判别出"病的本质"，病就治不好。医生对有些病因的推断也比较正确。例如，皮肤病是传染的，虱等寄生虫是传染病的媒介等。当然，总的来说，当时的医生诊断水平不高，他们只能分出人体的主要器官，认为血液

---

① 涂厚善. 古代两河流域的文化[M]. 北京：商务印书馆，1964：51.
② 涂厚善. 古代两河流域的文化[M]. 北京：商务印书馆，1964：52.
③ 涂厚善. 古代两河流域的文化[M]. 北京：商务印书馆，1964：60.
④ 涂厚善. 古代两河流域的文化[M]. 北京：商务印书馆，1964：30.

是人体内生命的"本质"。血液又分为"白天的血液"（动脉血）和"黑夜的血液"（静脉血）两种。[①] 对疾病的治疗以药物为主。药物的种类有植物制成的浸液、油膏、涂抹药、粉剂等，也有用动物和矿物制成的。水和油在医疗中被广泛使用。除药物治疗外，还使用包扎、按摩、灌洗等方法。当时的人们还意识到了体操对身体的益处。[②] 内科医生通常由僧侣兼任，因此内科医疗的巫术成分特别浓厚；外科的病因一般比较明显，因而受巫神观念的影响较少。外科医疗主要根据解剖知识和积累的经验，因此有较大的进展。[③]

4.2 商代（约前1600—前1046年）

商代是中国第一个有直接的同期文字记载的朝代，不过由于迁都频繁，留下的有效文字记录其实不多，到王朝在殷定都后才稳定下来，开始国家建设。

当时世界其他地方也相对平静。埃及虽然经历了外敌入侵和统治，但最终埃及人民还是将他们赶走，法老政权的体制得以延续。在两河流域，这段时期的主要势力是赫梯帝国，他们在公元前16世纪推翻了古巴比伦帝国后，便成了当地的霸主，最后因与埃及争霸失败，走向衰亡。该地区历史舞台的主角也慢慢从赫梯人转为亚述人。

亚述人开始不停地发动战争，并以大规模的对外掠夺来刺激本国经济的增

---

① 涂厚善.古代两河流域的文化[M].北京：商务印书馆，1964：69—70.
② 涂厚善.古代两河流域的文化[M].北京：商务印书馆，1964：70—71.
③ 涂厚善.古代两河流域的文化[M].北京：商务印书馆，1964：71—72.

长，同时带回大批财富和大量劳动力——战俘，这应该是亚述人战争文化的一种体现。

至于古印度文明，这时其走向灭亡的过程其实已经开始了，雅利安人入侵印度河北部的哈拉巴文明地区并最终取得胜利。

在这一时期，各大文明还没有摆脱巫权的影响，不过因为君权的需要，巫权在慢慢褪色，逐渐屈居在君权之下，但其影响范围仍然广泛，甚至涉及军事、政治的决策。

4.2.1 商朝

> 苟日新，日日新，又日新。
>
> ——商汤《盘铭》

上面的《盘铭》是商朝开国君王成汤的座右铭。这个"新"，他确实做到了，开创了中国历史上的第二个朝代，是中国第一个有直接的同时期的文字记载的朝代。

夏朝的方国之一商国，其君主商汤率兵于鸣条之战灭夏后，以"商"为国号，在亳（bó，今商丘）建立商朝。之后，商朝国都频繁迁移，第19任国君盘庚迁殷（今安阳）后，商朝国都才稳定下来。商朝在殷建都两百多年，因此后世又称其为"殷"或"殷商"。

商王武丁时期的文化遗存相当丰富，包括宫殿、墓葬、作坊、青铜业等；在纺织、医学、交通、天文等方面，也都有不小的成就。从文献记载可以知道，商朝已经建立起了比较完备的国家机构，有各种职官、常备的武装力量（左中右三师），有典章制度、刑法法规等。商朝实行世官制度。

第四章
三代擘画 一秦立命

夏朝的部族称"氏"，如扈氏、有男氏、褒氏、费氏等；而商朝的部族称"方"，如子方、土方、鬼方等，标志着政体从血缘本位向地缘本位的演进。可以说，从商朝的地缘格局中，已经能看出未来大一统国家的雏形了。

商朝疆域较为稳定，从都城区域向四周伸展，北至易水、燕山，南至淮河，东至泰山以西及鲁北，西至关中平原、渭水中下游。超出稳定疆域范围的远方，也有殷人的遗迹；长江流域湖北黄陂盘龙城、江西清江县吴城村等地的遗址，可能是商朝不同时期的军事据点。殷墟妇好墓中出土了6800余枚贝币，还有鲸鱼的骨头，而甲骨文里也有关于贝、朋、珏的记载，说明殷人已经有了海洋活动。

商朝相传历经17世31王，延续500余年。末代君主帝辛于牧野之战被周武王击败后自焚而亡。

· 文明成果 ·

一、官制：商朝实行世官制度，职官有在朝中任职的内服官和在王畿以外的外服官。内服官分外廷政务官和内廷事务官。王朝高级官吏统称卿士。最高级别的政务官是协助商王决策的"相"，但也有学者认为"相"不是商代的正式官名，仅是辅佐商王的大臣。"三公"是因人而设的一种尊贵职称，并不常设。另设有掌占卜、祭祀、记载的史，掌占卜的卜，掌祈祷鬼神的祝，掌记载和保管典籍的作册（又称守藏史、内史），武官之长的师长，乐工之长的太师、少师。内廷事务官是专为王室服务的官员，主要是总管的宰和管理各项具体事务的臣，如司工、牧正、兽正、酒正、啬、服、国老、畞老等。外服官主要有身为方国首领的侯、伯，为王朝服役的男，守卫边境的卫。

二、文字：甲骨文和金文是中国现已发现的最早的成系统的文字符号。汉字结构在甲骨文中已基本形成。甲骨文是商代晚期利用龟甲、兽骨进行占卜的记事文字。在出土的甲骨卜辞中，共发现4672字，字体为方形，而金文字体为圆形。《尚书》记载："惟殷先人有册有典。"

三、历法：商代历法是迄今已知最早的较为完整的历法。商代日历有大小月之分，规定366天为一周期，用年终置闰来调整朔望月和回归年的长度。商代甲骨文中有多次日食、月食和新星的记录。

四、法律：商朝的法律以"天"与"神"的名义制定，法制较为成熟。《荀子》有言："刑名从商。"除了《汤刑》《甘誓》《盘庚》《伊训》等篇章均为具有效力的法律文书。

五、神巫：商朝的政治理念是神权观念笼罩下的政治思想，商代统治者"尚鬼""尊神"。所奉行的最高政治原则，就是依据鬼神的意志治理国家。强调"神"，尤其是祖先神的作用。依旧盛行万物崇拜，信仰对象包含大自然的各方面，如河神、山神、日月星辰、地神等。"帝"是商人心中最大的神，是社会秩序的主宰。商人问卜的对象有天神、地祇、人鬼三大类，其中权威最大的是"帝"，"帝"的能力主要有三种：控制自然气候（这关乎农业丰歉），主宰人世间的祸福奖惩，决定战争胜负和政权兴衰。商王自称是上帝的儿子，即"下帝"，也称天子。商人有"好祀""重祀"之风，日常诸事莫不祷于"帝"，专职掌管占卜事宜的卜官为巫、史及卜辞中的贞人。他们在商朝社会生活中占有重要地位。

六、数学：采用十进位计算，最大的数字达三万。有奇数、偶数和倍数的概念，有初步的计算能力。

七、音乐：随着青铜冶铸技术的发展，商朝的乐器制作水平飞速发展，大量精美豪华的乐器出现了。乐舞是宫廷音乐的主要形式，可考证的有《桑林》《大濩》，相传为伊尹所作。从事音乐专业工作的有"巫"、音乐奴隶和"瞽"。《周易·归妹上六》和《易·屯六二》是商代的民歌。

4.2.2 古印度

约公元前1500—前900年为吠陀时代前期，即梨俱吠陀时期，雅利安人的社会仍具部落性质，他们部分生计靠狩猎，采集野生的小麦、大麦，部分生计就靠抢掠更先进的农业定居居民或商队。公元前1500年左右，雅利安人开始大规模进入印度次大陆。

早期吠陀时代，雅利安人主要分布在北部印度的犍陀罗和旁遮普等地区，没有进入哈拉巴文明的地理范围。他们进入北印度后，与土著发生了激烈的冲突和战争。雅利安人的社会生产力水平远不如土著，但他们使用战马和战车（马是雅利安人最早带进印度的），作战机动性强，而且处在父系氏族阶段，社会组织有较强的凝聚力。土著多为散居的村落，战斗力远不及雅利安人，所以雅利安人最终获胜，成为印度河流域的新主人。我们对他们不多的了解来自他们祭祀仪式用的《吠陀经》以及叙事史诗《摩诃婆罗多》和《罗摩衍那》，不过这些都是在很多世纪以后才用印度古典语言形成文字。这时，雅利安人才算具备读与写的能力，以及农业艺术、城市建设等文明要素，而这一切可能都是从他们毁灭掉的古印度文明，从那些他们瞧不起的皮肤黝黑的原印度居民处承袭过来的。

人啊，认识你自己！
—— 人类两次大思潮运动

在《梨俱吠陀》中，雅利安人把他们的对手称为"达萨"（或"达休"），说达萨是黑皮肤、低鼻子、说邪恶语言的人。雅利安人不断地同达萨进行战争，并且把自己的战神因陀罗歌颂为"城市的摧毁者""达休的杀戮者"。雅利安人与达萨有着肤色和语言的差异，还有游牧生活和城镇生活的区别。前者不断取得胜利，成了印度河上中游和恒河上游的主人；后者或者退往南方，或者沦为奴隶和被奴役者。曾经印度河流域文明的所在地，是具有城市文明的地方，雅利安人是外来者，约在公元前2000年初从北部进入了伊朗，后来进入古印度西北地区的大概就是这批说印欧语的人中的一支。

雅利安人进入印度次大陆时，还处在部落社会末期，以畜牧业为主。占领印度河流域后，他们开始时依然固守着游牧生活的传统，后来逐渐吸收当地先进的文化和生产技术，学会农业生产，懂得利用河水灌溉土地，就这样定居了下来。雅利安人种植的农作物和饲养的家畜和哈拉巴文明时基本一样，不同的是，马比之前多。雅利安人的衣着原以毛织品为主，后学会了植棉织布，手工业开始脱离畜牧业、农业而成为单独部门，制陶业也有了发展。

吠陀时代，铜器和青铜器逐渐被使用；商品交换是以物易物，也常常以牛作等价物；没有城市，只有村落；运输靠牛车、马车。这时，雅利安人的社会组织形式仍是部落氏族家庭结构，实行一夫一妻制，男子在家庭和社会中都占支配地位，不过女子并不受歧视。之后，氏族社会逐渐解体，耕畜私有，土地属于氏族公社，但由各户占有使用，定期重新分配。奴隶可赏赐、赠送。不过，奴隶主要被用于家庭服务，很少用于农业和手工业生产。

· 文明成果 ·

一、管理制度：氏族部落组织仍存，如噶那、贾那（部落），维什（氏族），哥罗摩（村），家族等概念。男性家长主导，但女性基本与之平等,最古老的会议为"毗达多"(保持较早期传统,全部成员都可出席讨论,会议内容含产品分配、军事、宗教、祭祀等)。另有两种会议,"萨巴"(部落长老会议)、"萨米提"(部落成员会议,成年男子即战士参加,军事首领"罗"主持),两会议与军事首领构成权力机构。

二、私有制:私有制逐渐产生,各家族拥有耕地,但"基里亚"(长条形的土地)夹在各家族份地间。随着私有制出现,贫富分化出现。经济发展使雅利安人与土著、雅利安人内部的财富、土地争夺频繁,阶级分化加剧,奴隶渐增。除战俘外,还有因债务、赌博为奴,达萨或达西从"敌人"变为"奴隶"。奴隶从事农业、手工业、畜牧业等辅助性工作,自由的氏族部落成员为主要劳动者。

三、文字:雅利安人使用的是一种早期形式的梵语,但仍然是无文字的语言。

四、文学:古印度最早的文献是《吠陀文集》,其中最重要、文学价值最高的是《梨俱吠陀》,它是一部诗歌总集,共有1028首诗歌,以颂神为主,也有世俗诗歌。

4.2.3　古埃及

古埃及历史上的第二中间期(第十三至十七王朝,约前1786—前1567年),自第十二王朝末期,埃及国运日趋衰落,从第十三王朝起,中央政权再度削弱。埃及又陷入分裂状态,一直延续到后来的第十七王朝。在第二中间期,喜克索斯人入侵埃及,一度占领了埃及北部的三角洲和中部地区。喜克索斯人是来自亚洲的游牧民族,种族成分十分复杂,主要属于塞姆人种,也可能有胡里特人血统,他们原在叙利亚、巴勒斯坦、阿拉伯一带逐水草而居,过着游牧生活。尽管喜克索斯人在战场上打败了埃及人,在埃及的国土上建立了自己的政权,但他们并没能成功占领埃及全部的国土,他们控制着三角洲和中部阿西尤特地区的尼罗河谷地区。喜克索斯人建立的第十五、十六王朝属于同一时期。第7时期:新王国时期(第十八至二十王朝,约前1567—前1085年),第5至第7时期是统一王国重建和帝国时期。公元前1580年,雅赫摩斯一世率领埃及军队将喜克索斯人全部逐出埃及。雅赫摩斯以底比斯城为新国都,建立了古代埃及历史上的第十八王朝,开启了埃及历史的新王国时期。

· 文明成果 ·

一、政治体制:由于埃及帝国版图的扩大和行政管理的加强,需要扩大中央到地方的官僚机构。法老作为全国的最高统治者,无法事必躬亲地处理帝国各部门的一切事务,而一位宰相也无力承担辅佐法老处理中央政务的重任。为了维持中央政权和地方各部门的有效运作,加强专制统治,第十八王朝的法老将全国划分为南北两大政区,由法老任命两名宰相分掌南北两部。北部宰相驻于埃及古都孟菲斯,管辖下埃及各州;南部宰相驻首都底比斯城,管辖上下埃及各州。因底比斯是第十八王朝的政治中心,南部宰相位同首相,主持全国政务,权力大于北部宰相。南部宰相是法老的亲近助手,坐镇新都底比斯,辅佐法老处理埃及的一切行政、司法、军事、赋税大事。流传下来的新王国时期的一卷纸草记录了法老任命新宰相时常作的训词,法老说:"宰相应勤于职守,谨言慎行。宰相职位,是国之栋梁……宰相极不易为,为宰相极辛苦……勿妄自尊大,勿妄自菲薄……人民如有申诉，无论来自上埃及或下埃及……万事均应依法而行。使一切合乎习俗，人人得其应得……偏私，神所不容……勿论亲疏，勿论贵贱。王子犯法，与民同罪……王公贵人所惧者，执法严正……所有法规，均需尊重。"作为新王国时期中央政府最高行政长官的宰相，在法老政权中确实发挥着重要的作用。

二、音乐：公元前14世纪，西亚的三角形竖琴随喜克索斯人的入侵而大量传入埃及，取代了竖琴而广为流行。在关于古埃及乐师的一幅壁画中，他们演奏使用的乐器分别是竖琴、诗琴、双簧管和拉琴。新王国时期，女舞者手执响板和铃鼓，弯着腰演示各种优美的舞姿。位于萨卡拉地区的卡塔恩的墓室壁画中描绘了"卡塔恩和妻子在听两位竖琴师弹奏和三位女歌手歌唱"的场景。新王国时期出现的竖琴显然是由亚洲传入的。其最大的明证是，这种竖琴最初是和亚洲的音乐家一起在美术作品上出现的。而《圣经·旧约》上所记载的尼泊尔乐器，也是同类型的垂直式竖琴。最初从美索不达米亚传入埃及的利拉琴，是由一种木制四角形共鸣体和长短不齐的腕木组成的。据推测，利拉琴有两种奏法。其一是右手拿着匹克弹奏所有的开放弦，等琶音弹出后，左手指再去按压不用之弦的振动，借以弹出特需的乐音；其二是把利拉琴直立起来，用两手指弹弦。这两种演奏法与后来在希腊流行的吉利西亚琴和吉达西斯琴的演奏法一样。其次是鲁特琴。在埃及出现的鲁特琴与在美索不达米亚出现的鲁特琴在构造上大致相同：弦数同为2弦，同为一小胴体，长棹上都有多数的把位（琴格）。唯一的区别是棹柄和胴体的固定方法：美索不达米亚的鲁特琴，其棹柄一直延伸到表面板的尾端，然后在其稍微突出的尾端固定住。而埃及鲁特琴：棹柄也在表面板的上端，

人啊，认识你自己！
—— 人类两次大思潮运动

然而它在中途就结束了延伸，表面板上面有明显的皮质物，缝绑着榫柄。在一块线条分明的石雕上，鲁特琴是所有弦乐器中最早为人熟知的一种。就鲁特琴的构造而言，它已为今日古典吉他的历史起源作了一个最明确的见证，因为吉他的主要组成部分，鲁特琴已经基本具备。这块石雕大约是公元前1400—前1350年的作品，被发现于埃及狮身人面像的大门口。鲁特琴的琴格是用绳子系卷在榫柄上做成的。弹奏时，可能是左手在榫柄上边做出按压状，右手则用弹拨奏物进行弹奏。响胴的形状有小梨形、卵形、半球形等。现在的民俗乐器中，也有此类鲁特琴。在新王国时期，琉特类乐器大量出现，其中以长颈琉特最为多见，其形制类似今日伊朗的拨弦乐器塞塔尔，共鸣体多为龟壳制或木制，呈椭圆形，以兽皮蒙面，以插入共鸣体内的细木棍为琴杆，有的有品，有的无品，多为2弦，偶见3弦。

新王国时期开始用七声音阶[①]，同时出现了更多的新乐器。其中，低音方形竖琴在老式竖琴的基础上改造而成，常与琉特琴合奏。这一时期，古埃及同周边各国和各民族之间的文化交流日趋活跃。古埃及出现了小亚细亚的乐师和乐舞师，还有伴随他们而来的对古埃及神祇进行礼拜活动的歌者和祭司。除自己本国的音乐作品外，古埃及还涌现了许多外国的乐曲，这对音乐本身来说又是一个发展。古埃及的歌曲在节奏和形式方面多采用严格的和唱叠句，形成了回旋曲的形式，并且古埃及的歌曲常伴有舞蹈。[②]

---

① 赵克仁.古埃及音乐文化探析[J].西亚非洲，2009.
② 赵克仁.古埃及音乐文化探析[J].西亚非洲，2009.

4.2.4 两河流域的赫梯与亚述帝国

古巴比伦文明后期，赫梯人在两河流域侵扰。约公元前 1600 年，赫梯人入侵美索不达米亚，古巴比伦王国灭亡。加喜特人在巴比伦建立加喜特王朝。

赫梯人发源于小亚细亚东部的高原山区，在哈利斯河（今名克泽尔河）上游一带。这里的原始居民称为哈梯人，他们既非闪米特人，也与古代其他民族没什么关系。约公元前 2000 年，一支属于印欧人的涅西特人迁入此地，与当地的哈梯人逐渐同化，形成了赫梯人，他们说的赫梯语的主要成分是涅西特语。

小亚细亚是近东文明与爱琴文明联系的桥梁和纽带。亚述人曾经于公元前 3000 年末至公元前 2000 年初在小亚细亚建立了若干商业殖民地，其中最著名的是卡尼什商业公社。亚述人还把楔形文字带到了小亚细亚。

赫梯国家大约形成于公元前 19 世纪中叶，初为小国，后以哈图沙（今波加科斯）为中心形成联盟，渐趋统一。赫梯国在古巴比伦王国的后期逐渐强盛，常向两河流域侵扰。最大的一次入侵发生在公元前 1600 年左右，赫梯军队攻陷巴比伦城，击溃古巴比伦王国，饱掠而归。公元前 15 世纪末至公元前 13 世纪中期，是赫梯最强盛的时期。赫梯国王苏比努里乌玛什趁埃及国王埃赫那吞改革之机，夺取埃及在西亚的领地，与埃及争霸。埃及第十九王朝的法老们，都与赫梯王国的军队交过手。至埃及法老拉美西斯二世时，赫梯与埃及的军队会战于卡迭石，两败俱伤，结果于公元前 1283 年签订和约。之后，赫梯发生了内乱，开始走向衰亡。公元前 13 世纪末，"海上民族"腓力斯丁人席卷了东部地中海地区，赫梯王国被肢解。亚述人占领了赫梯帝国西部的大片领土，但奇里乞亚和北叙利亚仍残存一些使用鲁维语象形文字的赫梯人小城邦。公元前8世纪，残存的赫梯王国势力被亚述帝国所灭。

·文明成果·

一、政治体制：国王由贵族选举产生，王位继承须经贵族会议承认。公元前16世纪后半叶，赫梯国王铁列平进行了改革，他确立了王位继承法，即长子优先，无长子归次子，无子归女婿。同时规定王室内部纠纷交由"彭库斯会议"（公民会议）来解决，国王不得任意杀戮其兄弟姐妹，倘若其确属有罪，只究其本人罪责，不得连坐家属。

由于经济的发展，赫梯帝国时期的政治体制已不再是城邦或城邦联盟，而是中央集权制帝国。国王是统揽军事、行政、外交、司法、宗教等权力的最高统治者。"太阳"取代古王国时期的"塔巴尔那"，成为国王的王衔。国王死后被遵奉为神。

二、军事思想：赫梯是一个习惯于征战的民族，世代征战让赫梯人认识到没有强劲的军队是不行的。赫梯历代国王保持有一支人数多达30万的军队，他们的武器先进，使用短斧、利剑和弓箭。赫梯的铁兵器曾使埃及等国为之胆寒。赫梯人打击敌人最有效的武器是战车。

三、社会管理：频繁的对外战争使大量战俘奴隶流入赫梯。国王将战争中掠夺来的奴隶、牲畜、土地赐予大臣、贵族，促进了大奴隶制经济的发展，大臣、贵族、大奴隶主及神庙均拥有巨大的农场、牧场，通过役使大批奴隶和依附劳动者耕作、放牧。有的奴隶制牧场甚至成为国中之国，奴隶受到残酷的剥削和虐待。赫梯古王国时期即已出现的农业奴隶仍大量存在，他们有一定数量的份地，须缴纳沉重的租税。家庭奴隶（仆人）地位较高，他们占有一定数量的土地和财产，可与自由民女子结婚（但须交付较高的聘金），不是一般意义上的奴隶。另外，当时社会还出现了债务奴隶。

王室直接控制大量耕地，除赏赐大臣贵族外，大部分的耕地是以份地形式分配给为王室服役之人。据赫梯法典，领有份地者有两个等级：1."部从"或份地占有者；2."工具（武器）之人"，即手工业者（工匠）等级的成员。"部从"的份地来自国王，工匠的份地来自地方长官。来自国王的份地不得买卖、转让，只能继承，领有份地的条件是为王室服军役，"部从"身份改变后，份地归还王室。来自地方长官的份地可以买卖、转让，领有份地的条件是承担大部分普通城市的徭役。工匠身份改变后，份地由当地公社接收。

自由民阶层产生严重分化，有的沦为"希帕拉斯"（自由民被分化后的一种阶级），被束缚于公共组织"劳动组合"中，地位近似奴隶；有的成为"继承份额人"，依附于军人（替其耕地或出征）或神庙，受其剥削和压迫。

四、冶铁：早期赫梯国家的生产力虽属青铜时代，但据文献记载，赫梯是最早发明炼铁技术的国家，大量开采银、铜、铅矿，已掌握铁的开采和使用，并以之供应其他文明世界。亚述人的冶铁术就是从赫梯人那里学来的。赫梯王把冶铁技术视为本国专利，不许外传，以至铁贵如黄金，其价格竟是黄铜的60倍。到公元前1180年左右赫梯帝国灭亡之后，赫梯铁匠散落各地，才将冶铁技术扩散开来，公元前800年左右传至印度。

五、法律：赫梯人的法律体系，以《赫梯法典》为代表，要比古巴比伦的法律更人道，死刑罪不多，没有亚述人法律中诸如剥皮、宫刑、钉木桩等酷刑。

六、文化神话：赫梯神话是赫梯人的主要文学表现方式，包括根据古代苏美尔人的创世和洪水传说改编而成的作品。赫梯的宗教是多神崇拜，活动包括占卜、献祭、斋戒和祈祷，但不具备伦理意义。赫梯以楔形文字记述自己印欧语系的语言，创造了赫梯楔形文。赫梯还有一套象形文字，用于铭刻和印章，这可能是受哈梯人原始图画文字和埃及象形文字的影响。但目前，这些象形文字尚未被成功释读。赫梯文明从美索不达米亚传到迦南人和喜克索斯人中，可能还传到过爱琴海诸岛。

七、宗教：阿丽娜女神和铁列平神在赫梯的众神灵中占有重要的地位。阿丽娜女神是他们信奉的最主要的神灵之一，她被赞颂为大地女王、田地之女王，被视为赫梯国和君主政权的保护神。当国家遇到危难的时候，国王总是先向她祈求援助，每当国家战争凯旋，也会将许多的战利品送到她的寺庙。她的丈夫是雷雨之神。铁列平则被称为农业之神，是雷雨神之子，扮演着全餐上酒官的角色，为诸神灵送上葡萄酒。麦珠拉女神也常受到赫梯国王给予太阳女神的待遇。赫梯人信奉的还有太阳神爱斯坦、御座之神等三十多位神灵，这些神灵各司其职，出现于不同的场合，扮演各自的角色。

亚述——亚述是赫梯帝国的继位者，但作风更狠辣血腥，他们建立了帝国主义对外扩张的"铁血政策"。

亚述人居于底格里斯河中游，属于闪米特族。公元前3000年代中叶，亚述人在此建立亚述尔城后逐渐形成贵族专制的奴隶制城邦。在两河流域众多的民族部落中，亚述人因长期受其他部落包围和威胁，加上本身资源与国土有限，从一开始便养成了好战的习性。亚述人认为，要生存就要扩张，对外扩张就要推行"铁血政策"，不过在没能争取到武器上的优势时，他们只能一直蛰伏。

亚述帝国大约有一百万人口，但竟然维持着十几万人的军队，精细的分工和专业的操练又进一步加强了亚述的军事力量。在经济方面，亚述帝国主要依靠大规模的对外掠夺战争来刺激经济的增长，不停的对外战争不仅给亚述带回大批财富，还带回了大量劳动力。这一切为亚述帝国的社会经济发展创造了有利的条件。

4.3 周代（前1046—前221年）

众多部落、族群响应周武王的号召一举灭商并大规模地定居下来，有效地推动了早期中华文明的"一体化"进程。地处黄河中下游的华夏族群作为定居文明的中心，经受住了周边蛮夷戎狄各族的长期冲击而慢慢壮大。同时期分散在世界各地的其他文明中心可就没有那样幸运了，蛮族的入侵破坏了他们的生存环境，改变了他们的命运轨迹。一个好勇斗狠、好战的亚述帝国在两河流域崭露头角，他们开辟了一条缺乏伦理道德、缺乏人文文明的帝国之路。于是问题出现了，走这条路的国家相继涌现，霸蛮成了主流。在周代八百年间，已有波斯帝国和马其顿帝国相继接过这根血腥的"接力棒"。西周虽说是"礼仪之邦"，以礼乐来规范社会秩序，但制度并不完善，终究难敌人与生俱来的众多劣根性，时间不长便礼崩乐坏，到东周时更是战乱频仍、血腥一片。幸运的是，探讨人类人文文明、精神哲学的大思潮运动也同时开始了，这是一次千年难遇的人文思想大辩论，为中华文明伦理道德哲学的发展打下了牢固的基础。

中华民族第一次大一统是在周朝初期实现的，周之前的夏和商，绵延约 1000 年。李零教授在《我们的中国》一书中说："苏秉琦教授讲区系类型，分六大块：黄河流域三大块，长江流域三大块。这六大块，由龙山文化作总结，发展出夏商；夏商由西周大一统作总结，发展出秦汉大一统。"[1] 这条线索非常清晰，体现了中华文明的连续性和一体化。

对比地看，游牧—游猎的部落不会营建城市，正如当年李斯直谏秦王曰"夫匈奴无城郭之居"。所以，城市，特别是"王畿"的出现，是定居文明的典型特征。不过定居文明如果只崇尚霸权，只知道追求物欲享受，缺乏伦理道德的人文文明，也只能是不健康、残缺的文明。

4.3.1　西周时代（前 1046—前 771 年）

公元前 1046—前 771 年是中国的西周时代，影响人类文明发展的力量主要是分布在黄河中下游的华夏族人、尼罗河流域的埃及人与两河流域的亚述人。对希腊来说，这个时期是他们最黑暗的时期。

4.3.1.1　周朝

周朝受封于今天的陕西一带，此处原是犬戎的根据地，经大王、王季、文王三代相继在与犬戎的交锋中获胜，周朝立国的根基才算确定。

"文王受命称王的年代，和纣囚文王的年代期限，各书互有异同；《尚书大

---

[1] 李零. 我们的中国 [M]. 北京：生活·读书·新知三联书店，2016.

传》：'文王受命一年，断虞芮之讼；二年伐邘；三年伐密须；四年伐犬夷；五年伐耆；六年伐崇；七年而崩。'……，鲁仲连说：'拘之于牖里之库百日。'然而文王在纣的时候，必有'称王改元'的事情是无疑的。"①

公元前1046年，周武王（周文王之子）在牧野之战灭商，确立了周朝的统治地位。夏、商、周三朝经受住周边蛮夷戎狄等游牧民族的冲击考验，不仅没有像同时期的一些文明那样毁于外敌入侵或自我消失于不断地迁徙中，反而通过斗争顽强地在黄河中下游生存了下来，这使得中华文明在各民族长期激烈竞争的"天下"体系内屹立不倒，不断朝大一统国家的方向演进。

周人为姬姓部族，兴起于今陕甘一带，十分重视农业，为姬姓有熊氏和姜姓有邰氏长期通婚之后裔。周国本为"大邑商"西部边陲的一个小邦国，在古公亶父率部落从"戎狄之间"的豳地返回关中岐山之后逐渐壮大起来，传至文王时，已"三分天下有其二"。至武王时，联合西南众多边疆部落，起兵伐纣，一举克殷。

周幽王宠爱褒姒，废掉正后申侯之女及太子宜臼，改立褒姒为后，立其子伯服为太子。宜臼逃奔申国。申侯联合缯国和西方的犬戎进攻幽王，杀幽王于骊山之下。公元前771年，西周覆亡，共经历十一代十二王，约275年。

周先后定都镐京和丰京（今陕西西安）。宜臼即位后迁往东都洛邑（今河南洛阳），是为周平王，史称东周。这时周王已失去了号令诸侯的实力，天下进入了春秋战国500多年的战乱期。

东周时期，周考王于公元前425年（周考王十五年）封其弟于河南地，建立周公国，是为周桓公。这是周王朝最后一次分封。这次分封后，周王的土地全部分封完毕，自己只得寄居于周公国，此时的周天子已经身无分文了。

---

① 吕思勉.中国史[M].北京：中国华侨出版社，2010：19.

· 文明成果 ·

一、封建制度：在周朝时期，封建制度主要表现为周王室把疆域土地划分为诸侯的社会制度。在封建制度下，国家土地不完全是周王室的，而是分别由获得封地的诸侯所有，他们拥有分封地内的所有资源和收益，只需向周王室缴纳一定的进贡即可尽义务（这相当于中世纪欧洲诸王国与罗马教廷的关系，即现代意义上联邦的基础）。诸侯的土地理论上在其死后可由周王室收回重新分配，但一般是世袭。

二、官制：设"三公"统辖诸侯百官，太宰总揽政务，下设众多卿士。设掌礼机构管理丧葬、祭祀、占卜、教育等，司巫在这一机构中地位较低。周代的神职官吏在政权机构中的权力大为削弱，史官的地位则有了很大提高。史官分太史、内史、外史等。周朝官职世代相承。

三、周礼：礼经是儒家五经（《诗经》《尚书》《礼记》《周易》《春秋》）之一。《周礼》与《礼记》《仪礼》合称"三礼"。从本质上说，"礼"与原始宗教（对天地、鬼神、祖先的崇拜）的仪式禁忌有关。在甲骨文中，"礼"字的形象是一个奉示于神的器皿中盛着两串玉具[①]，这时的礼只是一种外在的约束，商人敬重鬼神，原因在此。到周公灭商，制定了"周礼"，开八百年基业，这时的"礼"已经从一种强制性的规定转变为服务社会需要的人性化要求了。

四、宗法制度：西周实行分封制，而分封制的基础则是宗法。宗

---

① 江天一. 传世藏书·礼记 [M]. 北京：华艺出版社，1997：286.

法是中国古代社会血缘关系的基本原则，主要内容是嫡长子继承制，在西周时得到充分发展。严格意义上的宗法，只在卿、大夫、士的范围内施行。这些阶层各家族的始祖，一般是国君的别子。别子不能与继承国君的太子同祖，必须分出去自立家族，成为这个家族中嫡长继承系统的始祖，被称为大宗。别子的长子以外的各子，长孙以外的各孙……都是庶子，被称为小宗。其间血缘关系超过五代，就不再宗原来的小宗。

五、律法：西周有《九刑》，主要在于惩治"盗""贼"行为。周刑主要有墨、劓、刖、宫、大辟、流、赎、鞭、扑九刑，律条三千，法网严密。"礼不下庶人，刑不上大夫"，西周法律有明显的阶级性质。

六、神巫：商代尚鬼的神秘色彩，到西周已经有所淡薄。周代的祭祀对象分为天神、地祇、人鬼三类。这时期使用蓍草的筮法与卜法并用，占筮用书为《周易》。当时常先筮后卜，特别是在占问国家大事时更要如此。卜比筮更为重要。西周甲骨也刻有卜辞。掌管神巫事务的官员有祝、宗、卜、史四类。祝管祷祝，宗管祭祀，卜职司卜筮，史职司文书记事。由于他们的专业需要特殊训练，常在家族中世袭，说明其职业的封闭性。

《周易》本为占筮用书，其经文主要成于西周时期。卦辞、爻辞中有些内容与周人历史有关，如"康侯用锡马蕃庶，昼日三接"，"康侯"即西周武王之弟卫康叔。由于占筮必须由卦象推类，许多卦文逐渐被赋予抽象的意义，如《易经·泰》"无平不陂，无往不复"，从字面上就可看出其哲学意味。

七、教育与典籍：周代乡、州设立的学校被称为"庠""序"。贵族子弟教育分小学、大学，满八岁入小学，到十五岁成童时入大学。学习内容包括德行、技艺和仪容等，技艺兼及文武，有礼、乐、射、御、书、数，合称"六艺"，都是用来教育贵族子弟的。

西周时期流传至今的文献不多，《尚书》中出于西周的，有《牧誓》《洪范》《金縢》《大诰》《康诰》《酒诰》《梓材》《召诰》《洛诰》《多士》《无逸》《君奭》《多方》《立政》《顾命》《康王之诰》《吕刑》《费誓》等篇，成文时代自武王到穆王，成王时期的占大多数。《逸周书》也有一些篇属于西周。

有重要文学价值的《诗经》收有很多西周时期的作品。有的是采自民间的民歌，如《豳风·七月》之类；有的则用于朝廷庙堂，收入雅、颂。一些作品有准确作者，例如，《大雅·烝民》为周宣王时代的大臣尹吉甫所作。这些诗歌有的反映当时的社会状况，有的描写历史事迹，有的对朝政进行颂扬或讽刺。

八、文化：周朝国力、人口都与商相去甚远，所以周代文化具有包容性特征，周、商文化与各地土著文化共存。

西周统治者强调天命和德的观念，德的内涵包括敬天、孝祖、保民，兼具宗教意义和伦理性质。这种天道观到西周晚期遭到动摇，阴阳五行说开始形成体系。

4.3.1.2 埃及

此时埃及进入了第三中间期，为第二十一至第二十五王朝时期，约公元前1085—前664年。

第四章
三代擘画　一秦立命

·文明成果·

一、经济：从第二十五王朝起埃及由青铜时代进入了铁器时代，社会经济有了较大的发展。新王国时期末，埃及曾经从赫梯输入少量铁器，但当时铁器未流行。到了这时，埃及本土已经出现大量铁器，斧、凿、锄头和箭头等铁制工具和武器已经得到普遍使用。当时，埃及经济的显著特点是贸易和货币关系的发展。这时，交换一般是用银块和铜块作为货币等价物，被称作"德本"和"凯特"（kite，银块，约9.1克）。谷物、没药、奴隶以至土地买卖都是用白银计价支付的。这一时期，利比亚·舍易斯王朝与地中海周边的希腊、腓尼基以及小亚细亚等地区都有商业往来，尤其是下埃及的塔尼斯与腓尼基之间的贸易活动最为活跃。例如，在第二十王朝和第二十一王朝之交，仅在腓尼基的港口城市毕布勒斯就有20艘商船与塔尼斯经常保持着贸易关系。埃及商业繁荣，城市不断增加。

二、音乐：从公元前10世纪起按不同主音划分调式。①

三、教育：古埃及的文字和学校，与巴比伦一样。古埃及很早就有了自己的文字，科学已经有了一定的发展，在天文学上能区分恒星和行星，还制作了天体图和太阳历；数学上，采用了10进位的计算法；还有医学上的木乃伊制作，建筑上的金字塔的建造等，都是人类历史上的杰作。

---

① 赵克仁.古埃及音乐文化探析［J］.西亚非洲，2009.

人啊，认识你自己！
—— 人类两次大思潮运动

1. 古埃及的学校教育较为发达，学校种类主要有宫廷学校、职官学校、僧侣学校和文士学校，还有入学前的家庭教育。

（1）宫廷学校，主要由法老设立，用于教育皇室成员和朝臣子弟，使其毕业后成为文士的后备人才，担任国家官吏。这些学校都是以吏为师，以法为教，招收贵族和官员子弟，并兼负文化训练和业务训练双重任务。

（2）职官学校，由政府各机关建立，主要用来训练实用人才。如管理文档的人员、管理财务的人员。

（3）僧侣学校，是培训祭司和僧侣的学校机构，主要设在寺庙。这些学校除传习一般的知识外，还传授天文学、数学、建筑学、医学等较为高深的科学技术。不但吸引了有志于学的埃及青年争相前来就学，就连犹太民族的领袖摩西和希腊的哲学家泰勒斯、柏拉图都曾到此游学。政府办的职官学校着重培养执行公务的官吏，僧侣学校则着重培养专业人才，两者侧重点不同。

（4）文士学校，主要培养文士。通常设有书写、计算和有关法律方面的知识。一般儿童5岁上学，一直到16—17岁。学校实行收费制度，贫困人家的子弟很难进入。众多青年通过进入文士学校学习而充当官吏，甚至少数妇女也到文士学校学习。

（5）家庭教育，在学校诞生以前，古代埃及儿童的教育都由家庭负责。母亲教养4岁以前的子女，父亲教育4岁以后的男儿。那时埃及人的生活简陋，生产技术比较简单，教育和生活、生产结成一体。生产和文化发展以后，埃及人便在家中以父子传承的方式，教授后代专业知识和技能。古代埃及的僧侣、文士、建筑师、木乃伊师等，就靠这种办法来培养后代，从而使许多专业成为累代世袭的行业。这些家庭也教子女学习书写和计算，但这些知识不占重要地位。学校产生后，家庭仍担负着教育子女的重要任务。

2.古埃及的教学内容和方法

教学内容：

（1）注重道德品德的修养。其目标可归纳为敬日神、忠国君、恭长官、孝父母。

（2）练习书写。埃及古代文字有宗教所用的象形字、政府机关所用的简体字、商业贸易使用的草体字三种。因为文字多种多样，而且又没有句读符号，学习十分困难。书写用的莎草纸是用尼罗河畔生产的植物——纸莎草精制而成，价格昂贵。学生通常先在陶片、贝壳、石板、木板上练习试写，经一段时间练习后才在纸上书写。古代埃及学生不是通过诵读而是通过书写学习知识，这是很特别的。

（3）练习词令。书写内容大都是伦理规范和宗教教义，有的是格言，有的是寓言故事，意在从练习书写中向孩子灌输道德戒律。书写还包括知识性的内容，如日月星辰和城名地名之类。到较高阶段，学生则开始练习撰写公文、函札、契约、记事等。有的学校为适应商业和外事需要，还教授学生巴比伦文等外邦文字。

（4）重视数学和计算。计算也是学生学习的内容。主要是计算家财、测量土地、预算税收之类，浅易实用，但缺乏理论性。当时的风尚认为文士不懂计算乃是耻辱。

教学方法：

（1）以机械教学为主；

（2）教师多利用问答方法，但不注意引导学生进行思考；

（3）重视体罚。

3. 古埃及教育的特点

（1）阶级性。古代埃及学校教育的阶级性十分明显。各种类型的学校都是奴隶主子弟受教育的场所，农民子弟极难涉足，奴隶子弟更是被剥夺了就学权利。

（2）道德培养。古代埃及的教育非常重视道德品质的培养。埃及人认为，日神是最崇高的神祇，敬日神可以邀福；国君是日神的儿子，是日神在人间的化身；长官替法老效命；双亲为一家之主。所以，敬神、忠君、尊官、孝亲是相互联系的美德。古代埃及要求准备当文士的青少年要心地善良，举止端庄，克己自制，惯于过艰苦的生活。

四、拼音文字：约公元前13世纪，善于航海经商而在地中海拥有大量殖民地的腓尼基人便以两河流域的楔形文字和埃及的象形文字为基础，创立了拼音文字，即由字母拼成的文字，这是人类文化发展的里程碑。因为它不但便利了当时的社会生活的使用，而且为后世的文化发展作出了深远的贡献。具体地说，字母文字问世不久，便分化为阿拉姆文和腓尼基文。阿拉姆文向东方发展，繁衍成古典的希伯来文、叙利亚文和阿拉伯文；腓尼基文繁衍为希腊文，之后更是分化为许多欧洲国家的文字。

4.3.1.3 希腊

不知道在什么时候，西方人开始把希腊文明看作他们文明的源头，来填补他们在这方面的空缺。但历史过去了就是过去了，要填补没有的记录往往会出现穿凿附会、张冠李戴、前后不连贯的故事场景。

人的感觉是复杂的，尤其是拥有帝国传统的霸权子民，他们会使用自身巨

第四章
三代擘画 一秦立命

大的力量来满足某种需求和欲望，很多时候是不择手段的。就这样，历史中很多不足为外人道的东西只得被遗忘在历史角落，再也无人问津。这可能也是埃及文明被毁灭得这么彻底的原因。一种可能是人类历史最悠久的文明之一消失了，想来令人无限唏嘘。

但历史毕竟是事实的记录，哪怕它只是从众多星散的废墟、遗址挖掘出来的一鳞半爪的印迹的拼凑。在主流的合唱中，往往会有一些公正、不避嫌疑的人意识到事情的不妥并挺身而出寻找真相，这些人都很值得敬佩。我们最近读到了一本书，名叫《黑色雅典娜》，作者为马丁·贝尔纳，第一章中有这么一段——

"公元前1世纪写作的狄奥多罗斯在关于将希腊文明化的'野蛮人'的问题上表达了同样的困惑，如果不是精神分裂的话。在他卷帙浩繁的《历史图书馆》的开头部分，他写道：

我们首先要讨论的民族是野蛮人，这并不是说我们认为他们比希腊人更早，像埃福罗斯所说的那样，而是因为我们希望一开始就陈述关于他们的多数事实，以使我们以希腊人提供的各种叙述开始，而不必在关于他们早期历史的不同叙述中插入任何与另一民族相联系的事件。"[①]

在著作的第五卷中，狄奥多罗斯援引罗德岛人历史学家芝诺的观点。芝诺坚称，希腊人，或者来自罗德岛的神秘的 Heliadai，将文化带给埃及人，但一场大洪水消灭了所有的记忆，就像雅典人忘记了雅典比赛斯更早一样。正是因为这一类的原因，许多代人以后，人们认为阿革诺尔的儿子卡德摩斯第一个将字母从腓尼基带到希腊。

"大概仍然是遵从芝诺，狄奥多罗斯接着细致描述达那俄斯和卡德摩斯在

[①] 马丁·贝尔纳.黑色雅典娜[M].郝天虎，程英，译.南京：南京大学出版社，2020.

人啊，认识你自己！
—— 人类两次大思潮运动

前往希腊殖民的路上是如何在罗德岛留下踪迹的。与柏拉图认为雅典比赛斯要早的观点一样，芝诺的规划是古代模式的一种颠倒形式，而非雅利安模式内部的形式。规划没有提及来自北方对希腊的侵略，而是仍然维护了希腊与埃及、腓尼基文化和文明之间的'发生'关系。认为希腊将埃及文明化的观点甚至对于最强烈的雅利安模式支持者来说都太过分了。"①

书中又有这么一段："我们多数人被教导将希罗多德尊称为'历史之父'，但即便那些遵从普鲁塔克，将他视为'谎言之父'的人也难以坚称希罗多德在这类记载的存在方面说谎了。他的话不是一个关于一些遥远民族的不能验证的陈述，读者很容易去查证它，如果他们不是已经知道的话。暂时把希罗多德写作《历史》之前一千年究竟发生了什么的问题放到一边，他的陈述强烈表明，在公元前5世纪时，人民普遍相信，希腊在英雄时代的开始被埃及殖民过。在这一章里，我希望证明，虽然现代多数古典学家和古代史家以傲慢和轻蔑的态度对待希罗多德关于埃及和腓尼基殖民的观点，但这样的观点不仅在他自己的时代，而且在整个创始期古代、古典时代和后来的古代都是寻常的。"②

从上面的两段引文看，西方历史与文明的源头确实乱得可以，我们想指出的也只是这么一个事实，至于事实的真真假假，有心人不妨自己慢慢去寻证。

南宋文天祥的《正气歌》有这么几句："……时穷节乃见，一一垂丹青。在齐太史简，在晋董狐笔。在秦张良椎，在汉苏武节。为严将军头，为嵇侍中血。……"（……我们只有在最艰苦的生死时刻才能明了一个人的气节，也只有有气节的人才配在史书上留名。在齐国有舍命也要记录真实历史的太史书

---

① 马丁·贝尔纳.黑色雅典娜[M].郝天虎，程英，译.南京：南京大学出版社，2020：110—111.
② 马丁·贝尔纳.黑色雅典娜[M].郝天虎，程英，译.南京：南京大学出版社，2020：75.

简,在晋国有坚持正义的董狐的笔。在秦朝有为民除暴的张良的椎,在汉朝有赤胆忠心的苏武的节。还有宁死不降的严将军的头,拼死护主的嵇侍中的血。……)从古代到现代,中国人对历史真实性的态度是严谨的,对史官乃至个人的操守要求更是严格的,所以中国历史自有文字始便连绵不断,备受各方尊敬。其他文明有它们的历史背景,对历史处理的态度更是各异,我们大可不必用我们的标准来要求他们对真实性负责,但不加甄别地追捧外来事物就大可不必了。

根据我们搜集到的不同史料,希腊历史大概是这样开始的。公元前1100—前1000年,多利亚人的入侵毁灭了迈锡尼文明。然而,最近的考古学显示,干旱与歉收造成的饥荒导致文明没落的可能性更大。这一历史时期被统称为希腊黑暗时代(约前1200—前800年)。考古学显示了希腊文明在这一时期的衰落,迈锡尼人雄伟的宫殿被摧毁或是遗弃,希腊文字停止使用。希腊黑暗时代的陶器只有简单的几何装饰,缺乏迈锡尼时代的器件所展现的丰富的图案设计。黑暗时代的希腊人的居住点数量稀少,并且规模很小,可以说明人口的急剧减少。没有发现产自国外的货品,可能表示国际贸易中断。同时,与其他文明的联络也中断了。

我们对此时期的了解主要来自《荷马史诗》,故又称"荷马时代"。黑暗时代过后,为了找回根源,希腊氏族开始重新建构他们的历史,人们相信荷马史诗中含有一些黑暗时代口头传承下来的传统,但作品的历史真实性仍广为争论。

在这个时期的末期,希腊文明全面复兴,影响远至黑海及西班牙。书写系统先是借用腓尼基人的,然后在此基础上发展自己的,后向北传至意大利和高卢。

· **文明成果** ·

一、文学：《荷马史诗》是古希腊最早的口述文学作品，包括《伊利亚特》和《奥德赛》，作者为盲诗人荷马（约生活于公元前9—前8世纪）。

二、音乐：使用最广的是利拉琴，据说荷马曾用利拉琴伴奏，演唱他的两大叙事诗。

4.3.1.4 亚述的兴起

位于两河流域北部，以底格里斯河中游的亚述城为中心发展起来的塞姆语族的亚述人部落，经历了公元前16世纪编成《亚述法典》的辉煌后，由于饥荒和与侵扰边境的游牧部落的战争，亚述国力急剧下降。公元前1089年，提格拉特帕拉沙尔一世当政时，亚述人被赶出了巴比伦。后来，亚述在阿拉美亚人的打击下衰落下去，大部分土地被其占有。

亚述在沉默中度过了150年后，终于在提格拉特帕拉沙尔二世（前967—前935年）时期迎来了中兴。

公元前935年，亚述国王阿舒尔丹二世传谕："当年我国曾有过年代记事的先例，其后因为国家贫弱终止。今天我宣布，亚述要光复年代记事。"亚述的新王国时代开始了。从此，阿舒尔丹二世整顿全国纲纪，振作农商，扩大军队，训练士兵，不几年亚述就积累了不少财富。他的统治为亚述持续繁荣奠定了基础。

公元前10世纪，巴比伦渐渐衰亡，这时的北非强国埃及虽然名义上维持了第二十一王朝的政权，但实际上已处于南北对峙的分裂局面。亚述是西亚历史上第一个把居住在西亚和北非广大土地上的各民族整合在一起的军事大帝国。此时，亚述已进入了铁器时代，经济与军事实力都已大大提高，国际上不存在可与之抗衡的对手。

从阿舒尔丹二世开始，亚述诸王连续不断地向西方、北方和西北方用兵。公元前911年，阿达德尼拉列二世（前912—前891年）即位，他征服亚兰、赫梯和北部地区，两次打败沙马什，兼并迪亚拉河以北和中部的大片土地，同时进攻美索不达米亚，巩固他的统治，摆脱了阿拉美亚人的威胁。

阿达德尼拉列二世在征服东北方小扎卜河以北五个地区之后，亚述军攻入了乌拉尔图。西征，他征服了库姆赫；南伐，他战败了亚述的老对手巴比伦，收复了东南部三个地区。面对多年来一直压迫亚述的阿拉美亚各部落，他也取得了胜利，许多部落被迫向他纳贡。最后，他开始收复亚述的重要地区哈尼加尔巴。经过连续六年的战斗，阿达德尼拉列终于击败了这里的泰马尼部落联盟。

下一任国王图库尔蒂·尼努尔塔二世（前890—前884年）在位仅七年。他对那意里进行了四年的战争，迫使当地王公每年向他进贡军事上极其需要的战马。第五年，他镇压了东方行省的叛乱。最后，他沿幼发拉底河南下，深入阿拉美亚人居住的地区，控制伊朗的扎格罗斯山脉，征服该地区的波斯人和玛代人，掠取了大批贡品，奠定了亚述帝国的基础。

公元前883年，阿淑尔纳西尔帕二世继承其父图库尔蒂·尼努尔塔二世的王位成为亚述国王。他在位25年（前883—前859年），远征14次，扫平两河流域北部周围十余个城市和国家，并不断向西推进，征服叙利亚、黎巴嫩及腓尼基，使帝国版图直达地中海，从而打开了通往地中海的商路。

公元前877年，阿淑尔纳西尔帕二世率军远征，他首先征服了那依瑞以北的地域，随后是哈布尔河和幼发拉底河间的阿拉米人的居住地。从卡尔齐美什渡过幼发拉底河，穿越安提俄克平原，渡过奥龙特斯河，到达黎巴嫩山下和地

人啊，认识你自己！
—— 人类两次大思潮运动

中海边。这场胜利之后，他在未遭遇反抗的情况下一路进军到地中海，沿途十多个小国王臣服于他。

回国后，他在尼尼微以南百余里处的底格里斯河岸建造了一座新都城——尼姆鲁德。尼姆鲁德于公元前879年完工，围城8千米见方，有用来灌溉城市和周围田地的运河，还有卫城、神庙、金字塔形神塔和皇家宫殿。皇家宫殿周围栽种了杉树、柏树、桧树、黄杨树、桑树、阿月浑子树和柳树，门口摆放着石灰石和雪花石膏做成的珍禽异兽，宫殿中存放着大量抢夺来的金、银、铜、铁和铅。考古学家从卡拉赫王宫的遗址中发掘出极为丰富的文物，展现出亚述帝国手工业生产所取得的成就。其中最重要的发现是王家军火库，在这里发现了大批青铜器，包括容器和武器，也有精美的牙雕、成堆的泥板等。附近还发掘出食物与酒的贮藏室、长官住宅、仓库。贮藏室内出土了用象牙雕刻的装饰品，大部分是家具、战车或衣服铠甲上的饰物。许多房间里堆放着浮雕作品及动物、人物的透雕、圆雕作品，有些是从腓尼基、叙利亚等地掠夺来的。

沙尔马那塞尔三世（约前858—前824年）在当政的35年时间里出征了32次，在西方征服了比特阿迪尼部落，目的在于完全征服幼发拉底河整个河谷，直到巴比伦地区。公元前856年，沙尔马那塞尔三世占领了这个阿拉美亚部落的首府提尔巴尔喜布（位于幼发拉底河岸上，距卡尔凯美什约20千米处）。卡尔凯美什、阿列坡和撒玛利亚等地的军民慑于亚述大军的淫威，纷纷表示愿意向亚述王纳贡称臣。但当沙尔马那塞尔再向西推进的时候，却遭到了大马士革等部军民的顽强抵抗。大马士革把叙利亚、腓尼基诸部以及巴勒斯坦各部团结在自己的周围，甚至阿拉伯诸部也加入了这个以大马士革为首的强大的反亚述联军。两军会战于奥伦特河畔哈马特以北的卡尔卡地区，亚述军损失十分惨重，不得已撤退（约前854年）。

之后，亚述军先后组织了4次大规模进攻，却被西方联军阻遏住了。公元前841年，沙尔马那塞尔三世再度率领12万大军攻打大不里士，虽然未能取得决定性胜利，但在很大程度上削弱了大马士革，以大马士革为首的反亚述联军不久即土崩瓦解。大马士革向亚述投降。以色列、推罗和西顿都接受了亚述的宗主国地位并向其纳贡，甚至连埃及也认可了亚述国际强国的地位，把两只骆驼、一只河马及其他珍奇动物作为礼物献给沙尔马那塞尔三世。

亚述王对巴比伦尼亚的战争取得了更大的成就。他率大军长驱直入，一直攻到波斯湾沿岸的沼泽地区，彻底征服了巴比伦尼亚地区。在北方，亚述王挥兵侵入乌拉尔图，但恶劣的自然环境给亚述大军的行进造成了巨大的困难。乌拉尔图王充分利用地利、人和的有利条件，成功抵御了亚述人的侵略，甚至一度由防御转为进攻。

· 文明成果 ·

一、图书馆：世界史上第一个图书馆由亚述巴尼拔王建于尼尼拔王宫，藏有24000多块泥板图书。

二、历法：确定了现今星期的名称和七天为一周。

三、军事：亚述军队的装备精良，说明当时制造武器的技术水平较高。军人穿的是铠甲，戴的是尖顶盔，防身的武器有钉皮条和金属片的大盾牌，一般使用的武器是弓箭、短剑和长枪。进攻的武器是铁制的，防御用的武器则是青铜制的。特殊的装备有攻城用的弩炮和攻城机。弩炮的石弹利用牛筋的弹力发射。由牛筋搓成的粗绳先用转盘扭紧，放松时能够弹出重约十公斤的石弹，射程可达五十米。他们放射较多的是装有燃烧着的树脂的泥罐，把它投到敌人阵地后可引发火势。攻城机是一座上设棚架、下置车轮的木马。攻城时就把攻城机推到城墙附近，几个战士藏在棚架下拉动木马前面的击城器撞击城墙，撞开缺口后军队就可攻入。亚述军队中有一支特别的工兵部队，任务是修建防御工事、开辟运兵的道路和修造进攻的设备。在驻地，他们善于修筑高大的军营。这种军营有的呈长方形，有的呈椭圆形，内有交叉街道，外有障壁塔楼。工兵在攻城时挖掘围城墙下的坑道，或堆起土垒以便和敌人在同一高度上战斗。[①]

四、文学：亚述人当时的文学创作已经有艺术水平较高的作品。例如，一些忏悔诗和诉苦歌，就是把自己经受的痛苦和孤独生活的悲哀，巧妙地用诗歌形式表达出来。

五、音乐：我们对亚述人乐器知识的认识，主要以墙上浮雕刻画的形象为基础，这些浮雕都是在发掘亚述国王的宫室时发现的，均出自亚述王国的中期和晚期。把巴比伦和亚述的乐器材料进行比较，几乎难以发现显著区别，充其量在膜鸣乐器方面存在一些区别。我们从亚述人的碑刻等古文物中得知，当时的人们使用过圆筒形鼓以及漏斗状鼓或箭筒状鼓。马克斯·韦格纳描述后一种鼓的特点，以其形式称之像是"悬挂的宝塔糖块"。除了圆形的框式鼓之外，亚述古国还有矩形的框式鼓，而且与军乐有关。关于体鸣乐器，除了各种大小不同、形式各异的（青）铜铃之外，亚述人还使用两种类型的铙钹和陶制的动物形器皿式哗啷器。现存的关于亚述人的图像资料还证实有笛、号和双簧管等气鸣乐器。在弦鸣乐器中很少出现琉特琴，倒是经常遇见竖琴和里拉琴。与巴比伦一样，亚述的竖琴也有两种形制：水平的三角竖琴和垂直的三角竖琴。按施陶德的说法，亚述人的竖琴以坚固的构造、放大的形式和琴弦数增多为特征，

---

① 涂厚善.古代两河流域的文化[M].北京：商务印书馆，1964：90—91.

垂直式的竖琴有十五至二十二根琴弦,水平式使用拨子弹拨的竖琴有八至十二根琴弦。亚述的里拉琴在弹奏时保持水平的或斜的姿势,可以用拨子弹拨,也可以不用拨子。我们如今所见的里拉琴形式不同,而且大小各异,是一种五弦至七弦的乐器。①

4.3.1.5 小结一:礼乐与荆棘

西周时期,中国出现了一种新的国家管理制度的尝试,一种以"礼"和"乐"来约束国民行为规范的制度,也就是我们今天所说的"礼乐文明",不过这一切我们得从禁止酗酒说起。

周初,为了扭转商末流行的奢靡风气,周文王曾反复告诫臣民,禁止酗酒。从成王时的《尚书·酒诰》,到康王时的大盂鼎铭文,都讲到必须遵奉周文王的告诫,不得纵酒。其他礼乐规定反映到青铜制造的礼器上的《周礼》,是表示等级的典章制度和礼仪规定,名目繁多,有吉、嘉、凶、宾、军五礼。它是维护等级制度、防止"僭越"行为的工具。如,周礼规定了贵族饮宴列鼎的数量和鼎内的肉食种类:王九鼎(牛、羊、乳猪、干鱼、干肉、牲肚、猪肉、鲜鱼、鲜肉干)、诸侯七鼎、卿大夫五鼎、士三鼎。乐舞数量也有差异。乐在西周很受重视,有专门的职官管理。有的乐舞起源很早,如《大武》。乐伴礼而生,礼随乐而长。乐高则雅,顺情则靡。礼乐制度由周公制定,任何人都不能僭越和修改。此外,宗法制度、封建制度、《周易》、天道观等在西周时期都已得到很好的发展,为中华文明日后各元素的融合发展打下了坚实的基础。

在同一时期,希腊正在经历历史中的"黑暗时代"和劫后余生的重建,很

---

① 希克曼.上古时代的音乐:古埃及、美索不达米亚和古印度的音乐文化[M].王昭仁,金经言,译.北京:文化艺术出版社,1989:89—90.

多事实已无法考证，其中最令人不解的是连文字都消亡了而不得不借用腓尼基人的书写系统，之后在这个基础上才建立如今的希腊文字体系，其文明的赓续发展更是无从谈起。

古埃及的问题是近亲结婚的现象非常普遍，其皇室可谓开创了近亲通婚的先河。这种现象甚至可以说是制度化的，兄妹结婚、父女结婚、母子结婚等现象都存在。只不过，这种婚姻现象只在王室中存在，平民之间是禁止的。资料显示，古埃及皇室很大程度上保留了母系社会的遗风。也就是说，古埃及女性的地位很高，他们认为近亲通婚可以保证王室血统纯正和财产不外流。这样的制度早已为埃及文明的发展埋下了祸根。古埃及在亚述帝国风头正盛的时期并不敢直撄其锋，选择了纳贡以维和。

亚述帝国正是在这段时期内兴起的。在兴起的过程中，他们沿途播下的"文明种子"却带给世界另一番景象，结果当然导致自身文明的发展方向与其他文明迥异，这也是意料中的事。至此，一条用武力、蛮力、霸力打造的帝国权力输送纽带已初见端倪。

从赫梯帝国到亚述帝国，都信奉武力掠夺和以蛮力开疆拓土，征服所有横亘在他们面前的其他民族，并把掠夺来的俘虏当成奴隶使用。亚述帝国的野蛮尤其突出，他们会把荆棘种在所灭的国土上，再撒上盐巴，把良田变成荒野，这样一来，俘虏纵使逃脱也无家可归。这种特殊的心态说明他们要的是俘虏而不是土地，对大自然的馈赠毫不珍惜，对人类赖以安身立命的田野毫无感情，他们要破坏，而不是建设，俘虏在他们心目中就如货物一般。

在人类没有学会管控好自己的不良情绪和无厌欲望前，光靠"礼乐"的力量来规范众人的行为是远远不够的，就是加上严刑峻法也不足以约束民心，达到和谐管制的效果。仅靠礼乐的结果就是难逃礼崩乐坏，中国随之出现五百多年的战乱期，即春秋战国时期，民不聊生。

亚述帝国虽然曾经一度中兴，但最后还是在公元前 612 年被灭，不过帝国兴替之路的链条并未中断。随后，世界上第一个历史上横跨欧亚非三大洲的波斯帝国崛起了。

4.3.2 **春秋时期**（前 770—前 453 年）

春秋时期属于中国东周的前半期，因鲁国史书《春秋》而得名，自此，中国由治入乱，进入了五百多年的战乱期。

春秋时期对应的世界文明主要分布在亚洲的印度次大陆、伊朗高原和地中海沿岸等少数几个地区。

在亚洲，中国是东亚地区唯一的文明国家，盘踞辽东和朝鲜半岛北部的箕子朝鲜只是当时中国的一个地方政权，而此时的韩国和日本还未建立国家。

那时的南亚正处于雅利安人建立的由十六国统治的列国时代，后来孔雀王朝崛起，在阿育王时期统一了印度大部分地区。但阿育王死后帝国很快就四分五裂了，印度再度成为地理名词。

西亚则先是亚述帝国被诸多大国联手消灭后，出现了新巴比伦王国、吕底亚王国和米底王国等大小王国，后均被波斯所灭。

在大环境的影响下，非洲的埃及也免不了受到影响，先后面临亚述人、新巴比伦人和波斯人的入侵和统治。

此外，当时埃塞俄比亚已经作为一个国家存在着，只不过阿克苏姆王国还远远没有崛起。

北非的马格里布地区有腓尼基人建立的迦太基王国，后来成为与希腊人、罗马人在地中海地区争霸的劲敌的强劲对手。

至于欧洲，此时的日耳曼人、凯尔特人和斯拉夫人都还没有自己的国家。当时欧洲主要的国家为拉丁人建立的罗马共和国和希腊城邦。

在美洲，奥尔梅克和玛雅文明则先后诞生了。玛雅文明在公元前400年建立了早期奴隶制城邦国家。由于它和中华文明有许多类似的地方，学界一直有殷人东渡美洲这样的假说。

4.3.2.1 春秋五霸

东周前期又称春秋时期，它开启了中国历史上第一次全国大分裂。平王东迁后，周王室名存实亡，一百四十多个诸侯国纷纷割据称雄，动乱时有发生，弑君现象屡见不鲜。当时的"春秋五霸"是齐桓公、宋襄公、晋文公、秦穆公、楚庄王。鲁国史官所撰的编年史，把当时各国的重大事件按年、季、月、日记录下来，名为"春秋"，孔子对其加以整理修订，使其成为儒家经典之一。《春秋》记录了从鲁隐公元年（前722年）到鲁哀公十四年（前481年）共242年的大事，大体上与当时客观的历史发展时期相当，历代史学家便把《春秋》这个书名作为这个时期的名称。

春秋中期，各诸侯国都被战争搞得十分疲惫，需要休整，于是通过公元前546年由14个诸侯国参加的第二次"弭兵之会"达成协议，战火暂停。春秋时代的中后期，随着牛耕的普及和铁制农具的应用，各诸侯国经济有了迅速发展，出现了私田的开发和井田制的瓦解。在一些诸侯国内部，贵族势力强大起来，开始与国君争夺权力。在长江流域，吴、楚、越三国之间就多次爆发霸权之争。

当西周的历史结束，诸侯纷争的战火也开始了。在残酷的生存压力面前，经世治国的将相良才、军事方面的谋略家、外交方面的纵横家、为民请命的思想家、生产生活与战争工具的工匠发明家，乃至一些有志之士、社会贤达，无

第四章
三代擘画 一秦立命

不各抒己见,纷纷投入一场轰轰烈烈的、百家争鸣的大思潮运动中。很多当时的文章都是传世的经典论述,这些思想上迸发出来的火花,有些虽是昙花一现,但这次千年不遇的大思潮,却影响着中国往后两千多年的发展。

·文明成果·

一、政治制度:春秋时期,中国有五等爵位制度,大国称公、侯,小国称伯、子、男。当时吴、越、楚、徐、巴、蜀、义渠皆蛮夷之邦,故不用中国之礼,自称王。国君之下设诸卿,有二卿、三卿或六卿。其中主持政务的称正卿或上卿,楚国称令尹,也称相;秦又曾称庶长、不更。卿出征时为三军之将佐。卿之官职,有司徒、司马、司空、司寇等,分掌民事、军事、工事、法事。春秋初期,晋、楚等国开始在新兼并的地方设县,或聚若干小邑为县,或将私家之田分置县;在边境地区则设郡。郡县之间没有隶属关系,其长官由国君直接任命,只有少数地区作为采邑赏给贵族。

二、官制:春秋时期,王已经不再是周天子的专称,南方楚国国君首先称王,之后吴、越两国君主也相继仿效。到了战国时期,各国君主纷纷称王,周王室已降至中小诸侯的地位。

春秋各国官职一般由世官充任,爵位有卿、大夫、士三等,每等又分上、中、下三级。各国最重要的官职由世官卿担任。

东周初期仍设卿士,之后由太宰执政。执政官下面设有多种政务官。

师、傅、保与史、卜、祝也有变化。各国一般不设太保,太师、太傅也不执政,只作为官员的一种荣誉称号。东周王室的史官有太史、内史;各国不设内史,由太史掌记事兼领册命。中国古代史官有重视史德的传统，春秋时期的史官表现尤为突出。如齐国崔杼专权，杀死了国君齐庄公，太史直书其事，结果被杀；太史的两个弟弟依然不改兄志，也被杀害；太史最小的弟弟继续秉笔直书，终将崔杼弑君之事公布天下。此外，还有乐官、廪人、司宫等官职。

春秋各国地方组织的变化表现在县、郡的出现。各国君主在兼并较小的国，或者吞并本国大夫的采邑后，往往设县或郡为行政区。县的各级官员由国君任命，军队也由国君统一调动。

三、军事：周代采取"兵农合一"制度，村社组织与军事组织相统一。春秋时期仍用此制，打破"国人当兵，野人不当兵"的旧兵役制，扩大兵源。齐国以技击之士闻名，秦国实行二十级军功爵位制度，以斩获敌首多少授予相应爵位。齐人孙武所著《孙子兵法》不仅是中国第一部军事理论著作，而且两千多年后仍然影响着世界军事理论研究，为各国所看重。

鞍之战，是春秋时期齐国和晋国之间发生于公元前589年的一场战斗，也是极具春秋时期战役特点的一战。其中包括的细节有，交战中追到了敌方国君的战车不先抓人，而是先行君臣之礼；战场上因为认定对方是"君子"就不射杀；等等。这些细节只有在春秋时期的战争中才可能发生。

四、法律：晋国曾铸刑鼎，将范宣子所作的刑书铸在鼎上公布，史称"晋铸刑鼎"，成为见诸记载的中国最早的成文法。

五、思想文化：春秋战国是中国哲理文化大发展的时期，实现了中国思想文化史上由卜筮的神巫迷信文化向以人为中心的理性人文的历史转型。在这一时期，尽管夏商周以来的传统观念仍在人们心中，普遍地发生着影响，但周天子及其诸侯的政治权威被动摇，"学在官府"的局面被打破，随之出现的学术下移、典籍文化走向民间，又引起了人们思想观念的某种改变，这些变化正是春秋时期思想文化转型得以实现的历史条件。

六、神巫：从神巫时代转型到以人文哲理为主导的君权时代大概从周朝开始，到春秋战国时期成型。当时中国没有一种广泛流行的宗教，"天"代替了神巫各物，成为宇宙的最高主宰。皇帝，即天子，是代天行事的"天"之子。于是，天象解读多了一些内涵，有些天象被解读成"天命"和"天意"。因此，人们要以各种符印去体察"天命"，改变了以往用民心去体察天命的方法。

4.3.2.2 亚述帝国的盛衰

公元前745年，亚述国王提格拉特帕拉沙尔三世向南进军，很快战胜西帕尔的阿拉米亚人。接着又挥师东进，征服了尼普尔一带。翌年，他又挥师直到埃兰的北部。公元前743年，他调集了全部主力进攻叙利亚，双方在康马甘地区展开决战，叙利亚战败。公元前742年，提格拉特帕拉沙尔三世兵锋转向西南，包围了阿巴德城，并在公元前740年攻克该城。公元前735年，他挥师突入乌拉尔图，但在其首都吐施帕前止步。

这时，大马士革国王列村和以色列国王比加结成联盟，趁提格拉特帕拉沙尔三世忙于东方和北方战事之机，在西方成为反对亚述的主力。提格拉特帕拉沙尔三世决定摧毁大马士革。他实行迂回南下包抄大马士革的战略。公元前733年，以色列国王比加被本国贵族所杀，以色列归顺亚述。提格拉特帕拉沙尔三世亲率大军进攻大马士革。列村依仗粮足兵器多，固守城池，但终在公元前732年被攻破，列村被俘处死，大马士革王国灭亡。随后，提格拉特帕拉沙尔三世率军南征巴比伦王国。公元前729年，巴比伦以同亚述结盟和合并的形式并入亚述帝国，但随即被吞并。至此，亚述帝国的国力空前强盛，东达伊朗高原西部，西到地中海边，南到波斯湾，北到两河流域上游。庞大的亚述帝国开始走向极盛。

公元前 630 年，迦勒底人那波帕拉萨趁着亚述内乱之机，逐渐控制了巴比伦地区。公元前 626 年，在今天的伊拉克境内建立了迦勒底王朝，自称巴比伦王，史称"新巴比伦王国"。公元前 614 年，米底军队趁亚述人在外作战城中空虚之机，攻陷千年古都亚述城。公元前 612 年，新巴比伦和米底联军杀入亚述"血腥的狮穴"尼尼微，亚述王自焚，暴力血腥的铁血帝国亚述灭亡。

· 文明成果 ·

一、文字：经过亚述人的应用和发展，楔形文字词汇较巴比伦时代更为丰富。亚述灭亡后，楔形文字也随之在公元前 1 世纪寿终正寝。

二、战神思想：亚述人把发动战争称作战神的旨意，视战神为最高的亚述神。亚述人把战争与巫神信仰结合在一起，视战争为最光荣的职责。就这样，正义的和非正义的战争在他们看来都是天经地义的事。

三、天文：到了公元前 8 世纪末，两河流域的僧侣已经学会了计算沙罗周期，这是预测日食月食的关键。公元前 7 世纪，他们就能相当准确地推测月食的时间，此后又能推算日食时间。此外，他们已经知道了一些星体运行的周期。到公元前 650 年，有文献证实，当时与天神相联系的七星系已经形成。每天用一个星神命名，定七天为一星期的制度，大概就是从这时期开始的。各个星神及其值勤日为：星期日太阳神沙玛什，星期一月神辛，星期二火星神涅尔伽尔，星期三水星神那布，星期四木星神马尔杜克，星期五金星神伊什塔尔，星期六土星神尼努尔达。这些名称的影响持续到现在。公元前6世纪后期，闰年设置的周期也被计算出来了。巴比伦人先定八年三闰，后来又调整为二十七年十闰。一般是每过两三年发现月份和季节不合就加一个闰月，闰月不是置于年中，就是置于年底。他们也有了关于岁差（即春分点和秋分点的位置变化）的观念。每年的历书上都标明朔望，预告日月食以及行星会冲的现象等。这些成就对波斯、希腊的天文学，以及后来欧洲的天文学，有不小的影响。[①]

4.3.2.3 波斯帝国

米底（约前7世纪—前550年）是一个以古波斯地区为中心的王国，领土最大时包括今伊朗全境及土耳其西部，属于印欧语系国家。

米底是伊朗人统一了伊朗境内各部落后建立起来的第一个王国，他们消灭了以残暴和强大称雄于西亚的亚述帝国，而又在公元前6世纪中期被波斯的居鲁士所灭。米底王国的短暂历史就此结束，却引来一个伟大的波斯帝国。历史上的黑克玛塔纳古城是米底王国的首都，它的发现可以为我们填补米底王国历史的空白提供不少资料。

埃兰文明也是波斯地区最古老的文化之一，位于今天伊朗的西南部，公元前3000年以前在底格里斯河东岸建国。埃兰人和达罗毗荼人的关系十分密切，两国人民都以善战著称。在公元前2700—前600年，埃兰屡次被灭也屡次复国，最后于公元前639年被亚述帝国所灭。

---

① 涂厚善.古代两河流域的文化[M].北京：商务印书馆，1964：108—109.

人啊，认识你自己！
—— 人类两次大思潮运动

据亚述国王沙尔马那塞尔三世的铭文记载，公元前9世纪时波斯人还处在游牧部落阶段，他们组成了以阿契美尼德氏族为首的部落联盟。阿契美尼斯是波斯帝国阿契美尼德王朝的祖先、波斯人的部落首领、波斯王国的建立者（约前705—前675年），被认为是波斯诸部落中位于伊朗法尔斯地区的帕萨尔加德部落的首领。波斯的皇家铭文如《贝希斯敦铭文》认为他是大流士大帝的五世祖，可能是伊朗人的第一位国王。古希腊的史学作家称阿契美尼斯所在的部落为帕萨尔加德，并且说阿契美尼斯是"由一只鹰抚养长大的"。柏拉图在写波斯人的时候，认定阿契美尼斯和希腊神话中波斯人的祖先珀耳塞斯是同一人，是希腊英雄珀尔修斯和埃塞俄比亚公主安德洛墨达之子、宙斯的孙子。

公元前559年，居鲁士大帝统一古波斯部落，建立阿契美尼德王朝。居鲁士大帝于公元前553—前550年击败了当时统治波斯的米底王国，建立了波斯第一帝国。公元前547年，居鲁士大帝征服了当时小亚细亚西部的吕底亚王国，阿契美尼德王朝崛起。公元前546—前540年，居鲁士大帝向东征服了帕提亚、巴克特里亚、德兰吉亚那、格德罗西亚、阿拉霍西亚、马尔基安娜、锡尔河与阿姆河之间的中亚河中地区（索格狄亚那）、乾陀啰、克兰斯米亚等地区。公元前539年，居鲁士大帝征服了巴比伦，终结了古巴比伦文明，使得波斯成为当时古代西亚唯一的文明中心。但居鲁士大帝在公元前529年与马萨革泰人的战斗中不幸身亡。居鲁士死时，波斯帝国的东部和东北部疆域已经包括阿姆河两岸的巴克特里亚和花剌子模。居鲁士之子冈比西斯二世即位后，继承父志继续扩张帝国。之后的波斯帝王一再发动对东方塞族人的征伐，把帝国疆界推过阿姆河，到达锡尔河两岸。波斯帝国将其国土划分为20个郡，各郡每年向中央缴纳一定的贡赋，其中有7个郡在中亚：例如，第7省辖兴都库什山脉以南之犍陀罗地区，第12省辖大夏，第16省辖帕提亚、花剌子模及粟特（索格迪亚纳）。波斯帝国最东方的据点在与中国新疆相邻的、中亚地区的费尔干纳盆地，波斯人在该盆地西端建立了居鲁士城。

冈比西斯二世于公元前525年征服古埃及后王朝。大流士一世在公元前521年挥军东征，把印度河平原纳入阿契美尼德王朝的统治下，并向西面出兵多瑙河三角洲、色雷斯、马其顿王国、古希腊，却因马拉松战役（前490年）之失利而功败垂成（前499—前449年的希波战争中的战斗之一）。其子薛西斯一世后来（前480年）再度对希腊用兵，可惜最终未能胜利。古波斯的阿契美尼德王朝是当时世界上版图最大的帝国，也是第一个地跨亚欧非三洲的世界性帝国。

自古以来，波斯和伊朗双名并用。"伊朗"一词比波斯要早很多，是由雅利安转化而来，本义是"雅利安人的土地"。雅利安人能征善战。四大文明古国中，除了遥远的中国，其他三个文明古国都是毁在雅利安人的手中。雅利安人是如此强大，以至于很多欧洲人都想和雅利安人攀上关系，鼓吹自己是雅利安人的后裔。

· 文明成果 ·

一、政治体制：大流士一世确立君主专制，控制了行政权、军权、司法权。设办公厅，收罗各种语言人才。建立特务组织，刺探各地总督和高级军官的情报。分全国为20个行省（不包括波斯），设总督。总督不管军事，只管行政、司法、赋税，其作用只是监督而非取代地方政权。波斯人在行使主权时，宁愿使人们最低限度地感到他们的存在，给地方政权以行政自由。

二、文字：使用楔形文字。

三、宗教：大流士一世定琐罗亚斯德教（又称祆教、拜火教）为国教，同时允许其他宗教的存在。波斯人采用开明的宗教政策，让人民感到他们的信仰受到尊重与保护。

四、法律：大流士一世制定法律时尽可能参考各地原有的法律。

4.3.2.4 希腊

公元前 8 世纪左右，古希腊的面貌也逐步变得清晰起来。荷马时代之后，公元前 8—前 6 世纪，是希腊各奴隶制城邦的形成时期，史称这段时期为希腊的"古风时代"。从公元前 8 世纪开始，希腊氏族制度开始瓦解，进入奴隶制社会，产生了一些奴隶制国家。这些国家规模狭小，领土面积也不大，被称作"城邦"。

希腊城邦是由设在易于防卫的高地附近的堡垒发展而成的。这些堡垒，既可作为防御侵袭的避难所，又可在其中设立供奉诸神的庙宇。这种堡垒后来被称为"卫城"或"高城"。人们在卫城周围的乡村居住，从事必要的生产活动，以求生存。随着生产的发展，人们之间的交换日趋频繁，于是，在卫城下面的空地上出现了广场和集市，并逐渐成为贸易和社会政治活动的中心。这样，就形成了以卫城为中心，联合周围乡村的，有共同地域、共同居民，有共同的政治、经济和宗教生活的单一的政治共同体，希腊"城邦"。

希腊地区特殊的地理环境，是希腊城邦形成和发展的一个基本因素。希腊的气候属地中海型，夏旱冬雨。境内多山，土地贫瘠，没有肥沃的大河流域和广阔的平原，不利于农业生产，而适于种植葡萄、橄榄，葡萄酒和橄榄油成为大宗的输出品。连绵起伏的山脉把希腊半岛分割成一个个相对孤立闭塞的小区块，可分为北希腊、中希腊和南希腊（伯罗奔尼撒半岛）三个部分，各个地区之间的交通不畅。没有可作为地区统一基础的天然地理政治中心，但东南沿海地带海岸曲折，海湾深、港口多，为航海业以及与海洋有联系的手工业发展提供了有利条件。因此，希腊人很难集合在某种统一的体制下，从而使希腊城邦具有小国寡民、独立发展的特性，这也是为什么希腊不具备发展出大一统文明的理由。

公元前776年，第一次古代奥林匹克运动会召开，标志着古希腊文化进入兴盛期。公元前750年左右，希腊开始向外殖民，公元前8—前6世纪史称"大移民时代"。公元前6—前4世纪，希腊进入"民主时代"，各城邦都繁荣发展，地处海湾、交通便利的雅典工商业日益发达，并逐步建立奴隶主民主制。

公元前490年，波斯人渡海西侵。在马拉松战役中，雅典重装步兵以少胜多，赢得了第一次希波战争的胜利。公元前480年，希腊各城邦结成同盟，击退了波斯人的第二次入侵。

生活在城邦这种独立的主权国家中的希腊人，很自然地将个人与国家联系在一起，他们生活的小天地就是独立的国家，他们自己就是享有自由的国民。因此，他们没有大国人民那种对国家浩瀚、抽象的观念，因而也就没有对神明和君主的畏惧和对疆域广阔的大帝国的向往。

希腊城邦最本质的特征是公民集体专政。亚里士多德指出，"城邦的一般含义就是为了要维持自给生活而具有足够人数的一个公民集团"。希腊城邦的公民，并非指全体成年居民，妇女、边区居民、外邦人、奴隶等是不能列为公民的。所以"公民集体专政"，只是区别于东方君主专制的一种政权形式，其实质仍是奴隶主专政。

· **文明成果** ·

一、政治体制：民主时代，雅典不设国王，最高权力机构是全体公民大会，大会由公民抽签产生，共同商议国家事务。不过，与现代公民的含义相比，它是狭义的。

二、社会变革：随着社会经济的发展，希腊奴隶制关系和自由民内部阶级分化也迅速发展。氏族贵族利用权势，大量侵吞公社土地和财富，农民的生存状况进一步恶化。在手工业和商业发展中形成的工商业富裕阶层，虽在经济上较为富有，但在政治上毫无权力。总之，随着商品货币经济和奴隶制关系的发展，自由民之间的财产不平等进一步扩大，有人穷奢极欲，有人贫困潦倒，阶级矛盾日益尖锐，终于导致国家的产生。

三、社会道德风俗：古希腊人追求感官享受，崇尚自然的美，向往悠闲与自由。

四、思想与学派：古希腊人崇尚智慧的思想，他们心目中掌管智慧的神祇是美丽而神通广大的雅典娜。在古希腊思想家中，泰勒斯（约前624—前546年）把水看作世界本原，阿那克西美尼（约前588—前524年）坚持空气是宇宙根本，而赫拉克利特（约前540—前470年）则认为火是万物本原。

古希腊发展出不少哲学流派，如伊奥尼亚学派、新柏拉图主义、毕达哥拉斯学派、亚里士多德学派等。

五、文学："大移民时代"的主要文学成就包括抒情诗和寓言。抒情诗分双行体诗、讽刺诗、琴歌、牧歌等。写双行体诗的诗人众多，如卡利诺斯、西摩尼德斯等。琴歌成就最高，它是一种伴乐歌曲类诗体，分独唱体和合唱体。独唱体诗歌代表人物是女诗人萨福，合唱体诗歌代表人物是抒情诗人品达，其诗作多歌颂神和奥林匹克运动。伊索寓言以动物言行寄寓道德教谕，故事包括"狮子和老鼠""狐狸和仙鹤""披着羊皮的狼""狐狸和葡萄"等。

六、艺术：第一届奥林匹克大会召开时，正是希腊及其领属的小亚细亚（今土耳其）沿岸音乐特别发达的时期。据堀内敬三《西洋音乐史》载，古希腊文化繁盛期是公元前650—前338年，音乐形式有歌曲、歌舞和音乐剧，音乐体裁有祭祀歌、饮酒歌、婚礼歌、情歌、庆贺歌，还有对神灵的赞美歌，对英雄的颂歌。很多是载歌载舞的。

七、数学：毕达哥拉斯学派发现勾股定理及无理数等。

八、科技：希巴库斯制成天文仪器观象仪及象限仪，发明以经纬线确定地面位置的分度法，并较准确地算出阳历年、阴历年及恒星年的长度。

九、奥林匹克运动：奥林匹克运动的起源可以追溯到公元前776年。但在此以前，古奥运会可能已经存在了几个世纪。

有关古奥林匹克运动会历史源头的说法很多，但都不可考，流传最广的是佩洛普斯娶亲的故事。古希腊伊利斯国王为了给自己的女儿挑选一个文武双全的驸马，提出应选者必须和自己比赛战车。比赛中，先后有13个青年丧生于国王的长矛之下，而第14个青年正是宙斯的孙子和公主的心上人佩洛普斯。在爱情的鼓舞下，他勇敢地接受了国王的挑战，终于以智取胜。为了庆贺这一胜利，佩洛普斯与公主在奥林匹亚的宙斯庙前举行盛大的婚礼，会上安排了战车、角斗等比赛，这就是最初的古奥运会，佩洛普斯成了古奥运会传说中的创始人。

古代希腊奥林匹克运动会从公元前776年开始，到公元393年共举行了293次。后来，由于罗马皇帝狄奥多西一世信奉基督教，禁止其他异教活动，便以奥林匹克运动会与基督教相抵触为由，下令废止运动会，并且破坏了奥林匹亚的建筑物和运动场地的设施，古代奥林匹克运动会至此结束。直到1896年，奥运会才又在雅典举行。这是近代第一届国际奥运会。

十、殖民运动：公元前8—前6世纪，在希腊城邦形成的同时，希腊人也开始了广泛的殖民运动。公元前12—前11世纪，随着多利亚人的南下，希腊本土曾出现一次向小亚细亚沿岸和爱琴海诸岛方向的殖民浪潮。几百年后，第二次殖民运动开始，其规模较前次大得多，殖民范围已扩展到地中海和黑海沿岸，因此被称为"大殖民"。这次殖民与第一次殖民活动不同，它是民族迁徙浪潮冲击和社会经济、政治制度变革的结果。大殖民的第一个显著特点是不同种族体系的大混合，希腊人与殖民地各部落、各民族之间发生了直接和长期的接触与联系。第二个显著特点是，原始社会制度的萎缩，必然导致血缘关系的破裂，以血缘为基础的氏族制度让位于以契约为基础的新政治制度，这种新政治制度施行于希腊人在殖民地建起的一个个城邦。

希腊海外殖民运动，是由当时希腊社会的经济和政治条件造成的。经济方面，"过剩人口对生产力形成的压力"是一个重要的原因。在生产力相对低下的情况下，人口的过度增长超出了土地的承受力，给人们的生活造成压力。尤其是遇到自然灾害的时候，为了生存，一部分人只得向外殖民。政治方面，当时各城邦内部剧烈的阶级分化和平民与贵族的激烈斗争，使许多人被迫远离故土，到海外定居。另外，随着商业和海外贸易的发展，一些富有开拓和冒险精神的手工业者和商人为寻求商品销售市场，开发新的原材料供应地和获取廉价的劳动力——奴隶，也纷纷到海外建立新的居民点，使殖民与发展工商业连在一起。

希腊的殖民运动起初只是分散的和无计划的，城邦中一些敢于闯荡的人们，怀着获得土地和财富的美好愿望，漂泊到异国他乡定居生活。到后来，殖民成为一种运动，便多由城邦政府主持了。城邦政府直接参与殖民地点的确定、具体的组织安排及召集参加者。移民到达殖民点后，即分得一份土地，建立起新城邦，取得新城市的公民权。

希腊的殖民城市只限于沿海一带，并不向内陆深入。一些城市经过一段时间的发展之后，本身又成为一个可以复制的殖民基地，在附近或较远的地区建立起新的城市。新旧城市都是平等的，城市之间的联盟与对立，甚至武装冲突，是以各自的利益为基础的。

这些殖民活动对当地土著来说是一场灾难。殖民者到处侵占土地，掠夺资源，奴役当地居民。许多人被迫离开家园，逃往自然条件恶劣的深山荒野，有的则联合起来同殖民者进行斗争。殖民者的到来，武力的征服，都给当地文化带来很大的、不可逆转的破坏。

起初以农业为主，转而以商业或农工商并重的殖民运动，加强了希腊和海外各地的贸易联系，扩大了各城邦间的商业往来，给希腊带来了大量的财富和奴隶。同时，殖民运动也使工商业奴隶主阶层的力量日益壮大，他们与平民在反对氏族贵族的运动中结成联盟，建立起为数众多的，在政治、经济、军事上完全独立的城邦。

这次以武力为先导的殖民运动为希腊带来巨大的利益和财富，也为两千多年后西方在全球的大殖民运动埋下了伏笔。

4.3.2.5　小结二：孔孟之道与战神思想

中国人因天灾人祸背井离乡，跑到很远的地方去谋生，这事古已有之。这些移居海外者人数众多，但从没听说过有鸠占鹊巢的，这大概是因为我们没有要去殖民的欲望；旅居、移居海外的华人众多，大都能奉公守法，与当地人和平共处，也只有这样，他们才能对当地文化起到真正的促进作用。既然是为了逃难、谋生计而远离家乡，孔孟之道又在教我们与人为善，喧宾夺主的事中国人干不出来，行为规范自然就与西方文明中的掠夺抢占大相径庭。

孔孟思想是在战国时期形成的，是中国的人文哲学体系之一，我们将在第五章详细分析。西方人崇尚武力，他们从来没有发展出一套有效的人文哲理去教人好好地控制人欲中邪恶的一面。亚述人走的是武力帝国之路，他们的军事思想也就为帝国之路的后来者继承下来。

亚述人把发动战争视为战神的旨意，视战神为最高的神——阿舒尔神。他们把战争与巫神信仰结合在一起，认为战争是最光荣的职责；淡漠战事无异于对神的亵渎。就这样，无论是正义的还是非正义的战争，都被披上了神的外衣，全是天经地义的事。这种精神被广泛传播，深深地烙入亚述人的意识之中。这种没有是非、没有争议，只有私利的价值观，很不幸地也被后来的帝国之路的接续者继承。

4.3.3　战国时期（约前478—前221年）

西周灭亡后的战乱局面到战国时代仍在继续。不过，大部分弱小的诸侯国已被淘汰，留下的为数不多的大国仍在继续角力，为结束这个不和谐的局面奋斗，他们的目标很清晰，那就是要恢复大一统的建制。

第四章
三代擘画 一秦立命

印度在经历了列国时代后,受到了马其顿人的入侵。在占领印度期间,亚历山大大帝意识到印度人对哲学的强烈爱好,就召集了一批印度学者向他们请教、辩论,同时把所有东西记录下来,提供给他的私人老师亚里士多德。后来,印度的各种哲学思想开始在西方蔓延开来,一度广为流传。公元前4世纪后期,旃(zhān)陀罗笈多领导起义军驱逐了马其顿占领军,推翻了摩揭陀国的难陀王朝,建立了印度第一个帝国式政权——孔雀王朝(约前324—前187年)。

马其顿帝国是亚历山大赶走了波斯人后,在公元前331年建立的,定都巴比伦,但时间不长(前336—前323年)。亚历山大死后帝国又很快被分裂,其中塞琉西古王朝统治了西亚地区,而帕提亚帝国又在战国时代的末期崛起。

两河流域的各小国这段时期相对平静。

4.3.3.1 战国七雄

经过春秋时期长时间的争霸战争,周王朝境内的诸侯国仅剩20余国。春秋末年,韩、赵、魏三大家族联手瓜分了晋国,分别建立了自己的国家。公元前379年,齐国田氏取代姜姓成为齐侯。于是,七雄并立,春秋时期走向了战国时期。七国的地理位置可以用一副对联来说明:齐楚秦燕赵魏韩,东西南北到中间。

战国时期是中国"百家争鸣"的黄金时期。求存图强的各诸侯国开展了许多改革,如吴起、商鞅的变法图强,张仪、苏秦的纵横捭阖,廉颇、李牧的战场争锋,春申君、孟尝君、信陵君、平原君"四君子"所代表的幕僚制度等,都是因应战争需要而产生的具有时代特色的产物,其中很多精彩的历史片段,通过文学的渲染而脍炙人口,后来更涌现出了大量为后世传诵的成语、典故和戏剧。例如,赵国的廉颇和蔺相如,从他们的事迹而产生的戏剧有《将相和》,

人啊，认识你自己！
—— 人类两次大思潮运动

成语有负荆请罪、完璧归赵。

七国的相互攻伐发展到最后，秦国独大，六国再没有一个能单独抗秦。公元前231年，秦国开始统一全国的战争，花了十年时间，终于吞并了其他六国，统一中国。

· 文明成果 ·

一、政治制度：战国时期，各国都汲取了春秋时君权下替的历史教训，建立新的官僚体制以纠过去宗法贵族把持国家大权之失。各诸侯国中央机构将相分职、文武分权。相邦是百官之长，下设司徒、司马、司空、司寇、司田、工师、虞师等，分管民政、军事、工程、刑讼、农业、手工业、山林资源等。将军是武官之长，下设国尉。国君秘书称御史，并有监察之任。郡县设置更为普遍，逐渐形成以郡统县的格局。一郡之长为守，一县之长为令，令下设丞、尉、御史及县司空、县司马等。县下设乡、里、聚，聚是村落，下设若干什、伍，什是十家，伍是五家。设三老、里正、什长、伍长等。县置于君主统治之下，君主的政令可通过地方小吏一直贯彻到乡、里，中央集权程度比过去大为加强。国君给予各级官吏一定粮食作为俸禄，或赏给黄金、钱币。玺符制度形成，任免官吏以玺为凭，调动军队以兵符为据。君主通过"上计"，考核官吏治绩。官吏不称职或有过失者，哪怕贵如相邦，君主都可收其玺而免其官，正因如此，各国政府大都能保持较高的行政效率。战国时任人唯贤比较流行，虽然像齐、楚等国任用宗族的现象仍未断绝，但多数国家通过大臣或名流推荐和保举，主要从平民中擢用人才，甚至像申不害、范雎等出身贫贱者也能被破格任用。秦多用外来的客卿，广揽天下英才。

秦能最强于天下，与此不无关系。至于推举人才者，如果徇私，将受到一定的惩罚。封爵仍有，但和春秋之制有较大区别。获封者主要食租税，仅有一定的治民权，且难以长期世袭。

二、法律：各国竞相制定严刑酷法，刑罚包括死刑、肉刑、徒刑以及迁刑、笞刑、罚金、罚徭等。魏国李悝的《法经》被誉为中国"第一部系统化的国家法典"，包括盗法、贼法、囚法、捕法、杂法和具法。秦律首在保护私有财产不受侵犯，对偷盗行为处罚极重，对官吏违法行为也颇为重视，设有《置吏律》《效律》《军爵律》等，"不胜任"（忽于职守）、"不直"（判罪失当）、"恶吏"（为官不廉者）等为法律所不容。

三、农业：畜力耕田得以推广，除牛耕外，还有马耕。实行畦种法，播种疏密得宜，便于通风排涝。识别土壤、施肥技术比欧洲早一千多年。善于选种、培根、除草、间苗、防治虫病和掌握农时。普遍推广一年两熟制，提高了单位面积年产量。中国最早的农书《神农》《野老》问世。

四、商业：政府承认了商人的合法性，重农抑商，征收各种税捐。不仅各国铸币，很多城市也铸币，货币种类繁多，流通量大。高利贷开始风行。

五、思想文化：诸侯纷争，打破了周文化独尊的局面，各地文化开始有本地化趋势，文字分为东方齐系、东北燕系、南方楚系、北方晋系和西方秦系五大系统，各系统文字大体相近。战国散文包括历史散文、诸子散文和其他散文作品，文字接近当时的口语，成就很高。屈原的诗成为现实主义和浪漫主义的完美结合，之后宋玉在骚体中变化出赋体。少数贵族已不能再继续垄断文化知识，随着

人啊，认识你自己！
—— 人类两次大思潮运动

"私学"的出现，"孔墨之弟子徒属，充满天下"，许多学派纷纷出现，形成了"百家争鸣"的局面。"九流十家"就是其中的主要者。

春秋战国是一个经历了近六百年战火的年代，从远古走来朴实无华的人民不重物欲，只渴望休养太平。争鸣的有识之士当然不会忽视这点，都在不遗余力地鼓吹博爱非攻、天道伦常，修身齐家、王道经世，五行阴阳等，这就是我们所说的"诸子百家"时期。

六、科学：齐人甘德的《天文星占》、魏人石申的《天文》均记载了火星和金星的逆行现象，测定金星和木星的会合周期，并定火星的值星周期为1.9年，木星为12年，与今人测定的极为相近。后人将两人著作合称《甘石星经》。二十四节气的划分和安排大致齐备。《墨经》简单描述了力的概念，朴素表述了杠杆原理、浮力原理，总结了光学八条。司马是指南针的鼻祖，大约出现在战国时期。医学方面，扁鹊总结出"望闻问切"四种诊断方法，沿用至今。

七、数学：《墨经》中有诸如两条并行线间等距、同圆半径相等、三点共线等几何命题；发明了算筹，用十根小棍摆成不同形状来表示数字，进行计算，大大加快了计算的速度。《考工记》中有分数的简单运算法和特殊角度的概念与名称。《周髀算经》总结了先秦测量学，其中有繁复的分数算法和开平方法。

八、音乐舞蹈：受到历代统治者的重视和各阶层人民的喜爱，其社会作用是相当大的。对上层统治者来说，音乐舞蹈可用于祭祀和宴享等重大典礼，对百姓来说可用于娱乐休息。起初，宫廷乐舞与民间乐舞是严格分家的。到战国时代，宫廷乐舞吸收了不少民间乐舞成分，产生了郑声、楚舞、楚音、宋音、卫音、齐音等，这些带有浓厚民间乐舞色彩的宫廷乐舞，是历史进程中发展的必然，曾引起一些守旧人士的恐慌和反对，但乐舞的变革同历史进步一样是大势所趋，不可逆转。从文献记载和出土实物看，战国时代官廷乐舞活动的规模是很大的。从曾侯乙墓出土数十件成套的编钟、编磬来看，当时的乐舞活动不仅规模大，而且乐器功能也相当先进，解决了音乐史上很多悬而未决的问题。当时除用于祭祀的乐舞外，用于祈福祛邪的宗教舞蹈也很发达，如蜡祭、傩仪，从宫廷到民间都很流行。楚音和楚舞，以屈原的《九歌》为代表。在音乐理论方面，先秦诸子各自坚持自己的音乐观。道家、墨家、法家对乐舞持否定态度，但反对的出发点和否定的程度又存在差别；儒家肯定乐舞，而孔、孟、荀在肯定的同时又有各自的研究侧重点。

4.3.3.2 波斯帝国的最后战役

公元前331年，亚历山大的军队和大流士三世的20万军队在巴比伦城以北的高加米拉展开最后的决战。大流士三世做了精心的准备：骑兵4万、步兵20万、刀轮战车200辆，甚至还从印度拉过来15头大象助阵。虽然仅有不到5万名士兵，但亚历山大并没有被敌人的大阵势吓倒，他令军队好好休息，为即将到来的战斗养精蓄锐。而手握大军的大流士三世却因害怕夜袭下令士兵彻夜守护。波斯士兵全副武装，胆战心惊地站了整整一个晚上，个个没精打采，毫无斗志。次日，亚历山大率领精神饱满、士气高昂的军队进入战场，熟练地运用机动灵活的马其顿方阵，最终战胜了强劲的对手。高加米拉战役是波斯帝国最后的挣扎。高加米拉战败后，大流士三世感到众叛亲离，又出逃了。他逃到波斯东部以后，被一名部将杀害，从此波斯帝国灭亡。

· 文明成果 ·

文字：波斯帝国瓦解后，各地的阿拉玛字母开始分化成：①希伯来字母；②阿拉伯字母；③叙利亚字母；④巴尔米拉字母；⑤曼代字母；⑥摩尼字母。这些字母进一步演化为亚洲中部、南部和东南部多种文字的源头。在伊斯兰教诞生前，生活在阿拉伯半岛和毗邻地区的人说阿拉伯语的历史已经有千年之久了，遗憾的是，前伊斯兰教时期留存下来的书面记录非常少。

4.3.3.3 马其顿帝国

希波战争后，雅典成为希腊霸主。以雅典为首的提洛同盟与以斯巴达为首的伯罗奔尼撒联盟爆发了战争。公元前431年，雅典城邦领袖伯里克利在纪念为抵抗斯巴达人而殉国的战士的葬礼上发表了一篇著名的演说，论述了为后来西方国家所推崇的民主概念，奠定了希腊为西方文化追源溯流的基础。公元前406年，雅典战败，斯巴达成为希腊世界的新霸主。公元前338年，马其顿军队大败希腊联军，控制了整个希腊。公元前334年，亚历山大大帝率军渡海东征，继续进行扩张。他先后两次击败波斯军队，从波斯人手中夺取叙利亚和埃及，并于公元前331年攻下巴比伦，消灭了波斯帝国。

亚历山大继续东进，直到印度河流域方才折返。公元前323年，亚历山大病亡，马其顿帝国随之分裂，古希腊历史结束。

亚历山大的帝国疆域包括当代的希腊、马其顿、保加利亚、阿尔巴尼亚、塞浦路斯、土耳其、黎巴嫩、叙利亚、以色列、巴勒斯坦、埃及、约旦、伊拉克、科威特、伊朗、巴基斯坦、阿富汗等全境或大部分地区，印度次大陆西北部的小部分地区，以及帕米尔高原西部的部分地区。

亚历山大大帝的远征促进了古希腊文化的繁荣发展和东西方文化与经济的交流，融合东西文化，并且鼓励各民族间通婚，倡导民族间地位平等，对人类社会文化的发展产生了重大的影响。

·文明成果·

一、民主政治：希波战争后，希腊半岛上的底比斯、佛西斯、阿尔戈斯和伊里斯等地都推翻了贵族政治，确立了奴隶主民主政治。爱琴海的一些岛屿和小亚细亚西岸的城邦取得了独立，也实行了奴隶主民主政治。

雅典实行的是一种直接的民主政治，而不是近代那种代表制的民主政治。雅典的公民权是世袭的，是雅典本邦成年男子的一种特权，这是公元前451年规定下来的，只有父母双方皆为雅典公民者才有资格获得公民权。雅典的一切国家大事都由公民大会决定，政府机关和官吏，如五百人议事会、贵族会议、陪审法庭、十将军委员会以及执政官，全都隶属于公民大会。

从公元前462年改革开始，雅典公民大会在伯里克利的推动下，逐步通过了一系列的法令和措施。

1.各级官职向一切公民开放，并都以抽签方式产生。公元前458—前457年，第三等级公民取得了以抽签方式担任执政官的资格，以后第四等级公民也可担任此职。（注：梭伦改革后将公民分为四个等级，取消以前的贵族、农民、手工业者三级之分。具体细则是第一等级的财产资格为每年收入按谷物、油、酒等总计达500麦斗以上，称"五百麦斗级"；第二等级是收入300麦斗以上者，称"骑士级"；第三等级的标准则是200麦斗以上，称"牛轭级"；其余

人啊，认识你自己！
—— 人类两次大思潮运动

收入不及200麦斗者统归入第四等级，他们靠打工为生，故称"日佣级"。分等级的目的是分配政治权利。）当然，抽签方法也依职位轻重而略有区别。执政官这类最高官职尚需各选区按比例提出一定数量的候选人，然后再从候选人中抽签决定，但候选资格已尽量放宽，无任何财产、等级、资历的限制。其他各级官职和五百人议事会成员则由各选区从合格公民中直接抽签产生。当时希腊人对鬼神的信仰仍很浓厚，他们相信抽签是天意所归，赋予它一定的神圣意义，因此也更显得公平。

2. 剥夺和削减了贵族会议和执政官的权力，扩大公民大会的作用。民主政治的主要机构公民大会、五百人议事会和民众法庭握有充分的权力，公民大会成为名副其实的国家最高权力机关，实行直接民主制，每隔十天召开一次。所有公民都是大会成员，凡年满20岁的男性公民都有权参加，公民可在会上批评、审查公职人员；讨论国家安全、对外政策、粮食供应、国家债务、官员审核、惩罚和罢免；审议和通过法律和法令。执政官抽签和十将军选举也在公民大会上进行。赞成者和反对者都可上台自由演讲。最后由大会主席主持表决。

五百人议事会的构成与职权，大概仍和克里斯梯尼时代相同，其主要职务是筹备公民大会和处理公民大会闭会期间的日常行政事务。公民大会的主席是每天早上由公民大会下属的五百人议事会抽签产生的，任职一昼夜，不得连任。在任期内负责全雅典城邦的工作，相当于形式上的国家元首。因为人人都可以当元首，所以有人说雅典每年有300多个元首，恩格斯则干脆说雅典没有元首。这种广泛的民主政治是雅典杰出的政治家伯里克利对古希腊文明的贡献。

当此民主政治鼎盛之际，雅典城邦任何公职人员，无论地位多高，皆不能离开公民大会而擅自决定任何政务大事。他们都处于公民大会和五百人议事会的监督之下，若公民大会认为他有失职守，则无论其功勋多大、威信多高，皆依法惩处，惩罚措施从罢官放逐直至处死。实际上，所有公元前5世纪的著名政治家都受过公民大会的责罚，泰米斯托克利和伯里克利亦不例外。

3. 在公民获得主权的同时，原有的氏族贵族势力则被铲除殆尽。陪审法庭成为最高司法与监督机关，它拥有6000名陪审法官，由每个部落在30岁以上的公民中各抽签选出600人组成，这些法官被分配到10所法庭，平均每所500人（每所另有100名候补法官）。陪审法庭的判决通过秘密投票产生，它审理许多重要案件，如国事罪、渎职罪，同时也审理"不法申诉"（公民大会收到的提议或通过的决议如有违反现行宪法或不合立法程序者，任何公民都可以抗议，提出"不法申诉"，由陪审法庭审理）。这时，贵族会议虽然仍存在，但已被剥夺了核准、否决公民大会决议和审判公职人员渎职罪的权利，只剩下审理谋杀案及宗教罪行的权利。但这不等于上层奴隶主被赶出政治舞台，只不过取消了贵族左右政坛的特权，让工商业奴隶主能够分享民主权利而已。十将军委员会的权力有所扩大，它不仅统率军队，也参与行政，其首席将军握有军政大权，几乎成为最高首领。

4. 取消了当选执政官的财产限制，给担任公职和参加城邦政治活动的公民群众发放工资和补贴。陪审官每日领2奥波尔，五百人议事会议员5奥波尔，执政官4奥波尔。当时，每年因担任公职和服军役而领国家津贴的公民达两万人，占公民总数的三分之一以上。

人啊，认识你自己！
—— 人类两次大思潮运动

在雅典，军人、法官、议员和其他政府工作人员起初都是没有薪金的，当兵的要自己掏钱买武器和马匹。这样一来，这些职务都被有钱人把持了，贫苦公民参政大受限制。民主政治的发展必须打破这一现象。伯里克利首先给担任民众法庭陪审员的公民发放每日生活补贴，颇得民心，此举遂加以推广，使五百人议事会成员和包括执政官在内的政府官员在执行公务时皆由国家提供膳费。这为贫苦公民广泛参政提供了经济保障，也使广大群众关心城邦收入而支持对外扩张掠夺。

"民主"一词在希腊文中，就是由人民和权力两字合成的。雅典民主制度是一种除奴隶外，全体公民都可以直接参与国家管理的国家制度。据统计，公元前431年，雅典自由民约为16.8万人。其中，第一级公民占有土地者占有谷物土地125亩；第二级公民占有谷物土地75亩。第一、第二级公民在雅典自由民中所占比重不大，总数不过4000人。广大自由民多属第三、第四两级，第三级公民约为10万人。其中有土地者，大概平均每人占有谷物土地50亩；第四级公民是土地极少或没有土地的人，约为6.4万人。

但是，雅典民主政治的阶级实质仍是奴隶主阶级的专政。

1. 雅典一切法制、政策都必须服务于剥削与统治奴隶的最高原则，在经济上对奴隶剥削的苛酷程度也不亚于其他古代国家。

2. 民主政治的范围即使在自由民中也是很有限的，妇女皆不能参政，外邦人也无任何权利，这就使自由民人口总数一半以上的公民与民主无缘。在公元前5世纪中期，有公民权的雅典自由民中，成年男子只有4万人左右。就是在公民中，实际上经常参加公民大会的也是少数。众多的农民和手工业者忙于谋生，无暇参加频繁的政治活动。农民和手工业者更不可能担任握有大权的将军，因为这个职务是用举手选举法产生的，并且连选连任，在选举过程中上层公民常常对此加以操纵，因而垄断了这个重要职务。

3. 雅典对内虽行民主，对外，特别是对提洛同盟的盟邦，却是极端专横残暴的，毫无民主可言。由于城邦只给内部公民享受权利，这也就堵塞了雅典在政治上的发展壮大之路。

4. 民主政治的领导权在奴隶主手中，只是掌权的由贵族换成工商业奴隶主而已。在体制上，雅典民主政治也留有一个"漏洞"以便上层分子掌握实权，那就是十将军委员会始终保持选举制，委员连选连任，并不给薪俸，这就决定了贫穷公民很难当选为将军。伯里克利就是从公元前443年起到前429年连选连任首席将军而控制了雅典政局。

所有这些局限都说明，雅典的民主政治是古代奴隶主阶级实行统治的一种手段。

二、教育：柏拉图（前427—前347年）在一块市郊园林创办了"雅典学园"，重点教授数学和哲学。学生无须交费，女性也可聆听。柏拉图认为万物取决于理念，崇拜超越肉体和精神的真理之爱，憧憬没有堕落、贫穷、暴虐和战争的社会。在他的理想国里，人人有权接受教育，贤明统治愚昧。亚里士多德（前384—前322年）承继柏拉图的事业，在哲学、政治学、逻辑学、修辞学、诗学和理学等方面都作出了贡献。

三、哲学：根据很多学者的认识和理解，希腊是西方很多学问的源头，哲学则是所有学问的源头。古希腊哲学与其他的或后来的哲学相比，具有以下特点。

人啊，认识你自己！
—— 人类两次大思潮运动

1. 希腊哲学的基本精神是爱智慧、尚思辨、重探索。虽然在古代中国、印度、巴比伦、埃及等文明古国中，都曾以最原始的文化形态（神话、史诗等）表述出许多深刻的哲学思想，但只有古希腊人把哲学从这些文化形态中分离出来，成为一门独立的学科或知识体系。从"哲学"一词的词源来看，它出自希腊语 philosophia，是由 philos 和 sophia 两部分构成的动宾词组。philos 是动词，指爱和追求，sophia 是名词，指智慧，故其含义是爱智慧。在希腊人看来，求知是人的天性。作为爱智之人，就是要穷究宇宙来源，探索万物真实，诘问人生目的，在不断探究和追问中获得知识，由此而享受真正的幸福。所以，尽管在希腊哲学中认识论还很不发达，但是"学以致知"却构成了古希腊哲学家们的最高理想。他们大多淡泊功利，不问实用，而是沉醉于形而上的追求，这种精神极大地影响了后来的哲学和哲学家，以至于构成了西方哲学总体上的基本特点。

2. 希腊哲学的基本内容是探讨 phusis（自然、本性）。古希腊哲学的第一个阶段就是自然哲学时期，古希腊的哲学家从一开始就把自然作为思考对象，希腊人很少有人与自然分离的观念，他们把自然看作"大宇宙"，人则是"小宇宙"，人是自然的一部分。最初的自然观来源于宗教神话，当人们不再满足于幻想的方式而要求就自然而认识自然的时候，便开始了哲学的思考。希腊哲学所有的问题几乎都与自然有关。从伊奥尼亚学派的本原说开始，到新柏拉图主义的太一说告终，整个希腊哲学，主要以对 phusis 的探讨为主题。区别只在于，有的哲学家侧重于自然意义上的 phusis；有的哲学家侧重于本性上的 phusis。而在本性意义上，有的哲学家侧重于自然万物这个大宇宙的本性，有的哲学家侧重于人如何言说与把握大宇宙的知识本性。

3.希腊哲学自然观的基本性质是朴素直观的辩证性。希腊人的自然观具有必然性、神圣性、有机性和整体性等基本特征，他们从经验观察出发，视自然为神圣的、自我涌现的、活生生的有机整体，试图以知识来说明千变万化、多种多样的自然事物的统一性。希腊人为自己提出的一项任务就是"拯救现象"，即为现存的一切自然现象寻找在其背后起支撑作用的根据或理由，使它们的存在和生成得到合理的解释。由于希腊人最初尚未在本质与现象之间作出明确的区分，因而多样性的统一和运动、变化和生成等被看作事物的基本特征。

4.论断上的绝对主义是希腊哲学的基本形态。这里的绝对主义是相对于相对主义和怀疑论而言的，意指绝对肯定或绝对否定。整个希腊哲学发展史上，虽然出现过克拉底鲁、普罗塔哥拉等人的相对主义和以毕洛为代表的怀疑主义，但基本的形态是绝对主义。由于希腊哲学的重心是 phusis，即为现象寻找根据，所以，它的论断主要是宇宙论或本体论上的，而不是认识论上的。

5.哲学与自然科学、哲学与"神学"不分，是希腊哲学的独特表现。在希腊哲学中，哲学与自然科学本为一体，哲学家也是科学家。同时，哲学家们是在浓厚的宗教氛围中进行哲学思考的，所以很多观点都与神学混为一谈。

6.古希腊哲学带有一定的地域特色。早期希腊哲学产生于本土以外的殖民地，由此而产生了不同的学派，即东部的伊奥尼亚学派、西部的南意大利学派和北部的阿布德拉学派。公元前6世纪末到前5世纪初，随着希腊的经济、政治和文化中心逐渐从周边的殖民地转向希腊本土，外邦哲人纷纷会聚于雅典，雅典哲学进入鼎盛阶段。

7. 作为一种社会意识形态，古希腊哲学是奴隶主的世界观的体现，带有阶级的偏见。他们认为奴隶天生就应该安分守己，从事沉重的体力劳动；奴隶主天生就应该发号施令，改变了奴隶制就是违背自然规律。

四、文学：戏剧方面，著名的悲剧作家与作品有埃斯库罗斯的悲剧《被缚的普罗米修斯》、索福克勒斯的《俄狄浦斯王》和欧里庇得斯的《伊菲革涅亚在陶洛人里》《伊菲革涅亚在奥利斯》等；著名的喜剧作家与作品如阿里斯托芬《阿卡奈人》等。亚历山大时期希腊文学的特点是脱离现实，讲求辞藻，追逐伤感情调。成就较大的是新喜剧和田园诗，代表人物有米南德和忒奥克里托斯。"新喜剧"是相对于阿里斯托芬时代的"旧喜剧"而言，特征是不谈政治，回避严肃话题，多表现社会风俗，用曲折的情节和雅致的风格取悦观众。米南德共写过105部喜剧，但留存完整的只有《恨世者》《萨摩斯女子》等。米南德的喜剧往往有比较复杂的爱情背景，特别注重剧中人物性格的刻画，深刻地影响了17世纪的英国剧作家。忒奥克里托斯是古希腊时代田园诗的首创者。他诗风活泼、优美，现存完整诗篇30首。这一时期著名的诗人还有阿波罗尼俄斯等。古希腊"历史之父"希罗多德著有《希波战争史》。史学家修昔底德的著作《伯罗奔尼撒战争史》成为永恒的史学经典。

（作者注："诗"与"词"都是中国文学的特有名词，各有一定的格律、押韵和要求，这都是图形文字独有的特色，与拼音文字绝不一样，所以西方在这方面的文学作品不应该翻译成"诗"，这是错误的；如果要准确地翻译，可以翻译成诗歌。诗歌是史诗的延续，中外皆有，但"诗""词"却不一样，它们的出现是根据图形文字的特点发展出来的，前人翻译的错误应该早日纠正。至于中文的新诗，也不该被说成是诗，它们只是诗歌型的散文而已，完全达不到中国人对"诗""词"的严谨要求，也宜一并纠正。）

五、数学：欧几里得创立了系统的几何学，他的《几何原本》直到现在都是欧洲大学里流行的教材。阿基米德善用穷举法、趋近观念，接近现代的微积分。阿波罗尼奥斯致力于圆锥曲线的研究。

六、科技：阿基米德从洗澡盆溢出的水悟出浮力的存在，求出浮体均衡位置的公式而创立液体静力学。希腊的天文学得益于巴比伦文明，萨摩斯人阿里斯塔克早在哥白尼之前就怀疑过"地球中心说"。亚里士多德和他的学生创立了生物学。他们对动物进行解剖、分类，准确描述了动植物的形态，提出生物的层次思想，认为生物可排成从低到高的阶梯，人是自然界最高级的动物。

七、建筑：帕特农神庙（始建于前447年）的各部分都有一种持久平衡，不因支撑的陶立克柱故意造成的长短不一而倾覆。

八、雕塑：希腊人崇尚人体美，为神和奥林匹克运动会上的佼佼者塑像。他们推崇男人的阳刚强健，女子的婀娜妩媚。

九、音乐：随着叙事诗和音乐剧的兴盛，音乐的地位日益提高，人们开始关注音乐理论的研究。公元前4世纪，柏拉图的《国家论》和亚里士多德的《诗学》都论及音乐对国家社会的重要作用，以及有关艺术的一些问题。

4.3.3.4 罗马

公元前5世纪至前3世纪初，罗马共和国的平民与贵族的斗争告一段落，

人啊，认识你自己！
—— 人类两次大思潮运动

意大利半岛基本统一。百人队会议从贵族中选出两名执政官行使最高行政权力，为期一年；管理国家的主要机构为元老院、高级长官及公民大会，负责保护平民的权利不受贵族侵犯。这也标志着罗马法的诞生。公元前326年，取消了债务奴隶制。

罗马刚建国时，只是一个小国家。自公元前5世纪初开始，先后战胜拉丁同盟中的一些城市和伊特拉斯坎人等近邻，又征服了意大利半岛南部的土著和希腊人的城邦，成为地中海西部的大国。

·文明成果·

一、法律：公元前451年，颁布了十二铜表法，废除平民与贵族不能通婚的限制，标志着罗马法的诞生。

二、军事：军事家卡米鲁斯实行改革。从最初发放军饷，由国家供给武器和给养，到后来逐渐改进军事组织、战斗队形和武器装备。

三、信仰：公元前3世纪受古希腊宗教影响，开始信仰希腊人所信仰的神祇。

四、政治：在共和时代，执政官不但拥有最高军事权，而且有最高行政权力。虽然执政官由选举产生，但多数被贵族把持。区分阶级的森都利亚民众大会取代了原来的库里亚大会，大会的实权由贵族掌握。由此可见，所谓的共和制实质上是少数贵族专政的寡头政体。寡头政体既满足了贵族获取特权的野心，又进一步刺激他们想要在更大的范围内拥有特权，获得更多的物质利益，最好的方法便是扩大版图。同时，贵族集权的专政也为帝国军事扩张提供了有力的制度保证，罗马军队根据寡头的意志东征西讨，不断拓展疆域，最终建立了雄霸地中海的罗马帝国。

4.3.3.5 小结三：西方的所谓哲学、民主与平等

哲学与自然科学、哲学与"神学"不分，是希腊哲学的独特表现。"至于说到自然科学的各专业部门，人所共知，它们在古代希腊，有一个漫长的岁月是和哲学混融在一起的。不但在毕达哥拉斯那里，就是在柏拉图那里，亚里士多德那里，它们都是哲学的有机构成的部分，不但是用来阐明理论的素材，也是制定理论的依据。"在希腊哲学中，哲学与自然科学本为一体，哲学家也是科学家；自然科学知识不仅是阐明理论的素材，更是理论本身的有机构成部分。严格来说，古希腊时代还没有神学，但宗教神话却很流行。"在古代希腊人看来，哲学与神话是一对孪生姊妹。"哲学家正是在浓厚的宗教氛围中进行哲学思考的。虽然很多人力图摆脱宗教的束缚，但最终并未与之彻底决裂。不过需要注意的是，哲学家心目中的神，大多数是思辨神、理性神。

学术界有关这方面的论点很多，其中不乏从外文直接翻译过来的，在讨论时我们不能不加以引用，作为参考。但引语的很多论点充满矛盾，尤其是"哲学与自然科学、哲学与'神学'不分"，这论点根本不能成立，更不能把它说成是特点而蒙混过去。希腊的"哲学"，可能在刚开始有一些这样的意味，但在发展的过程中这个意味变了，唯一没有变的是它在希腊文中的定义"爱思考"。希腊的"哲学家"其实就是"思想家"，希腊人发展"哲学"其实是通过"科学"来解决问题，在这个意义上它变得很实用；通过"数学"来描绘、分析大自然、世界、宇宙，在这个意义上它又变得很精准。这就使它与形而上的哲学有了根本性的分别。

近代西方在科学领域取得了很大的成就，是拜古希腊人的"科学"和"数学"所赐。

作为一种社会意识形态，古希腊哲学是奴隶主的世界观。古希腊众多的哲学家的理论，几乎都带有阶级的偏见，受着社会观念和政治理想的影响。不论

是德谟克利特的原子论，还是柏拉图的理念论，都是为奴隶制度的合理性作辩护，为巩固奴隶制度服务。他们都认为这种制度是合乎自然的制度，奴隶按着本性，天生就应该安分守己，从事沉重的体力劳动；奴隶主按着本性，天生就应该发号施令，从事政治、文化、军事活动。奴隶制是永远无法改变的，改变了奴隶制就是违反了自然，悖逆了自然和人自身的本性。

以上论调有很多可反驳的地方，既然这些思想认为奴隶的存在是合理的，人类就永远不可能平等，演变到后来就形成了弱肉强食的西方价值观。"人"最基本应有的良知被埋没了，"人"在伦理道德方面应该发挥的作用更是无从谈起。

4.4 秦代（前221—前207年）

秦原为周朝的一个诸侯国，到秦始皇即位后，于公元前230—前221年先后攻灭关东六国，完成华夏大一统，后北击匈奴、南并百越，结束了自春秋战国五百年来诸侯分裂割据的局面。

在这之前，马其顿王国早已因为亚历山大大帝而显赫。不幸的是，公元前323年，亚历山大大帝在筹备进攻阿拉伯半岛时病逝，其帝国随后瓦解，但一直延绵到公元前168年才被罗马帝国吞并。

无独有偶，亚历山大帝国的寿命与大秦帝国一样，都很短暂。

秦始皇在东方一统天下的时候，两河流域和古印度的文明已不存在，慢慢被新的衍生文明代替。秦朝很短暂，正是孔雀王朝第五任国王三钵罗底（前224—前215年）和第六任国王舍利输迦（前215—前202年）在位期，不过有关这段时期的记录并不多。

此时，古老的埃及文明已失去精神，精通埃及文字的祭司和文士也因为失去了权力而变得越来越边缘化。波斯人、希腊人都曾经是这片广大区域的主人，但"铁打的山河流水的兵"，所有的人都不会久留，所有的财富也肯定会有新的托管人。

这一时期中国的大思潮运动已有一些成果，但尘埃尚未落定，整个世界还是粗暴野蛮的。如何走出这个野蛮的世界，不可能光靠物质文明的进步，健康的精神文明带来的健康的人生观和正确的价值观才是关键。

4.4.1 秦朝

秦朝是中国第一个大一统的中央集权王朝，共两帝一王，历十四年而止。秦王创立帝制自称始皇帝，废分封、置郡县，强力维护了国家统一，创下了一整套中央集权的国家政治制度，构建了中国封建王朝统治机构的基本框架；又统一货币、度量衡，推行"车同轨、书同文、行同伦"，加强了华夏民族的凝聚力，奠定了大一统王朝的统治基础。秦始皇于公元前 210 年驾崩，传位给其子胡亥，是为秦二世。后胡亥与赵高合谋篡改秦法导致农民起义。公元前 207 年，赵高逼死胡亥，另立子婴为王。不久赵高又为子婴所杀。同年，刘邦攻占咸阳，在位仅四十六天的子婴投降，秦朝灭亡。

秦人是汉族西迁的一支，始祖秦非子是商朝重臣恶来的后人。周孝王六年（前 905 年），秦非子因养马有功获周天子封地。治都于秦邑（今甘肃省天水市清水县东北地区），使复嬴氏祀，号曰"秦嬴"。秦国伊始到公元前 770 年，秦襄公派兵护送周平王东迁，被周王封为诸侯，又被赐封岐山以西之地。自此，

人啊，认识你自己！
—— 人类两次大思潮运动

秦国正式成为周朝的诸侯国。秦穆公时先后灭掉西方戎族所建立的12个国家，开辟国土千余里。后有秦孝公下令求贤，向全天下颁布《求贤令》："宾客群臣有能出奇计强秦者，吾且尊官，与之分土。"卫人商鞅从魏国来，在秦孝公宠臣景监的举荐下，商鞅献上了一套"循名责实，信赏必罚"的变法计划，核心内容包括重刑、弱民、抑商和禁旅。秦孝公大为赞赏，决心实行变法。

秦国在商鞅变法的短短十多年间，国家道不拾遗，山无盗贼，家给人足，秦人皆"勇于公战而怯于私斗"，闻战则喜，"乡邑大治"。商鞅主持的变法在各国中是最全面、最系统、最彻底的。秦国军队自商鞅变法实行奖励军功政策（军功授爵制）后越战越勇，武器装备不断改进，兵种已有步、车、骑之分，军队数量多时达到"带甲百万，车千乘，骑万匹"。之后，秦国出现了尉缭、白起、王翦、蒙恬等著名军事家和将领，使秦国很快跃居战国首强。

秦孝公在公元前338年去世，后由秦惠文王继位，但直到公元前325年秦惠文王才称王。公元前316年，秦并巴国和蜀国。公元前246年，秦王嬴政即位，于公元前230—前221年十年间灭掉六国，建立中国历史上第一个大一统王朝——秦朝。

秦统一全国后，秦始皇采取赵陀等人的意见迁移关中50万秦人至岭南，与当地民族融合，但此举导致关中空虚，大大动摇了秦的统治基础。

公元前209年，秦二世胡亥即位。他进一步加重对农民的剥削和压迫，以"税民深者为明吏"，以"杀人众者为忠臣"，农民的困苦达到极点。秦二世元年秋，秦朝征发闾左贫民屯戍渔阳，途中，陈胜、吴广领导贫民杀死押送他们的秦尉，附近农民斩木揭竿纷纷起义反秦。旧楚名将项燕之子项梁与其侄项羽在吴县起兵响应；原沛县亭长刘邦也袭击沛令起事，归入项梁军中。楚王派刘邦西入关中。刘邦到达咸阳附近时，秦二世已被赵高杀死，继立的子婴向刘邦投降，秦亡。

第四章
三代擘画 —秦立命

· **文明成果** ·

一、疆域：秦朝全盛期疆域东起辽东、西抵高原、南据岭南、北达阴山，面积达340万平方千米。

二、行政区：秦朝全面推行郡县制，分全国为36郡，后增至48个。其后并南越，置南海、桂林、象郡三郡，向北置九原郡，之后陆续分出东海、恒山、济北、胶东、河内和衡山等郡。

三、政治体制：秦王嬴政兼采三皇五帝尊号，自称"皇帝"。皇帝拥有无上权威。中央机构中，设三公九卿，三公为丞相（掌政事）、太尉（掌军事）、御史大夫（掌图籍奏书，监察百官），九卿包括郎中令、卫尉、廷尉、治粟内史、少府、典客、奉常、宗正、太仆，分掌护卫、刑辟、税收、外交等。地方机构中，一郡之长为郡守，下设郡尉、郡监。郡以下设县或道。一县之首为县令或县长。县令下设尉、丞。县下设乡、里和亭。乡设三老、啬夫和游徼；里设里正；亭是治安机构，设亭长。郡、县由中央和皇帝控制，主要官吏由中央任免，中央集权制度从此确立。

四、法律：秦朝以法治国，法律十分细密、严苛。秦始皇以秦律为本，制定了全境通行的法律。秦朝有膑、宫、弃市、坑死、车裂、夷三族等多种酷刑。当时的中原地区古人多儒雅仁义，社会是宗族形式结构，不具备法治统治的基础。秦尊韩非的以法治国，面对条条酷刑，人们怨声载道，这也是加剧秦朝灭亡的另一个不可忽视的重要原因。

五、军事：公元前215年，秦始皇把战国时北方燕、赵、秦三国旧修之长城连接起来，修成一条长达五千余里的所谓"万里长城"，

"筑长城，因地形，用制险塞，起临洮，至辽东，延万余里"，是为古代中国乃至世界最伟大的建筑工程之一。

秦制以铜虎符发兵，兵权握于皇帝之手。军队分京师兵、郡县兵、边防兵三个系统，编组形式是部曲制。

六、经济：秦始皇统一货币，以黄金为上币，单位为镒（二十两）；以圆形方孔铜钱为下币，单位为半两。用商鞅制定的度量衡标准器统一全国的度量衡。秦朝严格限制商业发展，自由商人消亡。主要行业为盐铁业，由国家统一经营。

秦朝权量都刻有秦始皇二十六年（前211年）颁布的统一度量衡的诏书。这种权量出土多，分布广。秦始皇还用法律规定了度量衡器误差的允许限度。

七、文化："书同文"，即将战国时期各国使用的不同书写体统一为后世所称的小篆。秦始皇以原来秦国的制度为标准，统一了全国政治、经济、文化方面的制度。李斯受命统一文字，他以秦国的文字为基础，参照六国文字，制定小篆，并写成范本，在全国推行，并严禁私学。

八、道德教育：秦朝采用法家的学说治理国家，认为所有臣民不需要接受任何道德教育，也不需要任何宗教、信仰及价值观，他们一生只需保持人出生时的本性，详细知晓跟自己有关的国家法令，知道做哪些事会受到奖励、做哪些事会受到惩罚就可以了。这是商鞅变法的基本主张之一。所以，秦朝严禁书籍在国内的传播、严禁从事说教之人在国境内活动，连歌舞、杂耍、说唱之类的艺人都被认为是会蛊惑人心的，以上各类人等凡被举报，发现的一律处以极刑。

第四章
三代擘画 一秦立命

4.4.2 马其顿与罗马（前214—前146年）

从公元前5世纪初开始，罗马先后征服拉丁同盟中的一些城市和伊特拉斯坎人等近邻，以及意大利半岛南部的土著和希腊人城邦，成为地中海西部的大国。罗马先后发动3次与马其顿争霸的战争（前214—前168年），征服马其顿王国并控制整个希腊。

第二次布匿战争期间，充满野心的马其顿国王腓力五世想借汉尼拔之力赶走罗马向东方扩张的势力，于公元前217年同汉尼拔缔结了同盟条约。从此与罗马结下了敌对关系。通过第一次马其顿战争，腓力五世不但没有将罗马人赶走，反而被罗马人打败。此后，马其顿在希腊的势力日趋削弱，失去了其过去的领导权。罗马却为自己赢得了一些希腊世界小国的支持，其中有帕加马、罗德斯和阿卡亚同盟。

公元前200年，罗马借口腓力五世攻击罗马的盟邦而向其宣战。罗马人有希腊的反马其顿大同盟支持，马其顿人则有帖撒利王和塞琉西国王安提奥库斯的支持。事实上，双方的支持者都没给予任何真正的帮助，战事主要是罗马人和马其顿部队打的。

公元前198—前197年，罗马司令官弗拉米尼乌斯和马其顿军在帖撒利亚大战。腓力失败。公元前196年，罗马司令官以希腊保护人的身份裁决了希腊和马其顿的事务：允许腓力仍为马其顿王，让他赔偿少量款，交出海军，从希腊撤退。把原有一切据点交还给阿卡亚和埃托利亚联盟，腓力此后不得干预希腊各邦的事务。弗拉米尼乌斯在希腊又停留了两年，干预斯巴达内政，帮助其恢复贵族政治，打击民主运动，后于公元前194年离开希腊返回罗马。

人啊，认识你自己！
—— 人类两次大思潮运动

在第二次马其顿战争期间，罗马还向塞琉西国王安提奥库斯三世发动了战争。公元前200年以前，塞琉西国与罗马没有任何联系。公元前223年，安提奥库斯三世继承了塞琉西的王位，他是个好大喜功的人，曾于公元前209—前204年向东进攻波斯和大夏。公元前203—前197年，他又向叙利亚、小亚细亚一带扩张，先后得到了叙利亚南部、巴勒斯坦、小亚细亚南岸和西岸的部分地区，其中包括希腊人在小亚细亚的一些城市。公元前197年，他把希腊在小亚细亚的名城以弗所建为第二首都。公元前196年，安提奥库斯三世甚至宣称赫勒斯滂海峡以西，色雷斯的一部分应归塞琉西所有，同时继续在小亚细亚扩张，对帕加马等地形成了严重的威胁。

帕加马和小亚细亚的一些其他希腊城市都请求罗马干涉。那时，罗马人刚助希腊人打败了马其顿国王腓力五世，罗马将军弗拉米尼乌斯还留在希腊。罗马元老院本来没有干涉亚洲事务的准备，所以不打算派兵，只让弗拉米尼乌斯派人去交涉一下。

公元前195年，马其顿的盟军迦太基首领汉尼拔逃到了安提奥库斯三世的宫廷，留在以弗所。这就引起了罗马人的警惕。公元前194年，大西比阿被举荐为罗马国执政官。他积极主张对东方采取严峻的政策，主张变马其顿为行省并严加控制，以防它和安提奥库斯勾结。但因迦图等人的反对，这一主张没有立即被通过。

公元前193年，埃托利亚试图联合马其顿、塞琉西一同反罗马。公元前192年，安提奥库斯三世带军越过黑海海峡，进入欧洲来到色雷斯。罗马于公元前191年再派军到帖撒利亚，4月，罗马军在温泉关仿当年波斯败斯巴达王列奥尼达之先例，绕到敌后击败安提奥库斯军，迫使他们退出欧洲回到亚洲。

此后，罗马与塞琉西的战事转到亚洲和爱琴海。公元前191—前190年，罗马军依靠帕加马和罗德斯海军之助，在科里库斯海角曾两次击败安提奥库斯的舰队。公元前 189 年，双方又在小亚细亚的马格尼亚发生激战，安提奥库斯再次战败。次年，双方订立条约，和约规定：安提奥库斯必须放弃对欧洲和小亚细亚的领土要求，赔款 15000 优卑亚他连特，12 年内偿清；除保留 10 只舰船外，其余全部交出。至此，塞琉西已失去了重要地位，沦为罗马的附庸。

在这次战争中获利最多的要数帕加马王国，安提奥库斯让出的小亚细亚的土地大部分都落入了帕加马手中。罗德斯岛也获得了小亚细亚南岸一部分土地。罗马只收下了赔款，没要领土。这说明罗马当时还无意兼并东方。

公元前 179 年，马其顿国王腓力去世，由其子珀尔修斯继位。珀尔修斯是一个很有野心的人物。他励精图治，秣马厉兵，不但与色雷斯和伊里利亚酋长结盟，还与塞琉西和比提尼亚王室联姻，以增强自己的实力。他的一系列行动引起了罗马的不安。为抑制马其顿，使它不再强大起来，罗马于公元前 171 年再次向马其顿宣战，即所谓的第三次马其顿战争（前 171—前 167 年）。

战争初期，双方互有胜负。公元前 168 年，罗马军总指挥鲍鲁斯利用机动灵活的军团在皮德纳重创珀尔修斯的马其顿方阵。珀尔修斯被迫投降。第二年，鲍鲁斯受命进军伊庇鲁斯。他攻打所有的城镇和乡村，大肆抢掠破坏，俘 15 万人卖为奴隶。

抢劫了伊庇鲁斯之后，罗马又在希腊各邦进行残暴的清洗，放逐大批有反罗马嫌疑的政治人物，不仅对支持马其顿的埃托利亚给予这种惩罚，甚至与罗马同盟的阿卡亚也得不到信任。罗马人把一千多名有声望和地位的阿卡亚人作为人质遣送到意大利，著名的历史学家波利比乌斯就是其中的人质之一。他有幸被罗马统治阶级接受，认识了征服迦太基的小西庇阿，才有机会写成《通史》这一名著传诸后世。而人质中的绝大部分被扣押了 15 年，到公元前 150 年才被释放，其中 700 人死在狱禁中。

皮德纳战役以后，马其顿被分割为四个小国，各成立了自己的议会和政府。罗马国禁止各小国间往来和贸易，也不准它们同其他国家来往。

　　罗马对马其顿的残暴统治，激起了当地居民的坚决反抗。公元前149年，马其顿再次爆发反罗马的起义。起义的领袖是自称珀尔修斯之子腓力的安德里斯克。"伪腓力"得到了拜占庭等希腊城市的支持。他多次击溃罗马军队并推进到帖撒利亚，后因叛徒出卖，起义被镇压。此后，马其顿变成了罗马的一个行省。

　　公元前147年，中希腊和南希腊又爆发了以阿卡亚同盟为首的反罗马起义。这个同盟为了和罗马作战，向富人征收特别捐税，并将12000名在希腊出生的奴隶编入军队。起义军席卷了整个伯罗奔尼撒半岛，至公元前146年才被镇压。最终，伯罗奔尼撒半岛的科林斯被毁，居民被出卖为奴。中希腊和南希腊被并入罗马，阿卡亚成为罗马的一个省，只有雅典、斯巴达、特尔斐等少数城市保持着形式上的自治。

4.4.3　小结四："一万年太久，只争朝夕！"

　　人们常叹生命之短促，唯非凡人明白如何驾驭短促的人生。"一万年太久，只争朝夕！"这是毛泽东对时间的感慨。

　　亚历山大花了十年时间，刚把马其顿帝国建立好放在世界地图的显眼处，可不到三年他的人生就谢幕了，还连累母亲、妻儿命丧黄泉。秦王嬴政花了十年统一六国，但他仅在位十一年便离开人世，八年后他的帝国也土崩瓦解了，正是"其兴也勃焉，其亡也忽焉"。为什么这两个年代相隔不久、一西一东而且文化各不相同的帝国都灭亡得这么匆忙呢？打造帝国的人的目的，又是为什么呢？

　　禹、汤罪己，所以其兴也勃焉；桀、纣罪人，所以其亡也忽焉。亚历山大与秦王行的都不是仁政，打天下的目的当然也不可能是为了人民。亚历山大说："英雄的伟大就在于不断开拓疆土，不断增加权力，尽情享受美味佳肴和少女的美色。"这大概就是西方人的生活哲学，既要不断开拓知识的领域和权力的范围，又要尽情享乐、寻欢纵欲，享受人生。周朝四处分封诸侯，弄得他们相互割据，各自为政，结果当然是天下大乱。秦王结束了这个乱局，首次把中国统一起来，他的丰功伟绩就不是单纯地追求权力这么简单了。不过秦王焚书坑儒，虽说是政治的需要，可也绝对说不上是仁政。这大概就是这些帝国匆忙灭亡的原因。

从另一个角度来看，这些帝王能够在这么短的时间段内创造出其他人难以比拟的丰功伟绩，在历史上留下难以磨灭和替代的烙印。他们的野心和成事的效率，都是惊人的。

今天的事今天清，明天自有新景情。

人生不会万年久，不落平凡学秦嬴。

第五章
第一次大思潮：中国哲理思想体系的确立
▶▶▶

人是思想与感性的动物，但在生存的压力面前动物属性得到彰显，物质文明也因此得到全面强力的推动，所有文明无一例外。至于思想与感性的哲理文明的发展，就没有那么明显了，崇尚武力的帝国文明基本上是走在一条纯物欲铺就的独木桥上的，是征服、征服、再征服，享受、享受、再享受。

要铺就一条哲理文明的路很难，光靠几句饱含智慧与哲理的句子是不成的，它需要的不只是几个点，就是几条线也不行，这些都成不了体系。哲学的发展需要从点成线，然后由线及面地铺开。不过这还不够，不同的面需要相互碰撞，相互取长补短，不同的思想在众人民主乃至苛刻的批评探讨下逐步形成学派体系。不过这只是哲学体系艰难的起步阶段，在漫长的岁月里，只有合乎广大人民需要的体系才会壮大并生存下来。

中华文明是人类文明少有的精神文明与物质文明发展并重的文明体系之一，但从经得起长期历史考验的角度看，它却是唯一的。

中华文明的哲理部分从天命观开始，是属于而又不凌驾于自然规律之上

第五章
第一次大思潮：中国哲理思想体系的确立

的，通过伏羲八卦的点拨、《礼记》《乐经》的规范熏陶、《周易》的影响，在春秋战国这个恰逢其时的大时代中汇聚力量，结果是点与线都得以被吸收到不同的面上。

哲学涉及的问题大多是形而上的，如七情六欲的感情问题，人际关系的伦理道德问题，政府管治的礼教律例、风俗人情问题，乃至从无到有、生死轮回等边际问题。哲学问题不同于科学问题，不好先用假设来命题，然后通过推理来求证。科学的手段只能应用于物质世界，对形而上的世界基本上无法起作用，世人往往因为近代科学的高度发达并取得巨大成功而走进误区。

所有文明从无知、浑噩中走来，都经历过一段由神巫、祭司把持的时期；有神巫就有假设，不过他们既不推理，也不求证，就是依靠人们的信念，倒也能满足一部分人精神的需要和心灵的安慰。

中华文明也不例外。有幸的是，在探索过程中，在春秋战国数百年战争不断、民不聊生的强大生存压力下，人类有史以来第一次大思潮运动诞生了，它奠定了中国两千多年封建社会文化发展的基调。这种群众性的思想大辩论以千年为度，在人类历史中十分罕见。

战国是一个大变革的时代。铁制工具的普及大大提高了生产效率，使个体家庭得以成为基本的生产单位。战国时期法家李悝、吴起、商鞅、申不害、乐毅、剧辛相继在各国变法，废除贵族世袭特权，使平民可以通过开垦荒地、获得军功等渠道成为新的土地所有者。平民有了做官的机会，瓦解了周朝的等级制度，从根本上动摇了靠血缘纽带维系的贵族政体。

春秋战国时期社会进入一个"注重人事""私学大兴""百家争鸣"的时代，传统的神权观念和神权思想受到了"德""仁"思想的猛烈冲击，"礼""法"成为社会意识形态的重要基础。"士"阶层出现，这些士人有文化知识，有政治谋略，有军事才能，他们的活动不受国界的限制，无论走到哪里，都受到统治者的礼遇。士人的活跃，奠定了思想文化繁荣的基础，其中知名的思想家、哲学家有孔子、老子、墨子、孟子、庄子、孙子、荀子、韩非子等。个人著书立说蔚然成风，儒、道、法、兵、阴阳、农、杂等学派相继出现，一个个摆脱神巫色彩而且没有经历过宗教影响的思想体系诞生了，形成了空前的"百花齐放"的新气象。百姓手中已经有很多书籍，学术文化开始走进民间。

"八卦"是中国人在神巫时代便已开始使用的一种占卜工具，它的构成元素取材于大自然中各种生生不息、变幻莫测的演变力量，以及我们生存空间四时交替的律动。它最原始的资料来源于西周的《易经》。

5.1　易经

在天地洪荒时期，伏羲常常站在黄河边的坡地上，凝神观看黄河和洛水交汇处形成的激流旋涡，后来有了"河出图，洛出书"的说法。伏羲身边的事物都能引发他的思考，如天、地和人、花草、虫鱼是什么关系。经过长时间的思索，他用12条长线和24条短线进行排列组合，构成8种图形，这些用长短不同的线条构成的图案，就是八卦。

有了八卦，到神农时代发展出《连山易》，到黄帝时代发展出《归藏易》，周文王时演变成《周易》。八卦是易的来源，整部《易经》就是围绕八卦展开的。

《易》把天道观的哲理思想与占卜问卦手段融合起来，以解决一些带非决定性因素的问题，这就使它成了一本"决嫌疑，定犹豫"的书。我们每天都会

第五章
第一次大思潮：中国哲理思想体系的确立

遇上很多问题需要解答，生活上简单的问题有简单的答案，但复杂重大的问题，尤其是上升到国家层面，如政治上的、外交上的、军事上的，需要的不光是复杂仔细的分析，更需要审慎的解决方法。不过，这样得来的很有可能仍然是一个带有非决定性因素的答案。当一些问题必须在短时间内找到一个所谓的万全之策时，古人往往是通过占卜问卦，求助于神灵来解决。

中国有个故事叫《郢书燕说》，说的是郢地有一个人给燕国的相国写信，因天黑看不清，便令仆人"举烛"，却一不小心把"举烛"二字写了进去。燕国相国接到信后反复琢磨，不知"举烛"二字说什么。后来终于悟到郢人的意思是让他洞察烛照，举用贤人。于是他照此办理，把燕国治理得很好。这个故事实际上有一个"解释学"的道理。说者无心，听者有意。很多后来看上去很深奥、很精辟的哲理其实就是因"郢书燕说"而来的，现代社会科学、人文科学的不少理论，实际就是不断"解释"的产物。《周易》就是这样一部书，它本来说的是"算卦"，可经过后来人的"解释"，就成了一本讲哲理的"经典"。①

《周易》分为《易经》和《易传》两部分，它是儒家的重要经典之一，被尊为五经之首。另外，它又是十三经中最深奥、最神秘的书，同时又是群经之首。

如果单从迷信筮占这个角度看《周易》，它的价值实在不大。但远在春秋末期，孔子"五十以学《易》"，从哲学的角度重新理解和讲述《周易》，其弟子后来编成《易经》，使《周易》的哲学理念流传千古。阴阳和合而生万物，但合久必分，分久必合。在变幻莫测的世事中找常理，在缤纷零乱的万物里理当然。古人对大自然的观察，通过乾（阳）与坤（阴）、事物的对立、矛盾的

---

① 葛兆光.中国经典十种［M］.北京：中华书局，1993：2.

人啊，认识你自己！
—— 人类两次大思潮运动

统一、势态的顺逆、物极而必反、乐极会生悲等现象，逐渐整理出东方文明的哲理体系来。细想想，其实数千年来，人的变化并不大，变化大的是人类生活的物质世界。我们的所有创造、发明，无非是通过对大自然的观察、理解，最后成功加以应用而已。如飞机与飞鸟相似，都是通过流体力学、空气动力学的应用达到自由翱翔的目的。不同的动力系统、控制系统是为了适应不同环境。虽然飞机在体积与速度上已经达到很高的水平，但在安全性与灵敏度方面却远在飞鸟之下。

《周易》的卦、爻辞，大多数与我们日常生活中的精神需要有关，再加上辞意富有哲理性，指出的多是大方向，不在枝节细微处着墨，所以用来解释生活现象，很多时候会有令人满意的巧合。这也是人们对《周易》着迷的原因之一，因为直到今天，我们仍然对"人"缺乏理解，哲学提供了一个重要的途径。《周易》有一个重要认识，那就是，"客观事物是不以人的意志为转移的，事物的发展规律是不可以违背的。对于客观规律，人只能因势利导，不能违反，否则就会惨败；这是对存在决定思维这一规律的重要认识。如果人的思维可以决定存在，人就可以随心所欲，就不必要求人去服从规律"。[①]

一阴一阳之谓道。在《易经》里面，阴阳两爻代表了客观世界中万事万物生生不息的全部，它们是相互对立的，又是相互依存的，并且相互渗透、转化、派生，使得我们生存的世界多姿多彩。《系辞传》曰："是故，易有太极，是生两仪，两仪生四象，四象生八卦。"在八经卦中，物质世界中的事物被初步分类，于是乾为天、父、男，坤为地、母、女，震为雷、长子等。八经卦"八八相荡"，又生成六十四重卦。这个量变的过程，因为都是在物质世界中进行的，所以又有了质变，这就是质量互变规律。唯物辩证法认为："客观

---

① 方湛州.中华千古之光：《周易》古谜破译[M].哈尔滨：北方文艺出版社，1998：3.

存在的一切事物都是质和量的统一体,没有一定的质和一定的量的东西是不存在的。"① 于是,《易经》除了用于筮占之外,也成了我们理解天地万物生生不息的哲学途径。从此,《易经》使中华民族摆脱了巫术影响,从神巫走向哲学。中华文明的发展方向,也因为《易》的出现而与西方文明的走向迥异,成为世界上唯一摆脱了宗教乃至一些利用宗教的政客们的羁绊的哲理文明。

精神文明与科学文明是人类文明发展的两个大方向,一个是思想的需要;另一个则是生存的需要。科学中很多理论和方程式都是先从大自然中观察,然后在一个假设的环境下进行推理,在得到往设定目标方向同向发展的证据肯定后再重复调整条件、手段,逐步用实验来完善理论。

人性可不能这样做,因为假设的人性具有很大的欺骗性。有假设的一方就有适应的另一方,而适应的另一方其实就是作出假设的一方所研究的对象。当一个被研究的目标为了适应或为了保护自己而把应有的感情掩饰起来,研究就走进了一个不真实的恶性循环,结果当然是不言而喻。西方崇尚科学,但人文科学却是他们的误区。②

5.2 礼记

要认识"人",我们不能光从物性的人这个角度去看,还必须从人性入手。《礼记》的第九篇《礼运·大同》篇花了很大的篇幅探讨这事,值得我们仔细

---

① 艾思奇.辩证唯物主义·历史唯物主义[M].北京:人民出版社,1978:97.
② 罗铭泉.文明的脾性[M].北京:中国民主法制出版社,2017:27—28.

人啊，认识你自己！
—— 人类两次大思潮运动

研究。

孔子编写《礼记》时，不仅收录了当时的各种礼节，也收录了人类社会的许多文化现象和各种规则，成为日后规范人类行为的基本原则。所以，中国从来就不是全然依靠法律来治理国家的，而是以"礼"服人，以"礼"治国的。

礼的产生是基于人性的需要。《礼运》篇将人性归纳为"七情"和"十义"，认为只有"礼"才能节制人性恶的一面（"七情"），并且使好的一面得到发挥。《礼运》曰："何谓人情？喜怒哀惧爱恶欲，七者，弗学而能。何谓人义？父慈、子孝、兄良、弟悌、夫义、妇听、长惠、幼顺、君仁、臣忠，十者，谓之人义。讲信修睦，谓之人利；争夺相杀，谓之人患。故圣人所以治人七情，修十义，讲信修睦，尚辞让，去争夺，舍礼何以治之？饮食男女，人之大欲存焉。死亡贫苦，人之大恶存焉。故欲恶者，心之大端也。人藏其心，不可测度也。美恶皆在其心，不见其色也。欲一以穷之，舍礼何以哉？"

其实，人性的复杂可不止"七情"这么简单，负面的还有妒忌、仇恨、虚荣等情绪，如要社会和谐安定，需要管控和化解这些情绪。

《礼记》还详细论述了"礼"的本质和意义。首先，礼是人类与动物相区别的标志，"凡人之所以为人者，礼义也"（《冠义》），"无别无义，禽兽之道也"（《郊特牲》）。也就是说，人之所以有别于禽兽，在于人有伦理道德准则，而其他动物没有。《礼记》还强调了"礼"的教化作用，"故礼之教化也微，其止邪也未形，使人日徙善远罪而不自知也，是以先王隆之"（《经解》）。这就是礼在日积月累下不知不觉中移风易俗的社会功能了。当然，好的要继承，不再适合社会发展的我们要淘汰，有些概念在今天看来是迂腐的、不科学不民主不平等的，我们要辨别清楚，才能在古人的基础上进步。

司马迁在西汉征和二年（前91年）完成的《史记》"礼书第一"中对"礼"的功能和对调和社会的作用都有十分精辟的解释。"太史公曰：洋洋美德

第五章
第一次大思潮：中国哲理思想体系的确立

乎。宰制万物，役使群众，岂人力也哉？余至大行礼官，观三代损益，乃知缘人情而制礼，依人性而作仪，其所由来尚矣。人道经纬万端，规矩无所不贯，诱进以仁义，束缚以刑罚。"[①]这里突出的是"仁义"的概念，教化的工具，是合乎人性的，而法律的束缚，只是配合的产品。"周衰，礼废乐坏，大小相逾，管仲之家，兼备三归。循法守正者见侮于世，奢溢僭差者谓之显荣。自子夏，门人之高弟也，犹云'出见纷华盛丽而说，入闻夫子之道而乐，二者心战，未能自决'，而况中庸以下，渐渍于失教，被服于成俗乎？孔子曰'必也正名'，于卫所居不合。"古今时局，大抵都如此，也是人性使然，不学会修身、不知道廉洁自爱的人是危险的。

"礼由人起，人生有欲，欲而不得则不能无忿，忿而无度量则争，争则乱；先王恶其乱，故制礼义以养人之欲，给人之求，使欲不穷于物，物不屈于欲。二者相待而长，是礼之所起也。""人苟生之为见，若者必死；苟利之为见，若者必害；怠惰之为安，若者必危；情性之为安，若者必灭。故圣人一之于礼义，则两得之矣；一之于情性，则两失之矣。"[②]这就是礼之所起，是用来扼制人类无穷止的欲望的，这也是东西方文化从一开始便不同的重点。

《礼记》对人性分析入微，可惜的是开出的"药方"却未能见效。孔子的教诲是另一种尝试，儒学在百家争鸣中脱颖而出，成为后来中华文明哲学思想的主心骨，历经两千多年生命力依然旺盛。

儒学的民本思想在《礼记·大同》篇中早有论述："大道之行也，天下为公，选贤与能，讲信修睦。故人不独亲其亲，不独子其子，使老有所终，壮有所用，幼有所长，矜、寡、孤、独、废疾者皆有所养，男有分，女有归。货

[①] 司马迁.史记[M].北京：中央民族大学出版社，2002：8.
[②] 司马迁.史记[M].北京：中央民族大学出版社，2002：10.

恶其弃于地也，不必藏于己；力恶其不出于身也，不必为己。是故谋闭而不兴，盗窃乱贼而不作，故外户而不闭，是谓大同。"不过问题是，实践起来谈何容易，以礼的力度来规范人性，是远远不够的。但《礼记》起了一个关键的作用，它把人类的七情六欲和各种负面的性情都毫无保留地指出来了。既然以"礼乐"为主、刑罚为辅的手段管制不了人的坏性情，那如何规制人的这些不良性情就成了儒家努力的首要目标了。

5.3 道德经

老子思考并想解答的是宇宙的起源问题、现实的有无问题、阴阳问题、相对问题，乃至从无到有的边界问题。

老子，字伯阳，谥号聃，又称李耳，曾做过周朝"守藏室之官"（管理藏书的官员），道家学说创始人。老子的思想主张是"无为"，《老子》以"道"解释宇宙万物的演变，书中包括大量朴素辩证法观点，如以为一切事物均具有正反两面，并能由对立而转化，是为"反者道之动"，"正复为奇，善复为妖"，"祸兮，福之所倚；福兮，祸之所伏"。又以为世间事物均为"有"与"无"之统一，"有、无相生"，而"无"为基础，"天下万物生于有，有生于无"。他对天道与人道的看法有："天之道，损有余而补不足，人之道则不然，损不足以奉有余"；"民之饥，以其上食税之多"；"民之轻死，以其上求生之厚"；"民不畏死，奈何以死惧之？"

老子在函谷关前著成五千言的《老子》一书，又名《道德经》。《道德经》、《易经》和《论语》被认为是对中国人影响最深远的三部思想巨著。《道德经》

分为上下两篇，共81章，上篇37章为道经，第38章之后属下篇德经。全书的思想结构是，道是德的"体"，德是道的"用"。

《道德经》是后来的称谓，根据1993年出土的郭店楚简《老子》年代推算，其成书年代至少在战国中前期。楚简《老子》的校注，可参看丁四新著《郭店楚竹书老子校注》等书。

《老子》以"道"解释宇宙万物的演变，以为"道生一，一生二，二生三，三生万物"。"道"乃"夫莫之命而常自然"，因而"人法地，地法天，天法道，道法自然"。

老子认为，事物本身的内部不是单一的、静止的，而是相对复杂和变化的。事物本身即阴阳的统一体。

老子的"无为"并不是以"无为"为目的，因为"无为"会转化为"有为"，所以老子在论述如何面对生活的问题时，只说了"方法"，没有指出"目的"。这给我们一个启示：人何必为刻意达到目的而痛苦不堪。无为，逍遥也是一种为人处世之道。

《道德经》

第一章：道可道，非常道；名可名，非常名。无，名天地之始；有，名万物之母。故常无，欲以观其妙；常有，欲以观其徼（jiào）。此两者同出而异名，同谓之玄。玄之又玄，众妙之门。（译文：可以用语言表达出来的道，就不是永恒不变的"道"；可以用语言表达出来的名，就不是永恒不变的"名"。有了空间，才有了天地；有了根源，才有了万物。所以，常从"无"中观察天地的奥妙；常从"有"中研究万物的特性。有和无，只不过是同一事物的不同叫法，都被称为"玄"，即深奥不好理解的。玄之又玄，深奥再深奥，就是一切事物的命门。）

这是破题阐述"道"的第一章，"道"是相对于"无"的一种状态；"名"

人啊，认识你自己！
—— 人类两次大思潮运动

是相对于"有"的一种称呼，前者概括了宇宙的混沌来源，后者在万物既有后作鉴别定名之用。"有"与"无"本同一物，如何无中生有，又如何有化为无，都是值得探索的事。从无到有是一个念头的事，只要我们有想法，把它转变成事实或事物是可能的。人类文明的进步大抵如此。我们因生产生活需要而制作出来的物品，从一双筷子、一个碗，到航空母舰和太空站。这些本来没有的事物，现在有了，这就是无中生有。

混沌的世界本来很简单，物质世界发展了就变得复杂了。老子能在数千年前的简单中悟出无中生有的道理，而且很多都是不能用实物来证明的，这就太不简单了。这一现象在今日的某些行业就有所体现。如财经行业，本来货币和股市都是与实体挂钩的，一个国家发行货币必须要有金本位或银本位的制度来支撑，没有实力的国家的货币就只能与大国汇率挂钩以维持自己货币的稳定；股票的价值也是一样，是靠实体的企业业绩支撑的。不过，如今很多情况都发生了变化。美元从印钞机滚滚而出，又有哪一个国家可以管控？有谁能提着美元到美联署去换取金条银锭？至于大银行发行的理财产品或者基金产品，都是在纸上勾画出来一个个通过货币运作的盈利蓝图，每个方案都会有诱人但不作承诺的丰厚回报来吸引投资者购买。

科技在一天天地改变着我们的物质世界，可是越来越多的"有"难以转换到"无"，人类的心灵无"无"可填，是越来越"空"，越来越"虚"了。

第二章：天下皆知美之为美，斯恶（è）已；皆知善之为善，斯不善已。故有无相生，难易相成，长短相形，高下相倾，音声相和（hè），前后相随。是以圣人处无为之事，行不言之教，万物作焉而不辞，生而不有，为而不恃，功成而弗居。夫（fú）唯弗居，是以不去。（译文：天下的人都知道什么是美，丑的观念就有了；都知道什么是善，恶的观念就产生了。因此，"有"和"无"相对而生，难和易相对而成，长和短相互显现，高和下相互对照，音和声相互

第五章
第一次大思潮：中国哲理思想体系的确立

应和，前和后相互衔接，也是如此。所以，有道的人以无为的态度处事，用自己的行为施教；世上万物都离不开各自的规律，生养万物而不据为己有；培育万物但不自恃己能，把事做成了而不居功。正因为他不居功，所以不会失去。）

老子无为的思想就是不占有，因为只有这样人才能达到无欲无求的境界。中国人从封建社会一路走来，因为需要团结宗族壮大生存力量，宗法制度的封建部分桎梏了一代又一代的国人，到现在有些观念仍未改，如父母教育子女的问题。

老子认为我们应该放手，不加干预，让万物都能按自然的规律发展。但很多父母总爱越俎代庖，总爱在弱小的孩子身上做文章，极尽操控之能事，并以此恃能居功，觉得自己做出了很大的牺牲。这样的思维，这样的陋习，该改改了。

第三章：不尚贤，使民不争；不贵难得之货，使民不为盗；不见（xiàn）可欲，使民心不乱。是以圣人之治，虚其心，实其腹；弱其志，强其骨。常使民无知无欲，使夫（fú）智者不敢为也。为无为，则无不治。（译文：不追捧贤才，就不会引起群众的纷争；不抬高稀缺物品的价格，人民就不会想到要偷；不大肆张扬人民渴望的东西，他们的心就不会乱。因此，有道的人治理天下的方法，是要净化人民的心灵，满足人民的温饱，减弱人民争名夺利的心，强健人民的体魄。保持使民众不乱求知，没有杂念；即使聪明的人也不敢乱来。如果能使社会这样平淡，还有什么治理不好的呢。）

古人的生活很简单，小国寡民的生活与大城市的热闹节奏和竞争环境是无法比拟的，所以无为政治始终只能作为一种参考，一种淡泊名利的中国士大夫的向往而已。

第四章：道冲而用之或不盈，渊兮，似万物之宗。挫其锐，解其纷，和其光，同其尘。湛兮，似或存。吾不知谁之子，象帝之先。（译文：道塞苍冥而

人啊，认识你自己！
—— 人类两次大思潮运动

无所不在，它产生作用时永无止境，它如深渊般广博，足可为地球万物的根源。它按捺锋芒，解除纷乱，收敛光芒，与尘世混同。看起来清澈得像不存在。我不知道它是哪里来的，好像在天帝之前就有了。）

第五章：天地不仁，以万物为刍（chú）狗；圣人不仁，以百姓为刍狗。天地之间，其犹橐龠（tuó yuè）乎？虚而不屈，动而愈出。多言数（shuò）穷，不如守中。（译文：天地无所谓仁爱，对待万物像草扎的小狗一样；有道的人无所谓仁爱，对待百姓也如同刍狗一样。天和地之间，不就像一个风箱吗？虽然中空但不会坍塌，越鼓动风量越多。政令名目繁多，层层加码，只会适得其反，不如保持中和。）

第六章：谷神不死，是谓玄牝（pìn）。玄牝之门，是谓天地根。绵绵若存，用之不勤。（译文：虚空不定的变化是永不停歇的，这是万物孕育的神秘莫测的总根源。微妙的生母之门，就是天地的根源。它绵绵不绝地存在着，作用无穷无尽。）

第七章：天长地久。天地所以能长且久者，以其不自生，故能长生。是以圣人后其身而身先，外其身而身存。非以其无私邪（yé）？故能成其私。（译文：天地永远都存在。天地所以能长久，是因为它不是为了自己而存在，所以才永远都存在。因此，有道的人凡事都让别人占先，故受众人爱戴；凡事把自身的安危置之度外，生命故而得以保全。这不正是因为他不自私，反而能够成全自己吗？）

第八章：上善若水。水善利万物而不争，处众人之所恶（wù），故几（jī）于道。居善地，心善渊，与善仁，言善信，正善治，事善能，动善时。夫唯不争，故无尤。（译文：最大的善就像水一样，水滋润万物时是毫无保留的。它总是停留在众人不愿去的低洼之地，这种品德，最接近"道"。上善的人总是甘居于卑下的环境，心胸保持沉静而博大，与人相处满怀爱心，说话信守诺

第五章
第一次大思潮：中国哲理思想体系的确立

言，施政治理摒去私心，办事善于发挥所长，行动善于把握时机。正因为有不争的美德，所以不会招来怨咎。）

第九章：持而盈之，不如其已。揣而锐之，不可长保。金玉满堂，莫之能守。富贵而骄，自遗其咎。功遂身退，天之道。（译文：保持着盈满的状态，不如适可而止。捶打得尖锐的工具，是不可能永远保持锋利的。纵然金玉堆满房屋，谁也无法长久守住。富贵而骄纵，定会给自己带来祸害。所以，功成名就之时，更要低调收敛，能急流勇退最好，这才符合自然的规律。）

第十章：载营魄抱一，能无离乎？专气致柔，能婴儿乎？涤除玄览，能无疵乎？爱民治国，能无知（zhì）乎？天门开阖（hé），能无雌乎？明白四达，能无为乎？生之畜（xù）之，生而不有，为而不恃，长（zhǎng）而不宰，是谓玄德。（译文：灵魂与肉体融而为一的，能永不分离吗？聚集精气放软身体，能达到初生婴儿那样的状态吗？洗尽思想上的尘垢，能恢复到心如明镜、一尘不染的境地吗？热爱百姓，按自然法则治国，能不用头脑智慧吗？我们通过天门这个渠道与外界沟通信息，能不保持自然吸纳的状态吗？千万不要用主观意识去强求。明白这些放诸四海而皆准的道理，我们还会不顺其自然吗？生养抚育了万物却不据为己有，为世间立下了卓越功勋却不居功自傲，滋养了万物却没想过要掌控，这就是最高奥的"德"。）

注：天是自然的意思。门：能进能出的通道。人身上哪些是天门呢？眼耳口鼻身是为天门。还有一个在古人看来是最大的天门，就是意门，意门在百会穴。其实这个门是不存在的。能为雌乎，是什么意思呢？关键在"雌"字的理解上。道德经里，多提到玄牝，还有知雄守雌，结合整篇的思想，我们就能知道雌是什么意思了。雌与雄相对，雄是向外取，是强、是争、是动、是有为；雌就是静、是雌伏、是无为、是柔软、是容纳。再结合天门的意思，就很清楚了。也就是说，我们与外界沟通信息的渠道，要保持自然吸纳的状态，而不要有主

观意识地索取和强求。只有保持自然的吸纳状态，我们获得的外部信息才是客观准确的。当然，从生理上说，意门才是真正的天门。古人之所以认为是百会穴，因为百会穴是人生最后闭合的先天开口，且处于人身最顶端最正中的位置，符合人的思想与天界沟通渠道的想象。同理，古时还有第三只眼之说，位置处于两眼之间，其实也是取义不取实的，是要人平等公正地看问题的意思。

第十一章：三十辐共一毂（gǔ），当其无，有车之用。埏埴（shān zhí）以为器，当其无，有器之用。凿户牖（yǒu）以为室，当其无，有室之用。故有之以为利，无之以为用。（译文：三十根辐条穿在车轮上，中间必须留出空处，才能装上车轴，使车轮转动。踩打泥土做陶器，器皿中间必须留出空处，器皿才能发挥盛放物品的作用。建造房屋，有了门窗四壁中空的地方，房屋才能有居住的作用。所以，"有"是提供便利，"无"是为了实用。）

第十二章：五色令人目盲，五音令人耳聋，五味令人口爽，驰骋畋（tián）猎令人心发狂，难得之货令人行妨。是以圣人为腹不为目，故去彼取此。（译文：众多的颜色令人眼花缭乱，纷杂的音调令人耳朵受害，重味道的食物容易损坏人的味蕾，放马飞驰醉心狩猎容易使人心情放荡失控，稀奇珍贵的货物容易使人失去操守。因此，圣人只求三餐温饱，不追逐声色犬马，所以要求简朴远离诱惑。）

第十三章：宠辱若惊，贵大患若身。何谓宠辱若惊？宠为上，辱为下，得之若惊，失之若惊，是谓宠辱若惊。何谓贵大患若身？吾所以有大患者，为吾有身。及吾无身，吾有何患？故贵以身为天下，若可寄天下；爱以身为天下，若可托天下。（译文：得到宠爱或遭受耻辱，都像是受到惊吓一样。重视大患，就像重视自己的身体一样。什么叫作"宠辱若惊"？宠爱是别人给的，得到它会感到惊惶不安，失去它也会惊恐万分。这就叫宠辱若惊。什么叫作"贵大患若身"？我之所以会有祸患，是因为我有一个肉身；倘若我没有了躯体，我还

第五章
第一次大思潮：中国哲理思想体系的确立

有什么祸患呢？所以，把天下看得和自己的生命一样宝贵的人，才可以把天下的重担交付于他；爱天下和爱自己的生命一样的人，才可以把天下的责任托付于他。）

第十四章：视之不见名曰夷，听之不闻名曰希，搏之不得名曰微。此三者不可致诘，故混而为一。其上不皦，其下不昧，绳绳不可名，复归于无物。是谓无状之状，无物之象，是谓惚恍。迎之不见其首，随之不见其后。执古之道，以御今之有，能知古始。是谓道纪。（译文：怎么看也看不见，我们把它叫作"夷"；怎么听也听不到，我们把它叫作"希"；怎么摸也摸不着，我们把它叫作"微"。这三者的形象难以区分开来，它原本就是混沌一体的。它的上面并不显得明亮，它的下面也不显得昏暗，它绵延不绝而又不可名状，又总要回到物体看不见的虚无状态。这是没有形状的形状，没有具体物象的形象，这就叫作"惚恍"。从前方去接近它，看不见头；从后面去追赶它，看不见尾。根据早已存在的"道"的运行规律，来考察现在的具体事物，我们就能了解古时候宇宙的开始，这就叫作道的规律。）

第十五章：古之善为士者，微妙玄通，深不可识。夫唯不可识，故强为之容。豫兮，若冬涉川；犹兮，若畏四邻；俨兮，其若容；涣兮，其若冰之将释；敦兮，其若朴；旷兮，其若谷；混兮，其若浊。孰能浊以静之徐清？孰能安以动之徐生？保此道者不欲盈。夫唯不盈，故能蔽而新成。（译文：古时有心得的读书人，见解微妙深刻，其智慧深不可测。正因为他深藏不露，所以只好勉强用一些比喻来将他形容：他小心谨慎，像冬天在冰面上过河；犹豫警惕如同深陷重围；拘谨严肃像在做客；化解矛盾像溶解冰雪一样；敦厚得像原木；旷远豁达像山谷；与不同的人相处如同化在浑浊的江水一样自然，但谁能在浑浊的尘世中安静下来慢慢恢复自己的清明呢？谁又能在安定中变动，使其慢慢显出生机呢？拥有这种修养的人不会自满，正因为他从不自满，所以

人啊，认识你自己！
—— 人类两次大思潮运动

能够去故更新。）

第十六章：致虚极，守静笃（dǔ）。万物并作，吾以观复。夫物芸芸，各复归其根。归根曰静，是谓复命，复命曰常，知常曰明。不知常，妄作，凶。知常容，容乃公，公乃王（wàng），王（wàng）乃天，天乃道，道乃久，没（mò）身不殆。（译文：使心灵空明虚寂到极点，生活清静达到极致。在万物都蓬勃生长的时候，我从中仔细观察它们生死循环的规律。天下万物虽然纷纷纭纭，但最终都将恢复到它们的原生态。回到原生态叫"静"，也就是生命的重复，也叫"常"，是一种常态。知道这是常态是明白人，不知道这是常态的人胡作妄为，必会招来凶险。了解这个不变的规律的人会变得宽容，能宽容自然能大公无私，坦然大公才能为王，才能代表天，才能认识、接近"道"这个宇宙万物生生不息的根源。"道"是永久的，生命是有周期的；"道"就像精神信仰，没有身体也不会消失。）

第十七章：太上，下知有之；其次，亲而誉之；其次，畏之；其次，侮之。信不足焉，有不信焉。悠兮，其贵言。功成事遂，百姓皆谓"我自然"。（译文：最高明的统治者，人民只知道他存在，却感受不到他的管理；次一级的统治者，人民都觉得他可亲，都想赞誉他；再次的统治者，人民畏惧他；更次的统治者，人民轻蔑他。统治者的威信不足，人民自然不会相信他。好的统治者施政，态度悠闲自在，但发言极具分量。当事情办成了，老百姓会认为"我们本来就是这样的"。）

第十八章：大道废，有仁义；慧智出，有大伪；六亲不和，有孝慈；国家昏乱，有忠臣。（译文：大道被抛弃了，才彰显出仁义的重要。社会变得机巧发达了，就有人弄虚作假了。父子、兄弟、夫妻不和的时候，人们自然感受到孝和慈的缺席；国家昏乱的时候，才显出忠臣的可贵。）

《道德经》所提倡的无为而治，虽然有很多可取的地方，但在老子之后的

第五章
第一次大思潮：中国哲理思想体系的确立

约两千五百年的现代社会里，在帝国主义与资本主义泛滥的价值观中，早已不合时宜。无为而治是理想中的理想，但能提供这种治理条件与环境的社会，却从未出现过。

中国人对社会管治的哲理尝试，从尧舜时期的"禅让"与"中华十六字心法"的传承开始就一直没有停过。周朝的《礼记》记录了当时的统治者希望通过"礼"与"乐"管治国家的尝试。礼乐文明的基础是通过分析人的七情六欲和感情需要来设计的，是以通过社会群体的力量，在所有人都能认同的共同利益和规矩前，规范个人的社会义务与权利。问题的关键在人性。重点找到了，可是克服人性丑恶的社会道德力量无法维持社会的稳定，更不要说改良人性了，结果是"礼崩乐坏"，国家大乱。

《道德经》可取的地方，可能不在社会治理方面，而在它对宇宙的哲理探索，对零和一的看法，对无和有的解释，对阴和阳的理解，对宇宙万物的审视等。

我们不妨用"太极鱼图"来解释这一现象。在图中，当黑鱼的白眼变小到不能见，又或是白鱼的黑眼化为乌有时，这并不表示无眼，只不过是我们看不到而已，到我们看见的时候，就是无中生有。黑鱼与白鱼在颜色上的相互渗透与变换，是一个此消彼长的问题。毛泽东在他的《矛盾论》和《论持久战》里都有着很精辟的分析与讨论。当白鱼的白色全被黑色代替时，它就变成黑鱼，本来的黑鱼也就变成白鱼。这是一个你中有我、我中有你的哲理问题，不管我们认识到还是认识不到，它都存在。

在老子生活的时空里，能够把视而不见、听而不闻、摸而不得的"夷""希""微"混而为一来解释我们不知道的天地来源，是难能可贵的。离我们最远最大的是一"极"，离我们最近最小的又是一"极"，大概都是夷、希、微混而为一的结果。既然当时我们无法再进一步解释，那就不如专注为两极之间的事情找答案。

人啊，认识你自己！
—— 人类两次大思潮运动

5.4　儒家四书

孔子说："知之为知之，不知为不知，是知也。"这是一句多么平实、不带半点虚假的话啊，与一些故弄玄虚的言论截然不同。对于生死问题，孔子说："未知生，焉知死？"态度同出一辙，明确、坚定而务实。至于"樊迟问知。子曰：务民之义，敬鬼神而远之，可谓知矣"。（樊迟问孔子怎样才算是智，孔子说，致力于服务民众的义举，尊敬鬼神但要远离它，就可以说是智了。）孔子提倡"有教无类"，被世人尊为"万世师表""至圣先师"。

"四书"是儒家的重要典籍，分别为《大学》《中庸》《论语》《孟子》。《大学》是入门，为修读儒家的经典破题；《中庸》立论，指出为人应持的立场，该走的大道；《论语》收集的是孔子与弟子的对话、民本思想的智慧与警语；《孟子》则是孟子与所见诸人的对答，也是充满智慧、饱含仁爱思想的。

（一）《大学》

既然谈儒家哲学，我们就从《大学》开始，看看它的哲学体系是如何构建起来的。

《大学》本为《礼记》中的第四十二篇，在南宋以前从未单独刊印。相传为孔子弟子曾参（前505—前434年）所作。北宋二程称其为"初学入德之门"，到南宋朱熹把《大学》从《礼记》中抽出，与《论语》《孟子》《中庸》并列，成为"四书"之一。

"大学之道，在明明德，在亲民，在止于至善。"这是破题的第一段，说明要学大人之学（一般大学入学年龄在十五岁以上），要明白做人的道理，就要

第五章
第一次大思潮：中国哲理思想体系的确立

明白什么是光明正大的品德、德行，要推己及人，与人为善，要做到对所有人都心存爱意，不生恶念才止。一个人如果能做到这一点，能不受其他人的爱戴吗？当所有人都尝试着、学习着这样做，社会能不和谐太平吗？这就是做人的大道理，也是中国人的做人哲学。

"知止而后有定，定而后能静，静而后能安，安而后能虑，虑而后能得。"第二段教我们思考的方法，共有七个阶段。首先是知道什么时候该停下来，收敛心神进入"定"的境界，只有这样身边的嘈杂才能静下来。当烦乱消失，我们的心境才能得到安宁，心安了思考问题时便有了层次。能过滤得失，然后才有所得。我们做人可以难得糊涂，可不能不懂理。如今，每个人可以储存的信息有限，同时受到身旁和社会上诸多人等以及众多传媒信息交杂的影响，在短时间内理出一个合乎逻辑的、接近事实的结论来并不是件容易的事。所以，社会上随波逐流的人多，以讹传讹、受人蛊惑、谣言乱飞的现象更是屡有发生。第二句的方法就是教我们怎样做到心安理得。

第三段："物有本末，事有终始，知所先后，则近道矣。"物是有本源、有终端的，可是这个自然现象的两个极端要引申下去，就是有无、生死的问题了，我们实在是不甚了解。但抛开这样的极端不说，我们能搞清楚事物的先后顺序，已经是很接近真理了。

第四段："古之欲明明德于天下者，先治其国；欲治其国者，先齐其家；欲齐其家者，先修其身；欲修其身者，先正其心；欲正其心者，先诚其意；欲诚其意者，先致其知；致知在格物。"这句话对应第三段，把破题的第一段捋出个先后。于是，我们知道要先把国家治理好，大家才能明白什么是好的道德；要治好国家，首先要把家里的事务整理有条；要把家庭事务处理好，我们要先学会管理好自己，做一个有修养的人；要学会修身首先人心得正，那就是正直、正气、公正；怎么样做到心正呢？首先要具备真诚的意念，不虚伪、不造作；

人啊，认识你自己！
—— 人类两次大思潮运动

要做到意诚，首先得知道正确的学习方向，了解足够的知识；至于怎样才能找到正确的方向和知识呢？就在格物，意思是仔细观测、研究事物，做学问的人越是细心认真，他们研究事物一定越细致。

第五段："物格而后知至，知至而后意诚，意诚而后心正，心正而后身修，身修而后家齐，家齐而后国治，国治而后天下平。"这一段基本上是第四段的重复，不过是把语句顺了过来，达到了知先后的目的。

第六段："自天子以至于庶人，壹是皆以修身为本。其本乱而末治者，否矣；其所厚者薄，而其所薄者厚，未之有也。此谓知本。此谓知之至也。"既然是人的哲学，那自然得从人的修养、发扬人的良知和人性的管控方面入手。本来所有人都是平等的，但权力、财富集中在少数人手里打破了平等，要找回适当的平衡，我们还得从人性和品德方面入手。所以，第六段一开始便阐明，不管权力高低、身份尊卑，一律都得从修身做起。这与事物的本末略有不同，是人在道德、良知方面的本末关系。因此，在修身方面出了乱子而在其他方面不出乱子并且能把国家治理好的，是没有的事。也就是说，不在该着力的地方用功，而在无用的地方发力，是不可能成功的。这就是问题的根本，能明白这点就知道人性最重要的问题根源在哪里了。

《大学》的重要论点，简洁明快。后文便是借用众多的例子来解释这些道理。

第七段："所以诚其意者，毋自欺也。如恶恶臭，如好好色，此之谓自谦。故君子必慎其独也。小人闲居为不善，无所不至；见君子而后厌然，掩其不善，而著其善。人之视己，如见其肺肝然，则何益矣？此谓诚于中，形于外。故君子必慎其独也。"

第七段解释的是"诚其意"，意思是不要欺骗自己，口是心非，比如，厌恶恶臭的气味，喜欢漂亮的物品，一切都发自内心。所以，品德高尚的人在独处的时候要谨慎小心。品德低下的人在私下里无恶不作，见到品德高尚的人就躲躲闪闪，做了坏事尽量掩盖，稍有点儿好的行为便自吹自擂。殊不知别人看他们，就像能看透他们的心肝脾肺一样，掩饰又有什么用呢？内心的感觉都会诚实地反映到表面上来，装是装不来的。所以，品德高尚的人在独处的时候一定要谨慎小心。

后面的案例和解释还有很多。就这样，一条一条精辟的理论，一个一个直透人心的案例，树立了儒家伦理道德的哲学体系，树立了儒家的民本思想。

(二)《中庸》

《中庸》是《礼记》的篇目之一，在南宋以前从未单独刊印，相传为战国时孔子之孙子思所作。"中庸"主张处事不偏不倚，认为过犹不及，是儒家核心的理论基础。全书集中讲述性情与道德修养，肯定"中庸"是人的行为的最高准则，提出"至诚无息"，以"博学之，审问之，慎思之，明辨之，笃行之"的学习过程来达到这个目的。

"中庸之道"发展到后来变成了"各打五十大板"的息事宁人的自保心态，几乎成了迂腐、缺乏个性、走中间路线、不思进取的代名词。但细读《中庸》，你就会发现这种观点有失偏颇。《中庸》通篇都在告诫我们要"至诚至性，率性而为，行乎当行，止乎当止"，并且不厌其烦地列举例子来表扬"圣人之道"。"上不怨天，下不尤人""凡事豫则立，不豫则废"等都是篇中内涵丰富的思想，可见"中庸之道"是有远见、有底线的，绝对不是一些人想象中那种软骨头的"姑息主义"，更不是窝窝囊囊的"阿Q精神"。

从自然科学的角度看，每一条抛物线都有一个最高点，"中庸之道"好比在每条抛物线的上升段中找到最合适自己观察事物的点。如果说转折点前代表的是与自己思想接近的观点，转折点后代表的则是不再那么和谐的其他观点。那么在转折点也就是居中的点位上看事物，不偏不倚的可能性会是最大的。不过我们都是在这个点位之前或之后看事,要靠近这个点位可不容易。"这个高度代表一个人高瞻远瞩的能力。不主动努力学习和刻意磨炼自己的人是不可能高瞻和客观的。"①

《中庸》的开篇是这样的:"天命之谓性,率性之谓道,修道之谓教。"也就是说,合乎天命的就是合乎人性的,顺着纯真的本性行事叫"道",顺着道修养自己德行的是"教"。

第二段:"道也者,不可须臾离也;可离非道也。是故君子戒慎乎其所不睹,恐惧乎其所不闻。莫见乎隐,莫显乎微,故君子慎其独也。"这一段强调君子不可片刻与道分离,然后细说"慎独"的道理。

第三段:"喜怒哀乐之未发,谓之中;发而皆中节,谓之和。中也者,天下之大本也;和也者,天下之达道也。致中和,天地位焉,万物育焉。"这一段解释什么是"中",什么是"和",以及达到"中和"后世界是怎么样的。

第四段:"仲尼曰:'君子中庸,小人反中庸。君子之中庸也,君子而时中;小人之中庸也,小人而无忌惮也。'子曰:'中庸其至矣乎!民鲜能久矣!'"有了前三段的铺垫,孔子开始解释"中庸":君子随时都保持中庸的心态,小人肆无忌惮的行为则置中庸于不顾。所以孔子说,中庸是一个人所能做到的最好行为了,只是人民缺乏这种能力很久了。

接下来便是通过众多例子来解释"中庸之道",那就是在事理的立场上,君子应该做到不偏不倚,无私心;在处理事情时,君子应该在感情境界上致中和。

(三)《论语》

《论语》开篇的第一句是:"子曰:'学而时习之,不亦说乎?有朋自远方

---

① 罗铭泉.文明的脾性[M].北京:中国民主法制出版社,2017.

第五章
第一次大思潮：中国哲理思想体系的确立

来，不亦乐乎？人不知而不愠，不亦君子乎？'"《论语》是孔子与弟子们谈话的记录，通篇充满智慧，都是针对人性和如何改良自己有感而发的，是学以致用的人生哲学，而不是空洞的警语。儒家哲学层次分明，是循序渐进的，学做人就得从修身做起，那么"学而时习之"就是必然的起步点。

有关修身，学习是起步，但人的弱点多，要做好修身并不容易，不过要找一些关键词不难。

《颜渊第十二》："仲弓问仁。子曰：'出门如见大宾，使民如承大祭。己所不欲，勿施于人。在邦无怨，在家无怨。'仲弓曰：'雍虽不敏，请事斯语矣。'"其中，"己所不欲，勿施于人"是整段的关键词，是画龙点睛之作，可视为我们修身的圭臬，如果人人都能做到这一点，就算人的表达水平参差不齐，世界也会和谐多了。

有关修身的答问还有很多，如，子曰："巧言令色，鲜矣仁！"意思是说，阿谀奉承的话哪里容得下仁啊。

曾子曰："吾日三省吾身：为人谋而不忠乎？与朋友交而不信乎？传不习乎？"意思是说，我们每天都要自己检讨自己三次，替人办事是否尽心尽力了，与朋友交往是否诚实守信了，对老师传授的功课是否用心复习了。

子曰："吾十有五而志于学，三十而立，四十而不惑，五十而知天命，六十而耳顺，七十而从心所欲，不逾矩。"意思是，我十五岁时立志学习，三十岁成家立业，但很多事情是到四十岁才明白。五十岁时，我知道万事都有天命，六十岁时什么话都能够听进去。活到七十岁，生理上自然受到诸多限制，剩下不多的行为能力应该可以随心所欲了，但也不能逾越法度和规矩。简单数句便把人的一生随着时间推移该做的事、能做的事高度概括了。立志向学是第一句，也是最关键的一句。

子夏问孝。子曰："色难。有事，弟子服其劳；有酒食，先生馔，曾是以为孝乎?"意思是,对父母保持和颜悦色最难。至于有事代劳,有好吃的先给父母,你们以为这就是孝了吗?

子曰:"学而不思则罔,思而不学则殆。"意思是,不动脑筋的学习是不可能透彻的,会令人迷惘;但只知道动脑筋胡思乱想而又不好好学习的就容易犯错误,那是危险的。

子曰:"人而无信,不知其可也。"意思是,没有信用的人可以做什么呢?也就是说,没有信用的人是很难立身处世的。

子曰:"德不孤,必有邻。"意思是说,有道德的人是不会被孤立的,他必定会有朋友。

孔子有教无类,门生众多,其中孔门七十二贤以颜回(字子渊)为首。颜回十三岁拜孔子为师,终生师事之,是孔子最得意的门生。他曾喟然叹曰:"仰之弥高,钻之弥坚。瞻之在前,忽焉在后。夫子循循然善诱人,博我以文,约我以礼,欲罢不能。既竭吾才,如有所立卓尔。虽欲从之。末由也已。"

这是一个门生对老师的看法,让我们可以从侧面理解孔子的为人。其文义是,越仰望越觉得高不可攀,越钻研越觉得深不可测;眼看着他在前面,忽然又在后面出现了。老师就是这样循循善诱地教导人,用广博的文化知识充实我,用相关的礼节来约束我,使我想停止也停不下来。我已尽了自己的最大努力,老师渊博的学问好像仍然在前面与我保持距离,想要追随它前进,又不知如何是好。

子曰:"吾未见好德如好色者也。"孔子说,他没有见过人好德的意欲就像好色那样强烈。这也是我们需要修身的原因。

子曰:"后生可畏,焉知来者之不如今也?四十、五十而无闻焉,斯亦不足畏也已。"意思是说,我们要尊重年轻人,因为我们怎么可能知道他们将来就不如今天的我们呢?况且四五十岁的人如果在事业上仍未有所建树,将来的成

第五章
第一次大思潮：中国哲理思想体系的确立

就恐怕也大不到哪里去。

子曰："三军可夺帅也，匹夫不可夺志也。"意思是说，你可以除掉三军的将帅，但不可以败坏一个人的志气。

子曰："岁寒，然后知松柏之后凋也。"天严寒以后，才知道松柏是最后落叶的。意思是说，事情不到最后，成败对错都没有定论。

子曰："可与共学，未可与适道；可与适道，未可与立；可与立，未可与权。"意思是说，可以一起学习，未必可以志同道合；可以志同道合，未必可以一起立业；可以一起立业，未必可以一起共享荣华富贵。

颜渊问仁。子曰："克己复礼为仁。一日克己复礼，天下归仁焉。为仁由己，而由人乎哉？"颜渊曰："请问其目。"子曰："非礼勿视，非礼勿听，非礼勿言，非礼勿动。"颜渊曰："回虽不敏，请事斯语矣。"颜渊问什么是仁。孔子说，约束自己，使言语行动都合于礼，这就是仁。一旦约束自己而使言语行动都合乎礼，天下也就归依于仁了。修养仁德全靠自己，难道能靠别人吗？颜渊问具体细节。孔子说，不符合礼的不看，不符合礼的不听，不符合礼的不说，不符合礼的不做。颜渊说，我虽然迟钝，但请放心我会按您的话做的。

司马牛忧曰："人皆有兄弟，我独亡。"子夏曰："商闻之矣：死生有命，富贵在天。君子敬而无失，与人恭而有礼，四海之内，皆兄弟也。君子何患乎无兄弟也？"司马牛忧愁地说，别人都有兄弟，只有我没有。子夏说，我听说过：生死有命运主宰，富贵在于天意。君子敬慎而没有过失，待人谦恭有礼，天下的人都是自己的兄弟。君子何愁没兄弟呢？

子贡问政。子曰："足食，足兵，民信之矣。"子贡曰："必不得已而去，于斯三者何先？"曰："去兵。"子贡曰："必不得已而去，于斯二者何先？"曰："去食。自古皆有死，民无信不立。"子贡问怎样处理政事。孔子说，备足粮食，充实军备，老百姓对政府就信任了。子贡说，如果迫不得已要去掉一项，

人啊，认识你自己！
—— 人类两次大思潮运动

在这三项之中去掉哪一项呢？孔子说，去掉军备。子贡又问，如果迫不得已还要去掉一项，在这两项之中又去掉哪一项呢？孔子回答说，去掉粮食。因为自古以来谁也免不了一死，没有粮食不过是饿死罢了，但一个国家得不到老百姓的信任就要垮掉。

子张问崇德辨惑。子曰："主忠信，徙义，崇德也。爱之欲其生，恶之欲其死。既欲其生，又欲其死，是惑也。'诚不以富，亦只以异。'"子张问怎样才能提高品德、辨别迷惑。孔子说，坚持忠诚和信用，唯义是从，这就可以提高品德。对同一个人，爱的时候希望他长命，厌恶的时候又希望他早死，既要他生又要他死，这就是困惑。难道诚信不就是财富吗？只不过是主观的愿望变化而已。

季康子问政于孔子曰："如杀无道，以就有道，何如？"孔子对曰："子为政，焉用杀？子欲善而民善矣。君子之德风，小人之德草。草上之风，必偃。"季康子向孔子问政说，如果杀掉无德的坏人，从而亲近有德的好人，怎么样？孔子回答说，您治理国政，怎么用杀戮呢？只要您一心向善，老百姓也就会跟着向善。领导者的德行好比风，老百姓的德行好比草，草受风吹，必然随风倒。

我们从《论语》中抽选出来以上的断章片语，内容有限，但已粗略勾勒出一个孔子追求的理想社会的精神轮廓。以上话题涉及我们生活中的方方面面，但总体穿插的都是"仁、义、礼、智、信"这些儒家的核心价值观，其中又有很多细节是教导我们如何做好自己，如何立身处世，如何慎独交友。我们通过眼睛看世界，很容易会把所有问题指向他人、指向社会、指向世界，但我们看不到自己，做事难免有所偏颇，所以我们得从修身做起。其实影响、改变别人很难，但管控自己是力所能及的事，应该更容易些。但事实上，大部分人都舍近图远，总是把目光盯向他人。当每个人都把自己管好了，那就具备了最基本的德行，人的关系理顺了，社会就和谐了。

（四）《孟子》

孟子，名轲，邹国（今山东邹城东南）人，是孔子之后、荀子之前的儒家学派的代表人物。孟子宣扬"仁政"，最早提出"民贵君轻"思想，元明时期被追封为"亚圣"。

孟子的言论著作收录于《孟子》，共七篇，一般认为是孟子及其弟子万章、公孙丑等人共同编著的。其中，《鱼我所欲也》《得道多助，失道寡助》《寡人之于国也》《生于忧患，死于安乐》《富贵不能淫》等篇编入中学语文教科书。

《孟子》第一篇是《梁惠王上》。孟子见梁惠王。王曰："叟！不远千里而来，亦将有以利吾国乎？"孟子对曰："王何必曰利？亦有仁义而已矣。王曰：'何以利吾国？'大夫曰：'何以利吾家？'士庶人曰：'何以利吾身？'上下交征利而国危矣。万乘之国，弑其君者，必千乘之家；千乘之国，弑其君者，必百乘之家。万取千焉，千取百焉，不为不多矣。苟为后义而先利，不夺不餍。未有仁而遗其亲者也，未有义而后其君者也。王亦曰仁义而已矣，何必曰利？"（译文：孟子拜见梁惠王。梁惠王说："老先生，你不远千里而来，一定是有什么对我国家有利的吧。"孟子回答说："王何必说利呢，只说仁义就行了。王说：'怎样使我的国家获利？'大夫说：'怎样使我的家庭获利？'其他人士和老百姓说：'怎样使我自己获利？'结果是上下互相争夺利益，国家就危险了！一个拥有一万辆兵车的国家，杀害他国君的人，一定是拥有一千辆兵车的大夫；一个拥有一千辆兵车的国家，杀害他国君的人，一定是拥有一百辆兵车的大夫。在国君有一万辆兵车的国家里拥有一千辆，在国君有一千辆兵车的国家里拥有一百辆，这些人拥有的不可谓不多。不过话虽如此，如果把义放在后而把利摆在前，这些人不夺得国君的地位是永远不会满足的。反过来说，从来没有讲'仁'的人抛弃父母，从来也没有讲义的人不顾君王。所以，王只说仁

人啊，认识你自己！
—— 人类两次大思潮运动

义就行了，何必说利呢？"）

这是《孟子》一书开卷的第一篇，也是最精彩的一篇，把人类的贪婪和对利益的重视刻画得入木三分，在平实中娓娓道来，一直到21世纪的今天，文章中对义与利一针见血的分析和它的道德感染力仍未褪色。

孟子对人心也有很精彩的分析。孟子曰："人皆有不忍人之心。先王有不忍人之心，斯有不忍人之政矣。以不忍人之心，行不忍人之政，治天下可运之掌上。所以谓人皆有不忍人之心者，今人乍见孺子将入于井，皆有怵惕恻隐之心。非所以内交于孺子之父母也，非所以要誉于乡党朋友也，非恶其声而然也。由是观之，无恻隐之心，非人也；无羞恶之心，非人也；无辞让之心，非人也；无是非之心，非人也。恻隐之心，仁之端也；羞恶之心，义之端也；辞让之心，礼之端也；是非之心，智之端也。人之有是四端也，犹其有四体也。有是四端而自谓不能者，自贼者也；谓其君不能者，贼其君者也。凡有四端于我者，知皆扩而充之矣，若火之始然，泉之始达。苟能充之，足以保四海；苟不充之，不足以事父母。"（译文：孟子说："每个人都有怜悯体恤别人的心情。先王由于怜悯体恤别人的心情，所以才有怜悯体恤百姓的政治。用怜悯体恤的心情管治老百姓，治理天下就会像一切都在掌握之中那样容易。我们说每个人都有怜悯体恤别人的心情，是因为如果今天有人突然看见一个小孩要掉进井里面，他必然会产生惊惧同情的反应，这不是因为想要去和这孩子的父母拉关系，不是因为想要在乡邻朋友中邀功，也不是因为厌恶这孩子的哭叫声。由此看来，没有同情心的不是人；没有羞耻心的不是人；没有谦让心的不是人；没有是非心的不是人。同情心是仁的开始；羞耻心是义的开始；谦让心是礼的开始；是非心是智的开始。只要人心中这四种感觉开始了，就像我们有四肢一样。有了这四种感觉却觉得自己不行的，是自暴自弃的人；认为他的君主不行的，是害君主的人。凡是在心里开始有这四种感觉的人，都要扩大充实它们，就像火刚刚开始燃烧，泉水刚刚开始流淌。如果四心能够得到充实，那就足以安定天下，如果不能得到充实，就连赡养父母都成问题。"）

"儒家四书"概括了孔子一生传扬的仁爱观念，涵盖了孔子门生、传人等众人的集体智慧，当然也包括孟子"民为贵，社稷次之，君为轻"的民本思想，为中国的人文思想在中华文明历史长河中的长期全面发展铺平了路，其间虽屡经周遭蛮族的冲击破坏与外来入侵野蛮文化的不断打压，有过忧患与妄自菲薄，但它却总能厚德载物、自强不息、重新振作，这种价值观已经深深地融入中国人的生活中并上升为一种信仰。

儒家学说从一开始便排除鬼神的观点，也不提宇宙，直接就务实地把人引导到一个有伦理道德、有良知、有爱心的现实中去。它触及的多是看不见摸不着的人的内心世界，是人之所以为人的最主要原因。没有道德伦理、没有良知爱心的心，只是动物的心而不是人心。作为万物之灵的人，从平凡而且一般的动物物种进化到地球所有物种中的最高层，没有团结友爱的心是不可能做到的。这就是孟子的四心，用《论语》的一句话来概括，就是"己所不欲，勿施于人"；用两句话来概括就是"老吾老以及人之老，幼吾幼以及人之幼"。如果要把应用范围扩大到全球，在上面两句话的基础上我们应该加上子夏这段："死生有命，富贵在天。君子敬而无失，与人恭而有礼，四海之内，皆兄弟也。"这样的文明、这样的世界，应该是世人憧憬的。

一个入世的人文哲学体系的确立，除了论述其要达到的目的外，更要有教导人们修身的方法。儒家思想是一种入世、实用的人文哲学，其目的是教导人们摒弃不健康的内心活动，压制人性中不良的私念，克服人心永远无法满足的欲望，减少人与人之间并不需要的冲突因素，达到一个可以和谐生活的社会，儒家做到了这一点。中国人好静，也确实从静中悟出不少人生的哲理，这与很多其他文明好动、好斗的特性不一样。

从《礼记》到《周易》，从《老子》到《论语》，我们的祖先为中华文明的人文哲理部分开辟了一条康庄大道，很多其他方面的思想，如医药、武术、军事、音乐以及社交方面的待人接物、礼尚往来等，无不贯彻着儒家与人为善的中心思想。

5.5 《孙子兵法》

世界上最早的军事著作《孙子兵法》共十三篇，分别为一《始计篇》、二《作战篇》、三《谋攻篇》、四《军形篇》、五《兵势篇》、六《虚实篇》、七《军争篇》、八《九变篇》、九《行军篇》、十《地形篇》、十一《九地篇》、十二《火攻篇》、十三《用间篇》。

《始计篇》讲的是庙算，即出兵前在庙堂上比较敌我的各种条件，估算战事胜负的可能性，并制订作战计划。《作战篇》讲的是庙算后的战争动员及取用于敌。《谋攻篇》是以智谋攻城，以少杀伤，少用武为主。以上是战略运筹部分。

《军形篇》讲的是战斗力的强弱和战争的物质准备。《兵势篇》讲的是兵力的配置、士气的勇怯等。《虚实篇》讲的是如何通过包围迂回达到在战场上以多胜少的效果。此三篇是作战指挥。

《军争篇》讲的是如何"以迂为直""以患为利"，夺取会战的先机。《九变篇》讲的是将军如何根据战场情况采用战略战术。《行军篇》讲的是如何在行军中宿营和观察敌情。此三篇讲的是战场机变。

《地形篇》讲的是六种不同的作战地形及相应的战术要求。《九地篇》讲的是依"主客"形势和深入敌方的程度等九种作战环境及相应的战术要求。此两篇讲的是军事地理。

《火攻篇》讲的是以火助攻。《用间篇》讲的是五种间谍的配合使用。

书中的语言叙述简洁，字里行间流淌着中华文明特有的悲天悯人的人文色彩，散发着民本主义的哲理思想，不难看出其与华夏其他哲学体系有着一脉相承的关系，为后来的将领树立了用兵的典范。

《孙子兵法》开章明义的第一篇是《始计》。

孙子曰：兵者，国之大事，死生之地，存亡之道，不可不察也。故经之以五事，校之以计，而索其情：一曰道，二曰天，三曰地，四曰将，五曰法。道者，令民与上同意也，故可以与之死，可以与之生，而不畏危。天者，阴阳、寒暑、时制也；地者，高下、远近、险易、广狭、死生也；将者，智、信、仁、勇、严也；法者，曲制、官道、主用也。凡此五者，将莫不闻，知之者胜，不知者不胜。故校之以计，而索其情，曰：主孰有道？将孰有能？天地孰得？法令孰行？兵众孰强？士卒孰练？赏罚孰明？吾以此知胜负矣。

将听吾计，用之必胜，留之；将不听吾计，用之必败，去之。

计利以听，乃为之势，以佐其外。势者，因利而制权也。兵者，诡道也。故能而示之不能，用而示之不用，近而示之远，远而示之近；利而诱之，乱而取之，实而备之，强而避之，怒而挠之，卑而骄之，佚而劳之，亲而离之。攻其无备，出其不意。此兵家之胜，不可先传也。

夫未战而庙算胜者，得算多也；未战而庙算不胜者，得算少也。多算胜，少算不胜，而况于无算乎！吾以此观之，胜负见矣。

译文：孙子说：战争是一个国家的头等大事，关系到军民的生死，国家的存亡，是不能不慎重研究的。因此，必须通过对敌我双方五个方面的分析，然后再审慎思考其余的条件，找出各方的利弊来预测战争胜负的可能性。

人啊，认识你自己！
—— 人类两次大思潮运动

这五个方面是：政治、天时、地势、将领、制度。政治，第一是令君主和民众意志统一，目标相同，可以同生共死而不惧怕危险。第二是天时，指昼夜、阴晴、寒暑、四季更替。第三是地势，指地势的高低，路程的远近。包括地势的险要、平坦与否，战场的广阔、狭窄，是生地还是死地等地理条件。第四是将领，指将领要足智多谋，赏罚有信，对部下真心关爱，勇敢果断，军纪严明。第五是制度，指组织结构、责权划分、人员编制、管理制度、资源保障与调配等。这五个方面的详情，将领都必须深刻了解。了解就能胜利，否则就不能胜利。根据以上条件，通过对双方各种情况的考察分析与比较，从而预测战争胜负。哪一方的君主得民心？哪一方的将领更有能力？哪一方占有天时地利？哪一方更能法到令行？哪一方资源更丰富，装备更精良，兵员更充足？哪一方的士兵训练更有战斗力？哪一方的赏罚更公正严明？通过这些比较，就能推算谁胜谁负了。

将领听从我的计策，用他必胜，他就留下；将领不听从我的计策，用他必败，我就不用他。拟定了有利于克敌制胜的计策后，还要创造一种势态，作为协助我方军事行动的外部条件。势，就是掌握我方的有利条件去创造、谋求战争主动权。用兵作战，是诡诈的门道。因此，有能力而装作没有能力，要攻打而装作不攻打，欲攻打近处却装作攻远，攻打远处却装作攻近。对方贪利就用利益诱惑他，对方混乱就趁机攻取他，对方强大就要防备他，对方暴躁易怒就可以撩拨他使其怒而失去理智，对方自卑而谨慎就使他骄傲自大，对方体力充沛就使其劳累，对方内部亲密团结就挑拨离间，要攻打对方没有防备的地方，在对方没有料到的时机发动进攻。这些都是军事家克敌制胜的诀窍，不可先传泄于人也。

在战前根据详细分析我方能胜的，胜利的把握就大一些；战前分析没有那么详细而结论是不能胜的，胜利的把握就小了。仔细分析获胜机会多，不详细分析失败的概率就大,至于那些连分析都不做的就更不用说了!我从这个角度看,胜负早就分明了。

《孙子兵法》开篇便点出战争的残酷性。一个民族如果能在"兵者,国之大事,死生之地,存亡之道"中保持冷静,事事以民为本,处处为民请命,这样一种文明,如果没有坚实的仁义礼爱、伦理道德基础,是不可能这样豁达的。亚述帝国军事思想的嗜血与残酷,就是一个典型的反面例子。这是中华文明与其他文明重要的不同点。

《孙子兵法》很多地方都充斥着人文思想,如第三篇《谋攻第三》。孙子曰:夫用兵之法,全国为上,破国次之;全军为上,破军次之;全旅为上,破旅次之;全卒为上,破卒次之;全伍为上,破伍次之。是故百战百胜,非善之善也;不战而屈人之兵,善之善者也。故上兵伐谋,其次伐交,其次伐兵,其下攻城。攻城之法,为不得已。

这一篇十分浅白,通篇都是与人为善的思想。不管是城池还是苍生,都是以全为上,破之为次。就算每一次打仗都能获胜,但总得要死人,不是最好的结果。不战而屈人之兵才是最上乘的兵法。我们不妨细想一下,能够做到不损伤人命就取得战争胜果,确实是够费思量的了,看来只有极度强大而无私欲的国家才有可能做到。

当然,我们也知道只守不攻并非上策。第四篇《军形》就有相关论述:"不可胜者,守也;可胜者,攻也。守则不足,攻则有余。"

进攻也有讲究,《火攻篇》提道:"孙子曰:主不可以怒而兴师,将不可以愠而致战。合于利而动,不合于利而上。怒可以复喜,愠可以复悦,亡国不可以复存,死者不可以复生。故明君慎之,良将警之。此安国全军之道也。"

现在说到最关键的问题——人。作为国家元首,是不能因为愤怒而兴师动众的;作为将军,也不可以因生气而攻打敌人。因为愤怒之后可以重获欢愉,生完气了也可以开心起来,但是国家亡了就没国家了,人死了也不能复活。所以,贤明的元首对战事都很谨慎,优良的将军对开战也是心怀警惕的,这是国家得以安稳、军队得以维持的道理啊。

《孙子兵法》是一部军事著作,却又处处提醒人们打仗不是好事,只要有万分之一的机会就应该避免,因为人的生命可贵,这都是中华文明的传统价值观在起作用。

5.6 法家

法家,诸子百家之一,是中国历史上提倡以法治为核心思想的重要学派,以富国强兵为己任,《汉书·艺文志》将其列为"九流"之一。法家不是纯粹的理论家,而是积极入世的行动派。法家思想包括的方面很多,有伦理、社会、政治、法律等。

法家思想最早可追溯到夏商时期的理官,但其成熟在战国时期。春秋、战国也称之为刑名之学,经过管仲、士匄、子产、李悝、吴起、商鞅、慎到、申不害、乐毅、剧辛等人的大力发展,遂成为一个学派。

在早期中国的传统法治文化中,齐国的法治思想独树一帜,被称为齐法家。齐国是"功冠群公"的西周王朝开国功臣姜太公的封国,姜太公的祖先伯夷辅佐虞舜,制礼作教,立法设刑,创立礼法并用的制度。太公封齐,简礼从俗,法立令行,礼法并用,传承不废。管仲辅佐齐桓公治齐,一方面将礼义廉耻作为治国纲领;另一方面强调以法治国,君臣上下皆从法,成为中国历史上第一个提出以法治国的人。至战国时期,齐国成为中国历史上第一次思想解放

第五章
第一次大思潮：中国哲理思想体系的确立

运动和百家争鸣的策源地，继承弘扬管仲思想的一批稷下先生形成了管仲学派，为先秦法家的最高成就。

法家对儒家对待"礼"和"法"的态度不以为然，双方进行了激烈的辩论，其中法家代表人物大都源自三晋大地，从中华法系第一部成文法典的著者李悝，到"礼法并重、邢德并举"的荀况，再到"刑过不避大臣，赏善不遗匹夫"并且提出权力制约理论的韩非，以及吴起、商鞅、慎到等。他们的法治精神和思想共同构成三晋法家文化的精髓，为中华法系的形成和发展作出了杰出的贡献。

战国时期，法家主要分为齐法家和秦晋法家两大阵营。秦晋法家主张"不别亲疏，不殊贵贱，一断于法"；齐法家主张以法治国，法教兼重；秦晋法家奉法、术、势为至尊与圭臬，齐法家既重术、势，又重法、教。

秦晋法家的创始人之一李悝，任魏文侯相，提倡"尽地力之教"，主张大力发展农业生产，调整租谷，创"平籴"法，兼顾农人与市民的利益。他还收集当时诸国刑律，编成《法经》六篇。《法经》为中国古代第一部较为完整的法典。与李悝同时期的吴起先在魏国进行兵制改革，后又在楚国进行政治改革，"明法审会，捐不急之官"，"使封君之子孙三世而收爵禄"，打破旧贵族的世卿世禄制，强迫旧贵族徙边垦荒，奖励"战斗之士"。后来，商鞅在秦实行两次变法，主要内容是：开阡陌封疆，废除井田制度；承认土地私有，奖励农战，凡勤于耕织而多缴粟帛者可改变原来身份；有军功者可授以爵位；实行郡县制；主张用严刑重罚以杜绝犯罪。但是他排斥道德教化，轻视知识文化的作用。他用发展的观点看待历史，提出"反古者不可非，而循礼者不足多"，"治世不一道，便国不法古"。

战国末期，韩非集法家之大成进行社会改革，著有《韩非子》一书。他认为，人类历史是发展变化的，所以应该根据当时的社会实际来制定政策，仁

人啊，认识你自己！
—— 人类两次大思潮运动

义只适用于古代，而当今必须依靠严刑峻法。他又认为，法、术、势三者必须并重；法固然重要，但君主要有一定的权术和威势，否则法令难以贯彻。他认为，人的本性是趋利避害的，因此治国就离不开刑、赏，而且用刑越严越好，但必须公平公正，否则无以服众，所以他强调"不别亲疏，不殊贵贱，一断于法"。简简单单的十二个字便已把法治精神表达无遗，至于"君臣上下贵贱皆从法""法不阿贵，绳不挠曲""刑过不避大臣，赏善不遗匹夫"，都是法家的精神支柱。

商鞅就是以这样的法家理念管理秦国的，其理念内容并不复杂，主要是诚信和在法律面前人人平等。为了这些看似简单的原则，商鞅吃尽了苦头，他首先以诚信争取到民心，然后以法律的公平赢得国家政治的清明、经济的发达、国力的强大与社会的进步，不过在当时"刑不上大夫，礼不下庶人"的大环境中，商鞅推行的改革是要冒很大风险的。他要推行的不只是法律的公平，还要消灭人类天生的私心的创举；这种私心不但在他要争取的民心中存在，在高位的皇室贵族和高层的国家官员中更为强烈与明显。因为在上位的权势人物，大都认为自己是高人一等的，这就是人性，古今中外莫不如此。

法律文本不代表法家思想的全部，它只代表法律条文应用的现实。人治与法治的分别其实很小，当人心好了，人具备了孟子所说的"四心"，法治的效果会更好实现；要是人心不好，再好的法治又能好到哪里去呢？

法家的精神，在于"诚信"、"法治"与"公平"；也就是说，在于对人性的规范。商鞅在秦孝公的支持下变法的过程就是一个很好的例子。

为了达到富国强兵的目的，秦孝公接受了商鞅的提议，在公元前359年采用法家的方案施行改革，却遇到旧贵族的强大阻力，三年过去成效仍然不大。公元前356年，商鞅接过改革的帅印，秦国改革的步伐才进入"快车道"，很多制度都是在强而有力的推动下得以实现的，得来的成果很多也是在强而有力的监管下得以维持的。就这一点已经说明了人在制度中所起的关键作用。商鞅变法的成功，除了秦孝公的全力支持外，更在于商鞅这个人的能力与魄力。至于法治与人治的关系，法治离不开人治，这一点在商鞅变法中体现得很清楚。

商鞅花了十多年的时间改革，把秦国变得富强起来，以致夜不闭户、路不拾遗，社会秩序也得到很大改善，所以，他的变革是成功的。不过，为了实现"王子犯法与庶民同罪"这个崇高的理想，他得到民心却也得罪了不少权贵。到公元前338年秦孝公去世，商鞅失去了靠山，改革的阻力已不是他个人所能面对的，所以就在同年商鞅也变成了改革的牺牲品，被冠以莫须有的"欲反"罪名以车裂的酷刑处死，落得一个凄惨的下场。所以，商鞅变法又可以说是失败的，毕竟在私心与权力面前，"不别亲疏，不殊贵贱，一断于法"是多么难能可贵的品德啊！当然，为了变法图强，在有限的时间内，使人民全心全意地接受这种崇高品德是不可能的，"修身"这部分的接力棒就只能靠儒家传扬了。

5.7 墨家

墨子，名翟，约生于春秋末年，鲁人，是墨家的创始人。墨家的出现较儒家略晚，但墨家对儒家的一些观点持反对态度。流传至今的《墨子》一书，其中保留着墨子的思想和主张，也有部分为其后学的作品，书中提到的尚贤、尚同、节用、节葬、非乐、非命、天志、明鬼、兼爱、非攻十种主张，是墨学的主要组成部分。墨学带有较强的民本思想，在战国时为显学，但从秦汉开始，

人啊，认识你自己！
—— 人类两次大思潮运动

墨家的某些观点渐被儒家所吸收，其余则因不合时宜而得不到人们的重视，故渐趋于衰落。[①]

墨翟出身木匠，相传他制造的守城器械比鲁班制造的还要巧妙。他的学生大多来自社会底层，直接从事生产劳动与科学研究活动。《墨子》一书共71篇。《韩非子·显学》说："世之显学，儒、墨也。"

《墨辩·经说》指出，物体只有在重力作用下，才会竖直下落。其对杠杆原理的论说，比提出能撬动地球的古希腊人——阿基米德早了200年。在光学方面，墨家最重要的研究是对小孔成像原理的解释。[②] 可见，墨子又是中国物理学的先驱。

因为墨子门生多来自民间，为社会瞧不起的最底层，而且鱼龙混杂，故与儒家的士大夫阶层有很多格格不入的地方。再者，墨家门生中不乏行侠仗义的游侠之士，对社会上一些士大夫的贪赃枉法、草菅人命等不公平现象极度不满，因而铤而走险，做出为民请命、伸张正义的游侠举动，只不过这些都不能在光天化日下发生，于是给墨门蒙上了一层神秘的色彩。虽然行侠仗义的事情在民间弱势群体中是广受欢迎的，但游侠毕竟是游离于法律之外的一股力量，对社会的稳定、团结起到一定的分化作用，所以就算是反映这些游侠的一些民间传说、故事，都会受到一定程度的限制，流传面自然就不广。

中国武侠小说源远流长，《史记·游侠列传》中郭解的故事已具传说性质，可视为武侠小说的萌芽；唐代《聂隐娘传》《红线传》，是武侠小说的初期形态；宋代讲述"扑刀""杆棒"列为说书人的专工；至元明之际遂产生了描写"侠以武犯禁"的不朽巨著《水浒传》；清代的《三侠五义》《小五义》兼写清官，

---

① 冯克诚，田晓娜.中国通史[M].西宁：青海人民出版社，1998：189.
② 孙肇伦，钱逊.知识地图[M].重庆：重庆出版社，2007：51.

是武侠小说的一个流派。近代更有金庸的《射雕英雄传》《神雕侠侣》等著作，内容除了宣扬侠义情怀，还有纯朴的少年男女的爱情、淡泊名利的儒墨思想，但虚构的情节与社会现实脱节甚远。

第六章
汉固一统　民本统一

▶▶▶

汉继承了秦始创的大一统局面，并在秦统一的文字制度、规章标准和度量衡等新制中推进。只是秦朝短促，很多基础并不牢固，尤其是法家的政治思想、管理体制过于严苛，并不利于政局的长期稳定，所以汉朝在巩固国家政权以达到长治久安的目的时，除了加强国防的力量外，还需要在管理国家的政治体制中找到一种合适的哲学理念以满足人民精神文明的需要。于是，儒家哲学脱颖而出，全民的精神信仰终于被统一到儒家的民本思想上去。

因为一些古文明的夭折，中华文明与同期的其他主要文明的关系与脉络已经变得十分清晰。

汉王朝肩负着传承与发展中华文明的任务，它兴起于公元前3世纪初，结束于公元3世纪初，前后存续了六百多年。这个时期是古代世界史上的一个重要时期。罗马自从在公元前3世纪末取得第二次布匿战争胜利后，又相继在第二次马其顿战争和与塞琉西古王国的抗衡中获胜。从此，罗马开始了它主宰地中海一带和不断拓展帝国的征程。

安息帝国独立于公元前3世纪中叶，但是到公元前2世纪塞琉西古王国衰落时，它才扩展成一个强盛的帝国，并在幼发拉底河挡住了罗马军团前进的步伐。

大体与安息同时独立的大夏，在公元前2世纪拓境至印度西北部后，就在游牧民族迁徙的潮流中被冲垮了。迁入的游牧民族月氏人在这里定居下来，并在公元1—2世纪形成了贵霜帝国。这是一个把中亚和印度部分地区整合起来的帝国，是游牧民族征服农耕民族的结果。处于这一文明带最东端的是汉代中国。

大约与西汉同时兴起的匈奴帝国不仅从北面威胁着汉朝，也威胁着河西走廊和西域地区的各民族。月氏人正是在这种威胁下西迁，引起中亚塞尔维亚族人的迁徙，最后形成了贵霜帝国。汉在与匈奴的斗争中获胜，公元1世纪末，南匈奴内附于汉，北匈奴向西远迁。南匈奴逐渐转向农耕生活，而北匈奴逐渐迁徙至欧洲，并在公元4世纪时推动了日耳曼民族的大迁徙。

6.1 汉朝（前202—220年）

> 明犯强汉者，虽远必诛！
>
> ——西汉·陈汤

汉朝是继秦朝之后的大一统王朝，分为西汉、东汉两时期，共历29帝，国祚405年。

秦末天下大乱，刘邦在楚汉之争获胜后称帝建立汉朝，定都长安，史称西

人啊，认识你自己！
——人类两次大思潮运动

汉；汉文帝、汉景帝推行休养生息国策开创"文景之治"；汉武帝即位后攘夷拓土、改制革新，被今人称为"汉武盛世"。公元8年，王莽篡汉，史称新朝，西汉灭亡。刘秀，字文叔，南阳蔡阳人，《后汉书·光武帝纪》中说他是汉高祖的九世孙。公元25年，刘秀重新建立起刘汉政权，建都洛阳，史称东汉。鉴于西汉时期权臣当政，外戚篡权，以及地方权重而造成尾大不掉的教训，刘秀竭力加强皇权，息兵养民，史称"光武中兴"。

公元184年爆发黄巾起义，董卓拥兵自重，东汉名存实亡。公元220年曹丕篡汉，东汉灭亡。后刘备建立蜀汉延续汉室，中国进入三国时期。

汉朝和欧洲罗马帝国的兴起约略同时，并列为当时世界上武力最强大的两个帝国，不过从文明先进程度上看，却明显有着巨大差距。经过春秋战国的百家争鸣后，中国不但在物质文明上遥遥领先西方，人文文明更是一枝独秀。儒家思想经过东汉董仲舒的改造，脱颖而出，民本思想开始统一中国的学术界，道家的黄老之学和法家的严刑峻法慢慢退出，"罢黜百家，独尊儒术"成为事实，其影响一直延续到今天。

当时中国出口到古罗马的丝绸和瓷器，经常是一物难求，这些货物自然就价比黄金高了。已经有些规模的丝绸之路，因为一边倒的货物需求和巨大的利益，不断地被沿途的国家切断，敲诈勒索，难以畅通。

· **文明成果** ·

一、疆域与人口：两汉时期奠定汉地范围，极盛时东并朝鲜、南包南越海南、西逾葱岭、北达戈壁，国土面积约达609万平方千米。由于长期战乱，汉初人口仅剩1300万，至汉武帝元光元年（前134年）全国人口约有3600万，宣帝末年（前49年）达5000万左右，元始二年（2年）西汉在籍人口达59594978人，垦田8270536顷，为两汉之最。人口占当时世界的三分之一。

二、政治思想：汉朝在开朝时用无为而治之法，文景时期用道家黄老思想，辅以儒家和法家思想，不仅强调无为，还注重礼法与德的作用，既承认法律的重要性，又坚持约法省简，务在安民。汉武帝确立儒家为正统思想，辅之以法，其中心是"德主刑辅"，即先用德礼教化，教化无效再施以刑罚。这种刚柔相济的治国之道，成为汉武大帝之后汉王朝法治的指导思想。这一思想对后世历代王朝的立法影响很大。汉宣帝曾有名言："汉家自有制度，本以霸王道杂之"，便是这种思想的精辟阐述。

三、天人三策：建元元年，汉武帝三次向董仲舒提问："何行而可以章先帝之洪业休德，上参尧舜，下配三王？""欲闻大道之要，至论之极。""子大夫其尽心，莫有所隐，朕将亲览焉。"董仲舒连上对策三篇作答。由于对策的首篇专谈"天人关系"问题，因此这三问三答以"天人三策"为名。

董仲舒对策中对后世影响最为深远的，一是建议明确意识形态的主流方向，确立儒家学说在政治上的地位；二是建立一套考试选贤的文官制度。"推明孔氏，抑黜百家，立学校之官，州郡举茂材孝廉，皆自仲舒发之。"（《汉书》）

汉武帝亲自批览建言献策，召见面谈。他明白意识形态是一种重要的社会动员和组织工具，必须抑制豪强兼并，也必须构建一套传承有序的制度。《汉书·食货志》中记董仲舒上武帝书云："贫民常衣牛马之衣，而食犬彘之食。重以贪暴之吏，刑戮妄加，民愁亡聊，亡逃山林，转为盗贼。赭衣半道，断狱岁以千万数。汉兴，循而未改。"他建议"贾人有市籍不许以名占田也。若贾人更占田，则没其田业僮仆，皆入之于官"，"以塞兼并之路"。

四、行政区划：两汉均实行郡国并行制。郡、王国是一级行政区，上设十三个州刺史部，每部监察若干郡（国）。西汉时，十三州刺史部包括冀、兖、青、徐、扬、荆、豫、凉、益、幽、并十一州以及朔方、交趾。东汉时，朝廷将司隶校尉部与其余十二州并列，将朔方并入并州，并将交趾改为交州。东汉末年，州从监察区变为行政区，郡县两级制变为州郡县三级制。汉献帝时又分雍州，全国共有十四州。

五、边郡：西汉是中国历史上多民族国家形成的重要时期。在政区设置方面，将郡县制广泛推行于边陲少数民族聚居的地方，使一些原来朝廷管辖不到的区域纳入汉王朝的版图。元封三年（前108年）灭古朝鲜，设置真番、临屯、玄菟、乐浪四郡，到汉武帝时增设苍海郡。武帝元朔二年（前127年），卫青击楼烦白羊王于河南，驱逐匈奴，设立朔方、五原二郡，四年又分置西河郡，北方合为八边郡。武帝打击匈奴取得胜利，为加强边地建设，迁徙关东贫民，充实从匈奴手中取得的河南新秦中地区，发展农垦。武帝元狩二年（前121年），匈奴内讧，西部浑邪王杀休屠王，率众四万余降汉。汉收河西地，设立武威、酒泉二郡。元鼎三年（前114年），分陇西、北地郡，置天水、安定二郡；元鼎六年（前111年）又分武威、酒泉郡置张掖、敦煌二郡。昭帝始元六年（前81年）增设金城郡，陇山以西合为八郡。

武帝建元六年（前135年），唐蒙出使南越，设犍为郡。元封二年（前109年），滇、昆明举国降汉，汉在此设益州郡，西南合为五边郡。汉武帝六年，南越平，以其地为南海、苍梧、郁林、合浦、交趾、九真、日南等郡；元封元年又于今海南岛设立儋耳、珠崖二郡。

"实际上，汉代的军屯，有许多经验值得总结。如汉武帝时期采取招募制，将征调单一士兵的军事戍边制度，改为从内地经济文化比较发达、人口密度大的地区招募无地和少地的农民屯边。同时，国家颁行免税、全家供应粮食、免费提供医药和安顿户口等一系列政策以安抚被招募农民。在这些优惠政策的引领下，汉王朝曾七次成功地完成了向西北边郡大规模移民实边，其中公元前119年一次性将中原地区的70多万平民迁往陇西、北地、河西、上郡等，且这种人口迁徙政策一直延续到东汉时期匈奴南北分裂以前。西汉时期募民屯田的政策，其实质就是在某些重要区域改变定居移民与边民比例的做法，以后的隋唐、两宋及明清时期都继承了这一做法，使得各朝在中央政权安定的情况下，同时也保持了边疆的安定与发展。"①

六、官制：实行三公九卿制，三公为丞相（文官首长，管行政）、太尉（武官首长，管军事）、御史大夫（丞相副手，掌监察）。九卿包括太常（掌祭祀）、光禄勋（掌门房）、卫尉（掌卫兵）、太仆（掌车马）、廷尉（掌法律）、大鸿胪（掌礼宾）、宗正（掌皇家族谱）、大司农（掌全国经济）、少府（掌皇室财政）。汉武帝时，侍中、尚书令等组成中朝，原以丞相为首的三公九卿组成外朝。汉朝的选士制度是察举制，以地方推荐为主，考试为辅。东汉时察举与考试相结合，考试所占比重日益增加。

---

① 高凯，赵鹏璞."车同轨，书同文，行同伦"的文化意义［N］.光明日报，2017-10-23（15）.

七、宗庙：东汉初期，皇帝宗庙制度沿袭西汉中、后期七庙制度。建武十九年庙议后，宗庙之制有所变革，表现为：变以往异庙之制为"同堂异室"之制；除殇、冲、质、灵四帝外，其余东汉诸帝庙皆谥以"祖""宗"庙号，宗庙毁庙礼制废而不行。直至东汉献帝时，在蔡邕的建议下，重新实行皇帝宗庙立庙、毁庙礼制。

八、军事和外交：汉武帝时期汉朝先后出现了卫青、霍去病、李广等优秀将领。汉宣帝时期，郑吉迫使匈奴逐日王降汉，大破车师国，驱逐匈奴在西域势力，设置西域都护府，使得西域正式纳入中国版图。南匈奴降汉，陈汤斩杀北匈奴单于于康居，发出"明犯强汉者，虽远必诛"的时代强音，解决了匈奴问题。到了东汉时期，在大将窦宪的打击下，北匈奴西逃至欧洲。基本解决了困扰汉朝的匈奴边境问题。

外交方面，汉武帝派遣张骞出使西域，他是中国历史上第一位有影响的对外友好使者，两次出使西域，开辟了至今仍誉满中外的古代"丝绸之路"。出使乌孙，分遣副使至大宛、康居、大夏等，自此西北诸国方与汉交通，使汉朝能与中亚交流，并打通前往西域的南北两条通路，引进优良马种、葡萄及苜蓿等。

到了公元前100年，汉武帝又派中郎将苏武执旄节，带着副手张胜和随员常惠，出使匈奴作为回访。苏武到了匈奴，送上礼物，正等单于写个回信让他回去，没想到突生变故，一行人被匈奴扣押。单于要求苏武投降，苏武不从，于是单于将他扣留下来，后又被放逐去牧羊，前后共19年。苏武受尽折磨，宁死不屈，特别是当那些叛徒、敌人来诱降他时，更表现出他那大义凛然的堂堂正气。苏武坚贞不屈的气节千百年来一直受到人们的尊敬。

第六章
汉固一统 民本统一

之后,长时间的战乱迫使丝路荒废,到东汉明帝遣班超出使西域,才又打通丝绸之路,并先后以两位翁主刘细君、刘解忧和亲西域乌孙,达到了离间西域和匈奴,进而控制西域的目的。

九、陆海丝绸之路与经济:"丝绸之路"开通以后,中国的丝绸大量远销西方,在罗马成为贵族富人们普遍使用的衣服和帘幕材料。此外,中国的铁器、漆器等也输入西方。罗马帝国的玻璃器皿、毛织品,印度的宝石、香料等也通过这条路输入中国。此外,佛教也是经由这一大道在两汉之际开始传入中国的,与佛教同时传入的还有犍陀罗艺术。

除了陆路之外,《汉书·地理志》篇末还记载了一条汉通西方的水路。出发地是徐闻(今广东徐闻)、合浦(今广西合浦),船行约五个月,到都元国;又船行约四个月,到邑卢没国;又船行约二十日,到谌离国;再步行十余日,到夫甘都卢国;又船行两个多月,到黄支国;"黄支之南有已不程国,汉之译使自此还矣"。对这一条路上各个国家的具体地点,学者们考证兼推测的结果颇有不同;唯黄支国在今印度东南部马德拉斯附近和已不程国在今斯里兰卡,学者们大都是同意的。如此,这条海路大体可推定为从出发地沿中南半岛和马来半岛海岸南下,在马来半岛东岸某处登陆,到西岸再乘船西行至印度。印度的东南海岸和斯里兰卡,是西汉时中国航海家所达到的最远点。《汉书·地理志》中所记这条路的回程,不再中经陆路,但总的行程时间加长,大概是绕过马六甲海峡的缘故。这条海路是重要的,尤其在陆上"丝绸之路"不通的时候。例如,印度(天竺)在汉和帝时曾多次派使节经陆路来中国。到东汉晚期西域路断,公元159年、161年,印度使节就改从海上来了。公元166年,罗马使节

人啊，认识你自己！
—— 人类两次大思潮运动

访问东汉，也是从海路来的。张骞、班超的出使西域，罗马使节之来华，陆、海两路中西交通的开辟——这是具有划时代意义的大事，表明亚欧大陆的东西两端建立起了直接的往来。

十、教育：武帝时期设置太学，是中国古代第一所公办学校，专门培养才学之士。汉代是中国历史上科技与文化成果非常辉煌的一个时期。国家也非常重视教育和学识。东汉桓帝时，仅太学生就号称有3万人。

十一、察举制：东汉时期，为纠正察举荐人之滥，朝廷开始注重考试，形成察举与考试相结合的选士制度，而且考试所占的比重日益增加。在推荐的基础上加强考试，这是汉代察举制发展的新趋势。荐举为主，考试为辅，是两汉察举制的基本特点。

十二、史学、文学：司马迁的《史记》是一本上起传说中的皇帝，下讫汉武帝时期的中国通史，是中国也是世界历史上第一部内容完整、结构周密的历史著作。它在记载某些人物时所持的态度，敢于犯颜直说，表现了这一著作的杰出思想价值和史官忠于史实的应有担当。它斥责历史上的暴君，还敢于极言上一任皇帝景帝之短。它在称赞当代帝皇汉武帝功德的同时，也不无微词地评说武帝"内多欲而外施仁义"。它赞扬了游侠的某些侠义行为，揭露了酷吏对人民的残暴统治。《史记》为以后两千年正史的编纂提供了规范。班固的《汉书》是中国第一部内容完整的断代史，是以后历代王朝撰写本朝历史的范本。班固所编写的《汉书》分为十二纪、八表、十志、七十列传。全书体例仿效《史记》，唯改"书"为"纪"，废"世家"入"列传"，还开创了刑法、五行、地理、天文、艺文四志和《百官公卿表》。此外，还有《东观汉书》《汉纪》《吴越春秋》等史书。汉代开创的史学标准，一直到 18 世纪都领先世界。汉政府设立乐府，搜集民间诗歌，即为乐府诗，载于《乐府诗集》《古诗十九首》《玉台新咏》等，长篇叙事诗《孔雀东南飞》成于汉末。出现"赋"体，如司马相如《子虚赋》《上林赋》、张衡《二京赋》等。隶书取代小篆成为主要书写字体，奠定了现代汉字字形结构的基础，出现了标点符号的雏形。

十三、宗教：佛教在汉明帝时传入中国，白马寺是中国第一座佛寺。第一部汉译佛教经典是译于白马寺的《四十二章经》。道教形成于东汉时期，于东汉末年分成太平道和天师道（张道陵所创）两大流派。

十四、天文：中国古代宇宙论有盖天、浑天、宣夜三大家，后又有昕天、穹天、安天三家，即所谓"论天六家"，但最主要的是盖、浑两家。最早的"盖天说"起于周代，主张"天圆如张盖，地方如棋局"。战国时期，"盖天说"开始受到怀疑，于是修改成"天象盖笠，地法覆盘"，即天是球穹状的，地也是球穹状的，并且认为北极位于天穹的中央，日月星辰绕之旋转不息。西汉时仍有人坚持这种说法，当时成书的《周髀算经》就是盖天说的代表作。西汉扬雄提出了"难盖天八事"，彻底否定了"盖天说"。为了弥补"盖天说"的不足，人们又提出了"浑天说"。战国时期的慎到明确地提出"天体如弹丸"，为"浑天说"提供了一个重要的思想来源。东汉的张衡将其发展成比较系统的"浑天说"宇宙理论。他认为，天和地的关系就像鸡蛋中蛋白和蛋黄的关系一样，地被天包在当中；天的形状是一个南北短、东西长的椭圆球。"浑天说"学派手中有当时最先进的观天仪——浑天仪，借助它，浑天学家可以用精确的观测事实来

人啊，认识你自己！
—— 人类两次大思潮运动

论证"浑天说"。张衡的著作有《灵宪》，书中提出了许多新的见解，如"月光生于日之所照"，"当日则光盈，就日则光尽也"。说明了月亮本身并不发光，它的光是受到太阳的照射后反射出来的；月亮对着太阳的时候是满月，背着太阳的时候，月亮就不见了。

十五、科技：西汉时开始使用丝絮和麻造"纸"，东汉和帝元兴元年（105年）蔡伦发明了造纸术，形成了现代意义上的纸。寻找良好的文字载体一直是世界书写体系待破解的瓶颈难题。从甲骨、竹简到绢帛，中国文字的载体到蔡伦发明造纸术后才算完善，知识、历史、思想、哲学、音乐、数学……也因为得到有效的载体而流传。这是中国在之后上千年的日子里，一直在科学、文学、技术、哲学各方面领先世界的原因。造纸术在公元610年传到日本，到一千多年后（1150年）才通过阿拉伯人传到欧洲，为欧洲几百年后的文艺复兴奠定基础。落下闳等人制定的《太初历》首次将二十四节气纳入历法。张仲景因《伤寒杂病论》被尊为中华"医中之圣，方中之祖"。华佗是世界上最早采用全身麻醉的医生。血液循环发现于汉代。

张衡发明了第一台测量地震的仪器"地动仪"，相当灵敏准确。张衡在气象学方面，还创造了一种测定风向的仪器——候风仪，又叫"相风铜乌"。在地理学上，张衡还绘制过《地形图》。

十六、数学：《周髀算经》《九章算术》是数学领域的杰作。其中，《九章算术》是对战国、秦、汉时期数学发展的总结，列有分数四则运算、三率法（今有术）、开平方与开立方、双设法（盈不足术）、线性方程组解法等筹算方法，形成了以筹算为中心、与古希腊数学完全不同的独立体系。

十七、养老：汉初颁布了养老诏令；汉代老人可以"行驰道旁道"，驰道为皇帝的专用车道。

十八、节日：重阳节登高、饮菊花酒、佩茱萸等习俗始于汉朝，成于魏晋。

汉灭匈奴经营西域的真正意义

汉朝的起步本来就不容易，当时汉朝与北方匈奴在人力、物力、疆土等方面相比，都远远落在下风，经常受到骚扰、掠夺。为了息事宁人，汉皇帝只能主动向匈奴提供财物珠宝，更是多次以公主和亲的方式来满足匈奴的要求。

西汉前期，就疆土面积而言，汉朝中央政府直辖今天陕西省、四川省、重庆市、湖北省大部和河南省一部，太行山—洛阳—湖北江陵一线以东是诸侯王辖区。南岭—武夷山—杭州湾以南以东地区，由仅仅在名义上向汉朝称臣的东瓯、闽越、南越三国统治。因此，汉朝版图即使包括控制不力的诸侯王地区，也仅有约250万平方千米。匈奴在最强盛时期（前176—前129年），直接统治区包括今天的内蒙古自治区全境，甘肃西部，宁夏、山西、河北、辽宁的一部分以及蒙古国全境和西伯利亚南部，超过340万平方千米。匈奴间接控制的西域包括今天新疆的全部地区和中亚部分地区，约200万平方千米。这样，西汉前期匈奴统治和控制区的总面积约540万平方千米，是汉朝的两倍多。

在敌强我弱的情况下，汉皇帝不得不委曲求全。纳贡自然换不来和平。匈奴时不时地冲入汉王朝境内，烧杀掳掠一番，据说那些年云中、辽东两郡每年被杀被掠走的人口都超过一万人。匈奴最严重的一次侵扰是在汉文帝十四年（前166年），匈奴骑兵闯入关中腹地，烧毁秦始皇留下的回中宫，又直逼甘泉宫，距离长安仅三百里。汉文帝在长安屯兵十万，也只是尾随匈奴军队出境，没敢主动进攻。

到汉武帝时，为了改变被动的局面，他先从周遭小国入手蓄势，重新占领了滇国、夜郎、南越、闽越，在到达长江以南后开始思考如何处理匈奴的问题。汉武帝在元光二年（前133年）下了一道诏书，要求群臣讨论出兵抗击匈奴的问题。讨论之后，汉武帝决定采用大行（官名，掌接待宾客）王恢的主张：在马邑诱击匈奴军。结果失败，和亲苟安的路也走到尽头。

既然对抗已经开了个头，就得继续下去。从匈强汉弱到汉强匈弱的转化，卫青六击匈奴是关键。

卫青第一次领兵抗击匈奴是在关市之战。元光六年（前129年），汉武帝分兵四路出击匈奴。卫青被任命为车骑将军，从上谷出击匈奴军。另外三路：太仆公孙贺为轻车将军，出云中；大中大夫公孙敖为车骑将军，出代郡；卫尉李广为骁骑将军，出雁门。四路将军各领一万骑兵。卫青进军至龙城，得胜而还。其他三路，李广一部几乎全军覆灭，李广被俘，后来逃归。公孙敖大败，损失了七千多人。公孙贺没有战功而退军。只有卫青攻占了龙城。龙城是匈奴祭祀天地、鬼神和先祖的圣地，也是维系匈奴人信仰的所在。卫青烧掉龙城，等于捣毁了敌人的精神和信念之源。匈奴不可战胜的神话从此被破除了，这是一击匈奴。

元朔元年（前128年），卫青领兵三万出雁门，斩杀匈奴数千人。西汉取得了军事反击匈奴以来的第一次大胜利，卫青由此成为抗击匈奴的主将。这是二击匈奴。

元朔二年（前127年），匈奴侵入上谷、渔阳（郡治在今北京密云西南），杀害辽西太守，杀掠吏民两千多人，并打败了韩安国将军的部队。卫青受命从云中郡向西直奔高闾（今内蒙古自治区乌拉特后旗东南）。随后，卫青沿黄河

第六章
汉固一统　民本统一

西下陇西，俘获敌军几千人，牲畜几十万头。匈奴白羊王、楼烦王战败逃走。此战收复了自秦亡之后沦陷于匈奴70多年的河南地（今内蒙古自治区河套一带）。西汉在河南地设置朔方郡，并募移民十万人充实朔方，基本解除了匈奴对西汉都城长安的威胁。这是三击匈奴。

收复河南地之战后，匈奴人并不甘心失败。从元朔三年（前126年）起，匈奴军大规模入侵代郡、定襄（郡治在今内蒙古自治区和林格尔西北）、上郡（郡治在今陕西榆林南）。元朔五年（前124年），卫青率大军出塞六七百里，趁夜突袭包围了右贤王部，大获全胜，战果辉煌。这次战役后，汉武帝派使者正式授予卫青大将军印信，各路将领及部队都统一归属大将军指挥。这是四击匈奴。

卫青击败右贤王之后，匈奴单于本部骑兵入侵代郡。元朔六年（前123年），卫青两次从定襄出兵，大军第一次出兵，斩杀匈奴数千人而还。大军第二次出定襄进攻匈奴，斩杀俘虏匈奴一万多人，迫使单于本部撤离漠南地区，远迁漠北。这次战役中，卫青的外甥霍去病，率敢死队离开大军几百里袭击匈奴，斩获甚重，被汉武帝封为冠军侯。这是五击匈奴。

霍去病领军从公元前121年春第一次出击、到当年夏天第二次出击，以一万骑兵攻灭匈奴八万主力获胜，而汉军仅伤亡三千余人。浑邪王、休屠王率残军逃走，埋下河西匈奴军惧汉降汉的种子。

匈奴伊稚斜单于得知浑邪王、休屠王两战两败，丧失河西绝大部分领土，十分恼怒，要对他们严加惩处。二王惧怕，无路可投，便于当年秋派使者赴汉乞降。

最为关键的一点是，祁连山北麓曾是匈奴最大的良马场，此后却成为汉军最重要的军马供应基地，为汉军最终把匈奴驱赶出西域提供了重要的战备支持。

元狩四年春天，卫青、霍去病各率五万骑兵，深入漠北，进攻匈奴主力。

人啊，认识你自己！
—— 人类两次大思潮运动

单于无力抵挡，带领几百精兵冲破汉军包围逃走。卫青带军紧随其后，斩杀俘虏一万九千人，缴获匈奴囤积的粮草。此战之后，卫青与霍去病同时被任命为大司马。这是六击匈奴，以汉朝完胜结束。

不管是驱逐还是征服，武力的投放和使用只能是短暂的，和平相处才是民族共存之道。匈奴与汉人之间的冲突，说穿了，就是利益问题。草原物产单一，经济脆弱，农耕区物产丰富，人民富庶；而且草原不可以变耕田，耕田却可以变为牧场。这就决定了游牧民族的侵略性，掠夺是他们生产方式的一种。

至于当时的西域大部，在亚历山大死后帝国就瓦解了。除了托勒密控制的埃及，塞琉西古帝国控制了原来由亚历山大帝国控制的整个亚洲地区，也就是《史记》中的"条支"。

塞琉西古帝国的出现只是昙花一现。雅利安的"帕提亚人"在首领阿尔萨息的带领下控制了波斯旧地，建立帕提亚帝国，也就是《史记》里的"安息"。一部分雅利安塞种人控制了"巴克特里亚—希腊王国"，这也就是《史记》里的"大夏"。而另一部分塞种人进入印度河，建立"印度—希腊王国"。而当年亚历山大在帕米尔高原西边的"费尔干纳盆地"建立了一个希腊化的城邦，随后同样是雅利安的塞种人进入了这个地区，建立"极东亚历山大爱奥尼亚—希腊王国"，这也就是《史记》中的"大宛"。我们可以发现，帕米尔高原西边全都是希腊化的塞种人建立的帝国。

至于帕米尔高原东边的西域（新疆），原来聚居了一群游牧民族，除了曾经骚扰乌孙结果被匈奴赶走的月氏，还有"龟兹""焉耆""轮台""楼兰""精绝""若羌"等部落。

汉武帝进攻了好几次西域，都无功而返。他想向大宛要"汗血宝马"，于是派使臣车令带着一帮人和一匹"金马"去大宛。因为国王毋寡的傲慢无礼，车令一气之下摔了金马，结果人也回不来了。

第六章
汉固一统　民本统一

汉武帝大怒，于公元前104年命李广利为"贰师将军"进攻大宛。第一次进军失败了。武帝暴怒，因"宛小国而不能下，而大夏之属渐轻汉"。遂令李广利不得进入玉门关，同时调动一半的国力，约十万人攻打大宛。这次汉军改走北路，史书记载这次战役"至仑头，仑头不下，攻数日，屠之"，至此，西域诸国无一敢阻拦汉军。

这一次，李广利胜利了，他把大宛变成汉的附属国并带着大宛的宝马班师回朝。当大军走到河西走廊时，西域国家纷纷送子女到汉为人质，龟兹由于接受了周围国家的人质，被汉军严惩，随后全面汉化，成了塞外汉人重镇。乌孙随即同意依附汉朝，对抗匈奴。

之前，汉武帝在大破匈奴后曾下诏，"高皇帝遗朕平城之忧，高后时单于书绝悖逆。昔齐襄公复九世之雠，春秋大之"。但在短暂的扬眉吐气后，汉朝百姓与一些官员发现，新的问题似乎比之前更严重。汉武帝赫赫武功的代价是近百年积蓄消耗一空，国内中产以上半数破产，经济几近崩溃，饥民纷纷造反。汉武帝不得已，下《轮台诏》向臣民检讨，表示"当今务在禁苛暴，止擅赋，力本农，修马复令，以补缺，毋乏武备而已"。后世有人将这份诏书视为汉武帝的"罪己诏"。

国家搞成这样，自然不是汉武帝的初心。汉武帝曾向卫青解释："汉家庶事草创，加四夷侵陵中国，朕不变更制度，后世无法；不出师征伐，天下不安；为此者不得不劳民。若后世又如朕所为，是袭亡秦之迹也。太子敦重好静，必能安天下，不使朕忧。"

历史的轨迹如此，恐怕当事人有理也百辞莫辩。作者认为，汉武帝的比喻和一些官员的看法是有误的。汉与匈奴的关系，犹如近代中国与侵华的日本一样，是敌我关系。至于秦与六国的关系，则如近代国、共、众军阀相争那样，是为谋求解决内部矛盾到必须诉诸战争的关系。汉与匈奴的关系，更是文明与

人啊，认识你自己！
—— 人类两次大思潮运动

野蛮相抗衡的生死存亡的关系。世界四大源头文明到汉代已折其三，如果没有秦始皇统一中国和汉武帝消灭匈奴，中华文明可能也难逃夭折的命运。匈奴人如果不是被汉人赶走，那就是汉人被匈奴人到处追杀，一个匈奴人的"元朝"就会提前一千年诞生。所幸的是，儒家文明在元朝已在中国站稳脚跟，辐射四海。不过在汉代，儒学只可以说是在襁褓时期谋生存。事后看来，中华文明得以延续，世界文明躲过一劫，这才是汉武帝消灭匈奴的真正意义所在。完成这样庞大的一个事业，代价当然会相当高，但付出是必要的，无法回避。

对交战双方而言，总有强势的一方，弱势的一方只能逆来顺受，他们面对危机，其实只有两个选择：主动伺机出击或犹豫不决。犹豫不决拖到最后的结果早已注定。弱势的一方从力量对比上本已吃亏，优柔寡断、畏首畏尾更不能改变现实，所以弱者的自持之道是靠团结一切正义的力量、争取全民拥护的共识和敢于面对任何挑战的坚强决心来赢取最后的胜利。汉代士大夫如果能够用"苟利国家生死以，岂因祸福避趋之"的心态看待天下百姓和国家社稷，而不是被眼前的私利所囿，汉武帝当不至于为其伟业丰功罪己！

汉王朝文明与同期的马其顿帝国文明不一样，但也有可类比的地方。汉武帝打的是一场消耗国力的自卫战，目的是把不停侵犯边境的强敌赶走，否则农耕民族无法从事正常的生产。和野蛮民族、游牧民族边掠夺边侵略的征服性战争不一样，他们是打仗、"生产"两不误。任何农耕民族的战争，都会给国家生产带来很大的伤害。

汉避免了与波斯帝国同样的命运，也避免了后来马其顿帝国的命运，汉武帝建立的这个庞大王国的架构就这么断断续续地存在了两千多年，汉从一个国号逐渐成为一个民族的名字。至于汉王朝为什么不去更西边的地区，那是因为一个农耕民族需要的是安稳的日子，不会为征服而征服。

在西方人眼中，生存之道在于不断地扩张与征服，永远脱离不了野蛮本色。帝国武力征服之路像一个轮回,庞大如罗马帝国,也终究没能避免被另一民族日耳曼人瓜分的命运,汉朝却传承着秦朝的大一统体制而绵延下去。

匈奴就这样从包围汉,到一点点地被汉包围、瓦解,消失在历史长河里。

汉人自信,但更重要的是他们对家国民族深厚的情怀与勇于担当的精神。毛泽东深明此理,知道宽容不是怕事懦弱,他经常力排众议,耐心说服众人求得内部共识,为国家民族发展作出正确的决策。他有一句名言:"打得一拳开,免得百拳来。"可以视为守势民族必须具备的生存智慧。这,更是汉灭匈奴的真正意义所在。

6.2 罗马帝国

罗马帝国于公元前192—前188年通过叙利亚战争,控制西亚部分地区;发动三次布匿战争(前264—前146年),征服迦太基,使其成为罗马的一个行省,最终建成横跨欧、亚、非的大帝国。公元前2世纪30年代—前1世纪30年代先后爆发了西西里奴隶起义和斯巴达克起义。公元前133—前121年发生格拉古兄弟改革。公元前90年,为了争取罗马公民权,意大利人起义。公元前48年,恺撒就任罗马共和国终身独裁官,总揽军政大权。他厉行改革,但因独裁统治而招致政敌仇视,于公元前44年被刺杀。公元前27年,元老院授予盖乌斯·屋大维"奥古斯都"称号,由此开始罗马帝国时代。罗马帝国理论上维持元老院主持的共和制,实为君主专制政体。克劳狄乌斯(前10—54年)征服了不列颠南部和毛里塔尼亚。公元70年,提图斯率兵攻陷耶路撒冷,结束了犹太战争。

人啊，认识你自己！
—— 人类两次大思潮运动

公元2世纪，古罗马帝国安敦尼王朝时期（96—180年）出现了五贤帝，一位接一位都是长期以来难得一见的好君主，罗马帝国达到极盛，经济空前繁荣。皇帝图拉真在位时（98—117年），帝国疆域达到最大。

公元395年，皇帝狄奥多西一世将帝国分给两个儿子，实行东西分治，从此罗马帝国再未统一。公元476年，日耳曼人奥多亚克废黜西罗马皇帝，西罗马帝国灭亡，欧洲历史进入了中世纪（476—1453年）。1204年，第四次东征的十字军攻破东罗马帝国首都君士坦丁堡（直至1261年才收复），自此东罗马帝国一蹶不振。1453年，奥斯曼土耳其帝国苏丹穆罕默德二世率军彻底灭亡东罗马帝国（拜占庭帝国）。

· **文明成果** ·

一、政治制度：屋大维设立内阁；创办"国税局"，以总揽财政权；划分元老院行省与皇帝行省，以确立皇帝的最高军权。克劳狄乌斯在中央设立秘书处（掌内政、军事、外交）、财务处（掌财务）及司法处（掌法律）；将罗马公民权授予行省居民，行省贵族也可任高级官员或进入元老院。尼禄制定了多项惠及平民的政策。哈德良使元首制过渡到绝对君主制，以皇帝意志为最高法律；加强行省的罗马化，缩小行省城市和罗马的距离。

二、经济：内陆交通的不便妨碍了工商业的发展。罗马的对外征服和对西班牙银矿的控制刺激了外地物产的流入，但对外出口并未增长。海上贸易多由希腊人经营。罗马人擅长金融业，共和国晚期的银行家可为商人们提供信用担保。税行类似现代的"股份公司"，一般百姓可投资加入，股东们分担风险，大股东负责运作；税行有法人资格，其利益和责任不因某一股东的死亡和退出而改变；为了收税和与政府签订有利可图的契约，税行设有广泛的情报网和传递情报的特快信使。这些代国家收税的商人也承包公共工程和国有矿山的开发。罗马共和国经济管理制度的简单原始在一定程度上因为私人参与税收而得到某种弥补。

三、疆域：图拉真在位时（98—117年），罗马帝国疆域达到最大：西起西班牙、高卢与不列颠，东到幼发拉底河上游，南至非洲北部，北达莱茵河与多瑙河一带，地中海成为帝国内海，国土面积约为500万平方千米。

四、军事制度：每个军团由4500人组成，包括3000名重装步兵、1200名轻装步兵和300名骑兵。重装步兵为军团主力。每个军团分30个中队，每个中队分2个百人队。战斗中，轻装步兵置于军团前面，骑兵掩护两翼。罗马军团还配有附属军团，由臣服于罗马的城邦或部落，即所谓同盟者提供。执政官掌握最高军事指挥权，军团指挥官是6名军事保民官，由公民大会推举或执政官委任。百人队长则从士兵中选任。公元前107年，马略实行军事改革，推行募兵制，此后，罗马军队成为职业军。屋大维设立常备军并配以辅助部队，驻扎于行省和边防要地；建立近卫军，保卫元首及元首家族。到2世纪时，行省驻军改为就地征兵。与共和时期相比，帝国时期按财产等级划分兵种的制度已取消，士兵不再都是义务兵，主要由雇佣兵组成。

五、外交：屋大维执政时期，罗马与帕提亚和亚美尼亚建立友好关系。据《后汉书》记载，公元166年，大秦王安敦（即罗马皇帝马可·奥勒留）首次派使臣到达汉都洛阳，并赠送汉桓帝象牙、犀角等礼物（并未证实，可能是大秦商人所为），双方还交换了各自的特

人啊，认识你自己！
—— 人类两次大思潮运动

产和技术。汉朝用丝织品、茶叶、瓷器换取安息、希腊、罗马和马其顿的宝石、香料、药材和玻璃器具，罗马商人以中国丝绸等名产换取东方的宝石、翡翠、木棉和印度的犀角、象牙等。

六、法律：哈德良命令法学家编成《永久敕令》，作为帝国的法律基础。公元2世纪的法学家盖约著有《法学阶梯》。

七、语言：拉丁语是罗马帝国的官方语言，也是意大利地区的当地语言。在东部，希腊语也是主要语言之一，希腊文为受过教育的人所使用。埃及地区使用古埃及语，中东使用阿拉姆语。在西方，高卢与不列颠地区的普通人使用塞尔特方言，莱茵河与多瑙河地区的日耳曼人讲日耳曼语，迦太基一带讲腓尼基语。

八、哲学：新斯多葛派哲学宣扬宿命论和禁欲主义。其中，塞涅卡认为哲学的目的是将人引向德行，主张抑制欲望追求道德；皇帝马可·奥勒留著有《沉思录》[①]，主张忍耐克制。

九、宗教：意大利原有本土宗教，相信自然物体内有神明在控制人类的命运，如森林之神、花神、灶神、门神等。共和国后期和帝国时期，来自中东和小亚细亚的信仰，如埃及的生育及繁殖女神伊西斯，小亚细亚的大母神等成为古罗马人的信仰。公元1世纪，天

[①] 《沉思录》简介：此书来自作者对身羁宫廷的自身和自己所处混乱世界的感受，追求一种摆脱了激情和欲望、冷静而达观的生活。马可·奥勒留在书中阐述了灵魂与死亡的关系，解析了个人的德行、个人的解脱以及个人对社会的责任，要求常常自省以达到内心的平静，要摒弃一切无用和琐屑的思想，正直地思考。不仅要思考善、思考光明磊落的事情，还要付诸行动。马可·奥勒留把一切在他身上发生的事情都不看成是恶，认为痛苦和不安仅仅是来自内心的意见，并且是可以由心灵加以消除的。他对人生进行了深刻的哲学思考，热诚地从其他人身上学习他们最优秀的品质，果敢、谦逊、仁爱……《沉思录》是一些从灵魂深处流淌出来的文字，朴实却直抵人心。

主教开始发展，倡导平等博爱、相互扶持，吸引大批平民和奴隶信仰，但由于拒绝接纳罗马信奉的诸神明、不愿将罗马在世的皇帝视为神明，故受罗马政府的打压与迫害。131年，哈德良禁止犹太人举行割礼、过安息日和阅读犹太律法，引发了犹太人起义。罗马军队耗时两年，屠杀58万犹太人以镇压起义。哈德良禁止犹太教徒居住在耶路撒冷，大量犹太人从此居无定所。

十、文学：古罗马文学为拉丁文学，原创性不大，多模拟古希腊文学。其全盛期约为公元前80—17年，以公元前42年为准分为两期。前期以西塞罗、恺撒、卡图卢斯为代表，后期以维吉尔、贺拉斯、奥维德、李维为代表。代表作品有恺撒的《高卢战记》，维吉尔的《牧歌》《农事诗》《埃涅阿斯纪》，贺拉斯的《赞歌集》，奥维德的《恋歌》《女杰书简》《爱经》《变形记》。

十一、历史学：李维（前59—17年）著有《罗马史》142卷，现存36卷，叙述传说中的罗慕路斯开始创建罗马城至公元9年的历史，是西方第一部通史。塔西佗（约55—120年）著有《历史》12卷，叙述弗拉维王朝的历史；还著有《阿古利可拉传》《日耳曼尼亚志》《演说家对话录》《编年史》，均兼具极高的史学与文学价值。苏维托尼乌斯（约69—122年）的《罗马十二帝王传》为罗马帝国初期十二位君主的生平记述，注重刻画奇闻趣事，史学严肃性不足。阿庇安（约95—165年）著有《罗马史》24卷，现有11卷完整，记述内容上始于王政时代，下止于公元2世纪初图拉真时期，涵盖近900年的历史。公元2世纪，希腊作家阿里安创作的《亚历山大远征记》是现存最详尽的亚历山大大帝传记作品。

十二、自然科学：盖乌斯·普林尼·塞孔都斯著有《自然史》37

卷，涉及天文、地理、生物、医学、农业、矿物等。全书杂乱无分类，记叙事物2万多项，摘录文献2000多种，包含许多珍贵的科学记录。天文学方面，埃及的托勒密（85—168年）著有《天文集》13卷。书中用几何系统描述天体运动，并有包括1022颗恒星的星图；还论及历法和日月食的推算以及天文仪器的制作与使用等。托勒密信奉"地心说"，他设计了一种复杂的天体几何系统，以使地心说的推算与实际结果大致相符。哥白尼提出"日心说"之前，托勒密的学说在欧洲占统治地位。医学方面，塞尔苏斯著有《医学大全》8卷，详细记载了许多手术。盖伦解剖猴类以推测人类的身体结构；提出"三灵气"说，即"活力灵气""自然灵气""灵魂灵气"，以解释人体的生理机制；其药物学著述介绍了820余种药材，包括动物、植物和矿物。地理学方面，斯特拉波著有《地理学》17卷，包括欧洲各地及西亚、北非的自然地理与人文地理，还探讨了环境对各地经济生活的影响，以及对城市的研究。

十三、教育：古罗马教育史分为以罗马固有教育为主的上古时代和以希腊教育为主的古典时代。上古时代的教育是在罗马固有的社会组织和固有的思想下，以罗马传统英武杀伐精神为教育精神。公元前146年罗马征服希腊后，大批希腊学者来罗马办学，富家子弟纷纷到雅典等城市专攻希腊哲学和修辞学。

6.2.1 罗马斗兽场

尼禄的统治覆亡以后，弗拉维王朝顺应民意，将金屋皇宫废弃改建，在部

第六章
汉固一统　民本统一

分建筑物之上营造了提图斯浴场，供公众沐浴憩息；又排干那"像海般开阔的池塘"，在其地面营造哥罗塞姆竞技场（罗马斗兽场），它是由皇帝韦巴芗在公元72年下令修建，至公元80年由提图斯皇帝举行落成典礼，直至图密善皇帝在位时完成。

它以层层观众席绕成一约呈椭圆的圆圈，表演场地——舞台位于中心，和现代的体育场形制相近，结构上也可说是现代体育场的雏形。这幢两千年前的古代建筑杰作，因为结构牢固、设计合理、外观宏伟，足可独步古今。

它的外墙高48.5米，椭圆则长达188米、宽155米，中央舞台地面长86米、宽57米，观众席由最接近舞台的贵宾席到顶层的群众席约60排，全场可容纳观众达5万之多。

除了牢固之外，它的设计的另一优点是充分考虑到观众出入的方便。所有结构，除了舞台下的地下室被用作角斗士休息、存放演出道具和斗兽用的各种野兽外，一切地面结构都考虑到了观众出入的便利性。底层外圈的80个拱门全都用作观众进出的通道，内圈配以50余座大小不一的楼梯，由此可以畅通各层各排的观众席，据说数万观众不出十分钟便可完全退场。同时，由于结构严密，滴水不漏，舞台上还可以灌水成湖，在其中表演舟船海战。

把拱门与柱式联合起来，是罗马建筑的一大发明，现在又据楼层结构而安排了层叠柱式体系，使建筑立面更为壮观。在哥罗塞姆竞技场，不仅把三种希腊柱式结构都用上了，还添加了罗马人偏爱的方倚柱构成第四层。它的第一层，即底层，使用质朴坚实的多利亚柱式；第二层用秀美的爱奥尼亚柱式；第三层则用华丽的科林斯柱式；第四层则以科林斯式的方倚柱为继。

斗兽场是古罗马举行人兽表演的地方，参加的角斗士要与一只野兽搏斗直到一方死亡为止，也有人与人之间的搏斗。根据罗马史学家狄奥·卡西乌斯的记载，斗兽场建成时罗马人举行了为期100天的庆祝活动，宰杀了9000只

人啊，认识你自己！
—— 人类两次大思潮运动

牲畜。

看台约有60排，分为五个区，最下面前排是贵宾区（供元老、长官、祭司等使用）；第二区供贵族使用；第三区是给富人使用的；第四区由普通公民使用；最后一区则是给底层妇女使用的。越穷的人可使用的位置越高，全部是站席。在观众席上还有用悬索吊挂的天棚，这是用来遮阳的；天棚向中间倾斜，便于通风。这些天棚由站在最上层柱廊的水手们像控制风帆那样操控。

斗兽场表演区地底下隐藏着很多洞口和管道，可以储存道具和牲畜，以及角斗士，表演开始时再将他们吊起到地面上。早在克劳迪欧皇帝在位期间，他已经为罗马留下了庞大的水渠系统，除了解决居民日常用水问题外，更多是为了研究出灌注竞技场的方案。公元248年，在斗兽场就曾将水引入表演区，形成一个湖，表演海战的场面，来庆祝罗马建成1000年。

海战场面很大，为了增加观赏性，一般会用古老的民族给角斗舰队双方命名，比如，古希腊对战古埃及或者古腓尼基等。海战中的大部分角斗士是最低级的战俘奴隶，基本没有受过角斗训练，他们的命运注定是非常悲惨的。因为交战双方不再是一对一或者几对几的小规模格斗，都是动辄就上千人的大型"表演"，而且海战并不会因为一方的胜出，或者一方的死亡而结束。一场海战结束后，角斗士的尸体和战舰残骸等都会通过疏水通道直接排入与其连接的河水中，是真正的血流成河，场面是难以想象的惨绝人寰。

不过角斗才是斗兽场的主要节目，是一天中娱乐的高峰。当时还出现了专门培训角斗士的角斗学校，由斗兽场为4所角斗学校提供资金。这4所学校可以容纳2000名角斗士，实际上这些角斗学校不过是训练营和监狱的组合体。

古罗马时期，在贵族的豪门家宴中，除了观赏赛车、赛马，还要安排斗兽和角斗，以尽情纵欲。对于罗马贵族来说，最残酷的格斗毫无疑问也是最令他们激动的。大部分斗士都是奴隶和犯人，也有为了挣钱而自愿前来格斗的，他们都受过专门训练，带有戟或短剑。格斗分许多种，最有名的是决斗。这种决斗的一方是持三叉戟和网的角斗士，对手是带刀和盾的罗马武士，带网的角斗士要用网缠住对手再用三叉戟把他杀死，另一角斗士戴着头盔，手持短剑盾牌，拼命追赶想战胜他的对手。最后，失败的一方要恳求看台上的人大发慈悲，假如看台上的观众挥舞着手巾，他就能被免死。但如果观众手掌向下，那就是要他的命。

古罗马时代修建了很多斗兽场，遍及地中海周边沿岸城市，但是留存下来并保存完整的屈指可数。斗兽场的规模按照楼层数来区别：四层斗兽场，全世界只有一座，就是意大利罗马的"大斗兽场"。三层斗兽场保存完好的主要有两座，一座是克罗地亚的"普拉竞技场"，建于公元前27年至公元68年；另一座是突尼斯"杰姆的圆形竞技场"，建于公元3世纪。二层斗兽场，保存比较好的主要有三座：法国尼姆竞技场，建成于公元70年；法国阿尔勒竞技场，建于公元前46年；意大利维罗纳竞技场，建于公元1世纪初。另外，在意大利的卡布亚也有残存的竞技场，轮廓清楚，但四壁只剩部分残垣；在英国威尔士的纽波特（Newport）的古罗马卡利恩要塞，有圆形竞技场残迹；西班牙梅里达也有竞技场残迹。

公元217年，罗马斗兽场遭雷击引发大火，部分建筑体被毁坏，但在238年又修复了，继续举行人与兽或人与人之间的搏斗表演，这样的活动一直到公元523年才被完全禁止。15世纪，教廷为了建造教堂和枢密院，拆除了斗兽场的部分石料。1749年，罗马教廷以早年有基督徒在此殉难为由，宣布罗马斗兽场为圣地，并对其进行保护。

角斗士这一传统由来已久，但其起源已经模糊。罗马历史学家李维认为，真正的公共角斗运动开始于第一次布匿战争时期。大多数角斗士都是奴隶，但后来罗马培养出大量的角斗士，连很多罗马皇帝都参与其中，扮演角斗士博得

人啊，认识你自己！
—— 人类两次大思潮运动

民众的欢呼。这一传统延续上千年，直到基督教鼎盛之后才逐渐减少，乃至消亡。在第一次布匿战争之后，罗马人开始从观看人与人的打斗转向了观看动物打斗，还有人与动物的"战斗"。一开始，狮子和老虎两种猛兽深得人们的厚爱，这两种动物都是进口来的。狮子多半来自非洲，由埃塞俄比亚、利比亚等地进口。而老虎则从印度、孟加拉等地而来，辗转经中亚、波斯等地到达罗马。很快，罗马人就不满足于此，单独的狮虎大战变成了狮虎群战。然后，大象也出现在了斗兽场里。罗马人心仪的动物，最可能的就是大象了，因为在印度北部的希达斯皮斯河和杰赫勒姆河流域的战役中，与亚历山大对阵的普洛斯国王用了200头大象来恐吓亚历山大的部队，结果是亚历山大不仅伤了脚踝、失去了爱马，还差点输了该战役。

亚历山大帝国覆灭之后，一些战象先后被送往欧洲，这是罗马斗兽场大象最初的来源。大象赢得了罗马人的崇拜。在罗马共和国和罗马帝国的几百年间，罗马人从各地购买大象，但很少用其作战。当罗马以帝国的形式取代共和国之后，皇帝打破了以往元老院、公民大会和独裁官之间的平衡。帝国初期出现了一系列暴君，其中最残暴的要数皇帝尼禄。科洛西姆竞技场（72—82年）就兴建于尼禄的旧宫上面。尼禄之后，死刑犯和奴隶开始被大量投进竞技场，与各类猛兽相斗。这些奴隶和死刑犯即使受过训练，但在动物的尖牙利爪下也活不过一个回合，都是迅速被撕碎。即使有勇士，也绝少有被奖励成为自由人的。斗兽成为罗马人的一项最主要的公共活动，它不止像现在的电影院一样提供消遣、娱乐，还有着死刑、纪念仪式等功能。不仅是尼禄、卡利古拉这样的暴君爱好斗兽，就连著名的好皇帝图拉真，也以斗兽来纪念战功。公元107年，图拉真打完胜仗归来就举办了历史上规模最大的斗兽表演，长达123天的狂欢，其中用到了10000名角斗士和11000只动物，直到这些角斗士和动物全部死光才结束。在娱乐领域中，希腊优雅的运动、震撼人心的悲剧和拱廊下的辩论，都

第六章
汉固一统 民本统一

不能真正吸引罗马人，取而代之的是浴室中的闲聊和斗兽场上的迷狂。在罗马的斗兽历史中，常用的动物不仅有大象、狮子和老虎，还有犀牛、河马、原牛、长颈鹿、斑马、羚羊、鸵鸟、豹子、熊、鳄鱼、狗等。就狮子来说，其中大部分是巴巴里狮，这种北非狮子因为体型特别大，几乎因为斗兽活动而灭绝，目前世界上也就仅剩100头左右，而因斗兽遭遇灭绝的物种有欧洲的原牛和里海虎。

由于斗兽活动是罗马百姓最热衷的活动，皇帝为了使国内保持和平，就不得不大量举办斗兽活动讨好人民。哪怕是遇到财政困难的时候，也必须硬着头皮举办各类盛大的死刑观看、斗兽、围猎、魔术、戏剧节目，这些活动都在竞技场中开展。在这个曾经只有6.5万人口的地方，人们却为40万人和100万只动物的死亡鼓掌庆祝。也许，斗兽这一罗马传统，至今仍值得我们反思和警惕，因为这一血腥的运动虽被毁灭，但它所依赖的人性之恶与集体狂欢所造成的迷醉却没有被罗马帝国带走。

公元2世纪末期，角斗已成为罗马的法定活动，并设有官员专管其事。但角斗士的境遇十分悲惨，平时在皮鞭、锁链之下过着非人的生活。角斗士们受着密切的监视，一举一动都受到严格的限制，他们的脚上还戴着沉重的枷锁。角斗时，角斗士被驱赶到竞技场上互相厮杀，残忍恐怖的场面实为常人不忍目睹。可是嗜血成性的贵族们却高踞上座，恣情哄笑，欣然以角斗士的惨遭杀害和临死挣扎"自娱"。这种残杀一直进行到角斗士无法再斗为止。场上有专门的检验人员，用烧红的铁锥猛刺死者，若发现还有活状，尚存一丝游气儿，就用大锤砸碎其头，使脑浆涂地。古罗马贵族竟然把娱乐活动搞到这等惨绝人寰的地步。

以娱乐为目的的杀人是一种心理变态！这样的文化传统不可能孕育出伟大的人类文明。反观中国的哲人教导人民要有四心："恻隐之心、羞恶之心、辞让之心、是非之心。"但当互相残杀变成一种运动，恻隐之心将从何谈起；当纵欲成为一种可接受的社会风气，要谈羞恶之心自然又是格格不入了；当武力成为时尚，哪来辞让？至于是非之心，也绝对不能建筑在利益的价值观上。不讲究道德伦理，是非黑白终将难分，说也没用，谈也白谈。

6.2.2 五贤王

中国在三皇五帝时期出现了五位贤帝，其中有三位通过禅让制来完成权力交替，这样推举出来的帝王有很大的号召力和贤良的名声，能得到人民的推举和拥护。不过那个时候还没有国家这个概念，社会也比较简单，管理很大部分靠的是首领树立起来的风范和榜样，所以当时的首领并不需要太多的律例来约束子民，基本上就是后来道家提倡的无为而治，反而是帝与帝之间有交流管理心得的需要。尧帝传给舜帝四个字："允执厥中"，舜传给禹时便成了十六字的中华心法。原有的"允执厥中"四个大字至今仍高高悬挂在故宫的中和殿上，作为皇族、皇帝的家训，传诵千古。另外，它也可以作为现代所有国家高级管理者和领导人的座右铭。

到中国有了国家体制后的第三个朝代——周代，周人大胆地尝试用"礼"与"乐"作为管治国家的工具，所以中国礼乐的发展方向与西方大相径庭。西周末期开始"礼崩乐坏"，到战国后期已经面目全非了。这是一次失败的尝试，但不是没有意义，只是它有力地说明人的劣根性与私欲是多么顽固难改。

说来也巧，公元96—180年，罗马也出现了五位贤帝，虽然在时空上有着极大的差别，但"五帝"与"五贤帝"都为他们所在的社稷、国家在一段颇长的时间内施行"仁政"，并取得成就，这一点对罗马来说尤其难得。

第六章
汉固一统　民本统一

罗马的"五贤帝"分别为涅尔瓦（在位期为96—98年）、图拉真（在位期为98—117年）、哈德良（在位期为117—138年）、安东尼努斯·庇乌斯（在位期为138—161年），以及马可·奥勒留（在位期为161—180年）。他们使罗马帝国得到了近一百年的和平与安定，政治清明，经济发展，社会繁荣，人民富裕，与之前一百年的腥风血雨形成很大的反差。

这五位皇帝宽厚谦虚，施行"仁政"，深受臣民爱戴。这段时期也是自皇帝奥古斯都之后罗马帝国最强盛的时期，被称为罗马帝国的"黄金时代"。而人类最血腥的运动场"罗马斗兽场"就是在五贤帝执政前不久（82年）落成的，这令人不得不对"五贤"的"仁政"、古罗马人的道德、西方历史学家写史的态度乃至一些翻译者对罗马史书不分青红皂白的认可，打上一个个大大的问号。希腊人总爱说罗马人甚至所有在他们北部的人都野蛮，如果我们拿"奥林匹克运动"和遍布欧洲的"罗马斗兽场运动"来比较一下，人道、公道和结论就都有了。至此，作者不禁掩卷闭目，为人类这样的所谓"体育"、所谓"运动"、所谓"文明"深深叹息，脑海中浮现欢乐的人们手中拿着血红的酒杯畅饮，而场中的小河流淌着的是同样血红的人的鲜血。那么，到底是杀人与鲜血的观感刺激，还是杯中的酒精导致人们的亢奋和迷乱呢？更令人感到恐惧不安的是，这是一个深受当时人民大众喜欢的"全民"运动啊！不过，它真的只是当时罗马人的喜好吗？人类的天性中有没有嗜血的基因存在？如果有，人类又如何接受驾驭？

在五贤帝之前的暴君图密善被杀死后，元老涅尔瓦于公元96年继位，开创了安敦尼王朝。罗马帝国的基础设施，如法律、道路交通、度量衡、货币制度都在这个年代得到统一，并通行全国。

五贤帝各皇帝间没有直接的血缘关系，权力交替过程非常平稳，各个皇帝选择其继承人，然后收为养子，立为储君，这样就避免了权力交替前后的政治

人啊，认识你自己！
—— 人类两次大思潮运动

动乱。

图拉真在位时开拓疆土，在他死时帝国版图达到最大极限，东到美索不达米亚，南至北非撒哈拉沙漠，西起不列颠，北至喀尔巴阡山脉和黑海北岸，地中海成了帝国的内海。哈德良健全了帝国的官僚机构，并在不列颠尼亚北部兴建哈德良长城，阻挡来自北方居鲁特人的侵扰。到了安敦尼即位时，罗马帝国进入极盛时期。

五贤帝时期的文治武功，在罗马帝国其他时期也是难得一见的。因此，18世纪的英国历史学家爱德华·吉本在他的著作《罗马帝国衰亡史》中，把这个年代称赞为"人类最幸福的年代"。对这些称赞，近世一些历史学家未能完全同意。他们指出，在这些帝王的统治下，只有少数人生活富足，能被载入史册，而更多的人却默默无闻，其中大部分是农民，或靠种地过活的人。官吏贪婪，盗贼横行，这些百姓煎熬其中，无论"贤君"是否在位，百姓的困苦并无二致。五贤帝统治下人民的生活究竟如何？历史学家仍然争论不休。

到了马可·奥勒留统治的后期，帕提亚帝国兴起，并屡犯罗马帝国边疆，北方蛮族日耳曼人也乘虚而入。帝国的实力开始出现颓势。至公元180年，马可·奥勒留去世，他的亲生儿子康茂德继位，康茂德的残暴统治终结了五贤帝的美好时代，而罗马帝国也自此一蹶不振，进入"三世纪危机"时代，由极盛走向衰落。

第七章
第一次大思潮运动对当时世界文明格局的影响

◀◀◀

野蛮大概是最能保证人类生存的基本基因，文明可不是，它只是人类因应野蛮而发展起来的安全保证。

世界是二元对立的，这种理解与辩证的方法适用于对所有事物的分析，但不适用于对人性的要求。哪怕人性有时候不是那么崇高，哪怕人性总有着很多欠缺，这都不妨碍我们要求它必须向善，必须与大自然、与世界为善。

文明是二元化的，有着精神与物质两个方面。健康的文明既要重视物质的开发享用，也应发扬人性、良知的正面功能。在中国，人文科学和自然科学一直都有着很好的结合，以比较平衡的方式发展，精神文明走的是一条探讨性的哲理道路，没有被神巫、祭司们假设的框架套住。其他民族不大一样，从神权时代开始，人们便从不同的宗教里找到他们各自心灵的依托，人类在精神文明的发展上走出了两条截然不同的道路来。

人啊，认识你自己！
—— 人类两次大思潮运动

7.1 第一次大思潮时期的世界文明格局

中国的汉代是世界文明发展史的一个分水岭。世界文明的走向开始从单一的帝国之路岔开，一条路沿袭原有的轨迹仍然以霸力向前推进，岔开的一条路开始发展出具有"人"的良知与爱心的人文文明之路来。这条路的起源很早，在春秋战国时代通过人类第一次大思潮运动成型。世界上开始有了比较完整的人文哲学体系，从心灵的需要，从现实生活的满足到治国理政方面对社会和谐的索求，这些元素都在全民的大思潮运动中有所触及，并最终形成了很多不同的思想流派，这些流派得到的结论有些是相互抵触的，有些是互补的。如墨家与儒家在思想上的对立，儒家对法家某些论点的不以为然，还有老子追求逍遥自在、提倡无为而治等。这些变法、这些改革、这些不同的思想，都在当时的华夏大地被各诸侯国君择优推行，验证成败以图强。诸侯间的互动有合纵的、有连横的，改革有成功的，也有失败的。大思潮需要总结，大辩论需要答案，民间自发的民主思潮更需要被集中统一，否则时间长了会造成人民思想的混乱，一切也就成为虚无。不过，由治入乱易，由乱入治难，百家争鸣后中国的统一是一条充满艰辛、凶险的路，从这条路走出来并找到一个统治阶层与民众都能认可的哲学精神支柱更是困难。但不管怎样，统一思想的局面还是在汉武帝和董仲舒的努力下到来。

第一次大思潮运动时人类对科学的理解还是十分有限的，并不具备发展科学体系的基础，难能可贵的是在哲理文明方面总算是摸索出一条可以规范人性的路来。

第七章
第一次大思潮运动对当时世界文明格局的影响

哲学的路比较独立好走,但要找出它的人文元素、找出人之所以为"人"的主要原因、人之所以有别于其他禽兽,乃至人在世界上的特殊使命,却不容易。至于摆脱祭司、神巫的影响,免于陷入简单的神学宗教套路,更是难得。发源于中国的人类第一次大思潮运动牵涉很多方面的社会改革、思想的矛盾、利益的冲突,而我们知道改革从来都不是一帆风顺的,总会带着或多或少的腥风血雨,无论怎样都有人要付出代价,甚至丢了生命。而且改革时间的长短是不受控制的,更多的是需要好几代人的磨合、筛选、调整与适应,才能把一个新制度慢慢定下来。汉朝"罢黜百家,独尊儒术",只是个开始,要走的路仍然很长,要花的时间也少不了,长时间的社会磨合与深度适应都是必不可少的。这样一走,就是两千多年,很多概念,如"忠、孝、仁、爱、礼、义、廉、耻"乃至"道德伦常",虽在中国深入民心,却都是其他民族所没有的。世人因为利益,难免会分化出诸多不同的价值观来,如带着劫夺的满船胜利品回家的海盗不再是盗贼,在亲人的眼中他们都是胜利者和英雄;同一道理,在草原上掠夺的野蛮人好像也不那么野蛮了,他们也可以是胜利者和英雄。历史上不乏这样的事例,就海盗而言,有爱琴海海盗、加勒比海盗、日本的倭寇,还有今天在亚丁湾猖獗活动的索马里海盗,他们中的很多古老人物的事迹早已成为传奇。没有大家都能认可的伦理道德,世界哪能不乱?

有人类就一定会有物质文明,但不一定会有健康的精神文明。人类第一次大思潮运动为中国人在健康的人文文明探索路上打下了坚实的基础,但大方向却要等到数百年后的东汉才确定下来。在这条学习"修身、齐家、治国、平天下"的路上,在这条自我检讨、自我批评、自我改造的漫长征程中,正如屈原所说:"路漫漫其修远兮,吾将上下而求索。"就这样,中国人一直在努力着。其他民族没有这个传承,也难怪他们活得那么自由自在,草原上飘来的歌声永远是那么悠扬悦耳,动人心弦;斗兽场上传来的呼喊喧嚣,也总是那么热烈激

人啊，认识你自己！
—— 人类两次大思潮运动

动，惊心动魄。

人在物质世界的探索与创造从没停止，不过科技文明体系在汉代并不具备发展的基础，读书人的重点完全不在动手能力上，甚至能工巧匠的社会地位都比不上读书人。也就是因为思想家动手能力的欠缺，科技理论转变成物质成果变得异常困难。再加上我们对数字的态度过于务实，重点大都在军事的运筹计算方面，与古希腊的思想家把数字看作万物的基础而追求数的和谐大为不同。中国的科技成果一直是随机的、星散的，难以连成一片，当事人也是独立操作的多，鲜有团队协作的。

世界四大源头文明到东汉时已去其三，不过剩下的中华文明在人类第一次大思潮运动的熏陶后，已具备比较健全的功能，是一个具有伦理道德、民本思想、良知爱心的文明了。当时，可能直到现在，其他文明都不具备这些特质。

于是，奉行儒家思想的东方文明在慢慢地磨掉身上的戾气与兽性，只是这种变化在内部的应对上还好，对外却显得越来越失调了，蛮族的入侵从未停止过而且变本加厉。文明是一条艰难的路，不过每一个有良知的人只要认真地想想，都会得出一个同样的结论——别无他途。

当然，习惯于不劳而获，以征服索取所需的人轻易是不会改变的，他们走的是一条以霸权、武力掠夺他人财富的帝国之路。罗马帝国就是沿着这样的路走着，走了一千多年。当时的其他势力还有贵霜帝国、安息帝国和一些小的邦国。总的来说，这就是公元2世纪汉代时期世界文明的格局。

第七章
第一次大思潮运动对当时世界文明格局的影响

7.2　帝国之路在延续

《史记·大宛列传》记载："……于是西北国始通于汉矣。然骞凿空，诸后使往者皆称博望侯。"

在人类文明发展史中，亚欧这块相连的大陆几乎就是世界全部。只是相连并不表示相通，除了交通条件差外，人的因素是主因。到汉代，汉朝与罗马帝国之间的陆路终于被汉武帝派出的外交使节博望侯张骞打通了，由东往西的文明通道有了，它是一条经贸之路、丝绸之路、文明之路。

同一条路从西向东看，呈现在世人面前的却是另一番风景，它是一条有待征服的帝国之路。东方盛产的精美生活用品，如丝绸、瓷器、漆器、纸张、金银器等，都是诱使习惯以武力手段征服、掠夺、占有的霸权前来的主因。这条帝国之路一直延绵至今，奉行帝国之路的人的心态也一直没变。

在帝国之路这链条上，继罗马之后参与接力的国家有：阿拉伯帝国、奥斯曼土耳其帝国、蒙古帝国、法兰西帝国、德意志第一帝国、葡萄牙殖民帝国、西班牙殖民帝国、大英帝国、俄罗斯帝国、大日本帝国和美利坚帝国。当人类从海洋上把世界连为一体时，也就是欧洲的海权国家四处殖民瓜分别人土地的时候，帝国之路已从陆路转为海路了，但占地球面积71%的海洋资源仍然未能满足人类的野心与贪婪，太空与外太空已经成为人类接下来竞技的场所。帝国之路并不是一条文明之路。

第八章
第二次大思潮：文艺复兴到科学体系的确立
▶▶▶

虽然汉代张骞凿通了西域，亚洲与欧洲之间有了较多的往来，但人为的障碍仍然很多，以致丝绸之路时通时断。蒙古人在建立元朝时，却真正地把贯通亚欧的大动脉彻底打通了，同时更把大批的中国能工巧匠带进了欧洲。

"元朝时亚欧之间的陆路交通是历史上最通畅时期，无奈这时期欧洲仍然是在黑暗的中世纪之中徘徊，科学、技术、工艺和物品等是可以畅通无阻往西方输送的，但碍于宗教势力十分强大，哲学性的与宗教信仰有所抵触的思想是很难获得足够的发展空间的。不过事有因由，有了这些铺垫，后来欧洲很多的运动和改革才得以萌发。

"……传教士殷铎泽等人编译的《中国哲学家孔子》于1687年在巴黎出版后，欧洲学者普遍认为孔子是道德与政治哲学的最大学者，对儒家的赞美达到最高峰。

"儒家经典经传教士和旅欧华人的移译，源源不断地在西欧各国出版，其中不仅有四书五经，还有《通鉴纲目》《列女传》以及一些文艺作品，如《元

第八章
第二次大思潮：文艺复兴到科学体系的确立

人百种曲》《赵氏孤儿》等，加上传教士自己写的关于中国、儒家思想的书籍，在西方思想界造成强大声势，使各国王公贵族到普通民众都关注中国，甚至形成'中国热'。18世纪的法国处在资产阶级革命的前夜，先进的思想家们正在从各方面批判基督教和教会，启发着人们的头脑。当儒家这种非基督教思想体系出现时，他们的惊喜、振奋是可想而知的。儒学给了他们以极大的鼓舞和启迪，受到他们的衷心赞誉。

"启蒙思想家伏尔泰（1694—1778年）对孔子及其学说最为倾倒。他十分推崇孔子的德治思想，认为中国两千年来从天子到庶人都以修养道德为本，以孔子学说修身、齐家、治国、平天下，所以能做到国泰民安。由于孔子思想的强大威力，征服中国的人，到头来都被中国传统思想文化征服。伏尔泰反对君主专制，主张开明君主制，在他心目中，中国正是开明专制的模范。中国政府把增进人民的福祉当作首要的工作，人民则把政府官员看作家长。他认为中国的政治组织是最优良的，他说：'我们不能像中国人一样，这真是大不幸。'伏尔泰对儒家只讲道德，不讲'怪力乱神'等迷信观念，十分赞赏。他说：'道德是来自神的，所以到处是一律的；神学是来自人的，所以到处不同而且可笑。'他是一位自然神论者，认为真正相信上帝的人只讲道德，不讲迷信，孔子就是这样。欧洲的教会恰恰相反，只讲神学迷信不讲道德。为了宣传孔子伦理思想，他把元曲《赵氏孤儿》改编为《中国孤儿》，搬上法国舞台，让法国人看到道义最终会战胜暴力。伏尔泰在自己的著作中常常赞誉孔子思想，把孔子画像挂在自己的礼拜堂中朝夕礼拜。

"法国百科全书派的代表人物霍尔巴赫（1723—1789年），对孔子的德治思想也十分推崇。他在《社会的体系》一书中强调：'中国可算世界上所知唯一将政治的根本法与道德相结合的国家。这个历史悠久的帝国向人们显示，国家的繁荣须依靠道德。在这片广大的土地上，道德成为一切合于理性的人们的唯

人啊，认识你自己！
—— 人类两次大思潮运动

一宗教。'他认为欧洲的政府一定要学中国，欧洲的基督教道德也应用儒家道德取代。另一位百科全书派学者狄德罗（1713—1784年）认为，孔子学说简洁可爱，只用理性或真理去治国平天下，令人钦佩。

"法国重农学派的创始人魁奈（1694—1774年）认为真正创造财富的是农民的劳动，是农业，而不是贸易经商。他对儒家学派的重农轻商思想十分赞赏，并且认为儒家举贤才的思想以及以科举考试选拔官吏的做法，比法国世袭贵族把持官场的做法要优越得多。在他的提倡鼓吹下，法王路易十五也曾仿照中国皇帝的样子，举行亲耕仪式。由于魁奈敬重孔子，宣传儒家思想，他本人被称作'欧洲孔子'。他的弟子大米拉博曾说：'孔子立教的目的，在恢复人类的天性，不再为愚昧和情欲所蒙蔽，所以他教人敬天，畏天，爱人，战胜物欲，勿以情欲衡量行为，应以理性为标准；凡是不合理性的，叫他们勿动、勿思、勿言。宗教道德优美到这个地步，真是无以复加了。但是还有一件要事待我们去做，就是把这种道德教训普行于世界，这就是吾师的事业……'

"18世纪的德国思想界，也流行着孔子热、儒学热。德国大哲学家、大数学家莱布尼茨（1646—1716年）很欣赏中国的古老文化。他读过儒家经典，与到过中国的传教士关系密切。他认为，中国的政治、伦理堪称模范，帝王贤明，平民有教养，如能把这些引进欧洲，而中国引进欧洲的理论自然科学，一定会增进人类的幸福。……莱氏的学生沃尔夫（1679—1754年）也是一位儒家文化的宣传者，在这方面他的影响更大，因为他不像老师那样偏爱拉丁文，而是用德语在大学里授课。1721年，他在哈尔大学讲'中国的实践哲学'，认为儒学是关于政治、伦理的实践哲学，是由尧、舜、孔子等创立和坚持的传统观念。儒学以自然和理性为基础，与基督教的神启和信仰相辅相成。虽然承认两方面都是真理，都有存在的必要，但他对自然和理性的倾向是非常明显的。德国政府认为他宣传了无神论，勒令他在48小时内离开德国，否则即处死刑。

第八章
第二次大思潮：文艺复兴到科学体系的确立

不过这种办法并没能阻止沃尔夫思想的传播，他受到人们的同情和支持，他的哲学思想在一段时间里占领了许多大学的讲坛。

"儒家思想在启蒙运动盛行的西欧特别是法、德两国，起了推波助澜的作用，这是一个奇特的文化现象。为什么一个封建宗法等级制的思想体系会有助于资产阶级启蒙运动呢？这是因为启蒙思想家们由于渴望非基督教文化，而把儒学大大地理想化了。他们用自己的观点去阐释儒学，抓住儒学的某些特点，向着他们希望的方向去理解和解释，儒学便成为主张理性、博爱和道德，主张法制和开明君主制的学派，他们是在借用儒学的名义发挥自己的主张。因此，越是热烈要求思想启蒙的人，越是热烈地颂扬儒学。法、德两国的一些思想家就是如此。19世纪俄国的革命民主主义者也有类似的情况，用儒家的'圣王'去解释他们的民主思想。"[1]

我们有理由相信，马克思（1818—1883年）在写《共产党宣言》和《资本论》时，对孔子儒家思想的精髓并不陌生，东方哲人的民本思想、伦理道德等哲学理念在西方播下的种子，几百年后终于萌芽。但一种新的思想要在社会上传播与推广，无论它有多美好动人，终究需要一段颇长的时间才能被消化、吸收、接纳。本来一个封建宗法等级制的思想体系帮助资产阶级国家推动启蒙运动已经是困难重重，宗教信仰带来的内部阻力更是难以逾越，新思想找个立足点不易，结果的地方一改再改，终于还是回到民本思想的原生地——中国，结出累累硕果。这正是"有心栽花花不发，无心插柳柳成荫"。

"这时的英国经过革命和妥协之后，社会秩序已经安排就绪，没有法国那样强烈的启蒙要求，所以英国人能更客观地看待儒学和中国文化。虽然在英国建有欧洲最早的孔子庙，作为欧洲'中国热'的一个反映，但那只是从建筑学

---

[1] 罗铭泉.文明的脾性［M］.北京：中国民主法制出版社，2017：97—100.

人啊,认识你自己!
—— 人类两次大思潮运动

上考虑,备一个中国风格的建筑物,绝不是尊崇儒家,实际上英国人对儒家思想是冷淡的。"①

英国人对比他们优秀的外来文化与随之而来的美好事物都有着一种扭曲的、不健康的心态,他们会在暗中细心研究、欣赏,可嘴上却异常吝啬。所以,他们经常把掠夺回来的好东西珍藏起来慢慢消化;同时,为了维护他们那种无可名状但实在是不敢恭维的冷傲,他们又会尽力诋毁那些比他们先进的文明。就算是在新来的文明短暂的刺激下发出的赞美,假以时日他们一定会过河拆桥,抹黑、诋毁、妖魔化这些文明。当然,从其他文明吸收过来的养分、学问,他们是不会承认的,而且还会尽量破坏影响过他们的文明留下的痕迹,把源头模糊化。这样一来,他们便可以鸠占鹊巢、反客为主了。在这样的性格影响下,一些英国人是自私的,又是自大的,眼界过高了,骨子里免不了会存有对其他民族的偏见。他们的心态并不是一种平和、自然的心态,他们上层社会的男士在看到美色的时候经常会装作漫不经心、道貌岸然的样子,但在擦身而过后,在无须避讳旁人的情况下,又会停下脚步细细品评一番,这就是他们的"绅士风度"。

在对待比他们优秀的文明时,他们所用的各种手段可以说是劣迹斑斑。他们在印度的所作所为,就是一个活生生的案例。在开始接触时,他们对印度的哲学、文学、数学的赞叹、欣赏是真诚的,当他们把印度理解得差不多了,便对印度文明进行破坏与诋毁。这案例很有代表性,英国人所用的手段很隐秘,有时候当事人在不知不觉中受害了还不自觉,还为一些"绅士风度"的小动作而感激。英国人正是利用人性善忘和好了伤疤忘了疼的弱点而屡屡得手,在获取大利的时候又赢得美名,而这正是英国人高明而狡猾的地方。"穷则独善其身,达则兼善天下"对西方文明完全不适用。

---

① 罗铭泉.文明的脾性[M].北京:中国民主法制出版社,2017:100.

第八章
第二次大思潮：文艺复兴到科学体系的确立

8.1 欧洲的文艺复兴

"天主教会自从 11 世纪格列高利改革以来，一直追求统治世界，按照事实本身来说，也就是追求在'两把刀'理论中所说的教皇的神权政治；两把刀理论认为，只有教皇能处理皇帝。任命修道院长和主教，然后授予职位的特权，就是教皇和皇帝争夺的赌注。"[1]

在巨大建制性的既得利益的压力下，欧洲的宗教势力与从东方新来的哲学思潮没能和平共处，宣扬民本哲学的人被当作无神论者处办，除了被驱逐出教区，更有很多人被处死。文艺复兴就在这样的环境下不断寻找突破口，哲学不能谈，就谈文学、科学吧。

文艺复兴是 14 世纪中叶至 16 世纪在欧洲发生的思想文化运动。重要的中心有威尼斯、热那亚、米兰、拿波里、罗马，后扩展至欧洲各国。

"西方在中世纪时把上帝和彼世作为思想的中心，文艺复兴则把注意力集中在人和现实世界上。这种变化在科学上引起反响，神学从此失去其超越一切的意义，对人和自然的兴趣占了上风。"[2]

人文主义精神的核心是提出以人为中心而不是以神为中心，肯定人的价值和尊严，主张人生的目的是追求现实生活中的幸福，倡导个性解放，反对愚昧

---

[1] 德尼兹·加亚尔，贝尔纳代特·德尚，等.欧洲史[M].蔡鸿滨，桂裕芳，译.海口：海南出版社，2002：290.
[2] 德尼兹·加亚尔，贝尔纳代特·德尚，等.欧洲史[M].蔡鸿滨，桂裕芳，译.海口：海南出版社，2002：302.

人啊，认识你自己!
—— 人类两次大思潮运动

迷信的神学思想。

资本主义萌芽的出现也为这场思想运动的兴起提供了可能。城市经济的繁荣，使事业成功财富巨万的富商、作坊主和银行家等更加相信个人的价值和力量，更加充满创新进取、冒险求利的精神，多才多艺、高雅博学之士受到人们的普遍尊重。这为文艺复兴的发生提供了深厚的物质基础和适宜的社会环境，以及人才储备。

14世纪末，由于信仰伊斯兰教的奥斯曼帝国不断入侵，东罗马（拜占庭）人带着大批的古希腊和罗马的艺术珍品和文学、历史、哲学等书籍，纷纷逃往西欧避难。一些东罗马的学者在意大利的佛罗伦萨办了一所"希腊学院"，讲授希腊辉煌的历史文明和文化等。许多西欧的学者要求恢复古希腊和罗马的文化和艺术。这种要求就像春风，慢慢吹遍整个西欧。文艺复兴运动由此兴起。

意大利的文艺复兴时代，除了科学技术的力量有所增加，其他和古希腊城邦时代没什么区别。

所谓资产阶级，不过就是生意人在扩大他们交换物品的范围，拓展他们对社会的影响力而已。这些生意人走遍当时的已知世界，开阔了视野，了解不同文明之间的差异，明白了世界不是只有一种声音，人文主义复兴已经不可避免。

1295年，由威尼斯商人出身的马可·波罗出版的，在当时欧洲社会看来十分荒诞却又充满诱惑的《东方见闻录》（又叫《马可·波罗游记》），引发了欧洲人对高度文明、富饶的东方世界强烈的探索欲望。

14世纪时，随着工厂手工业和商品经济的发展，资本主义已在欧洲封建制度内部逐渐形成；在政治上，封建割据已引起普遍不满，民族意识开始觉醒，欧洲各国大众表现出要求民族统一的强烈愿望。很多人力图复兴古典文化，而所谓的"复兴"其实是一次对知识和精神的空前解放与创造。表面上是要恢复

第八章
第二次大思潮：文艺复兴到科学体系的确立

古罗马的进步思想，实际上是新兴资产阶级在创造思想表达的渠道。

当时的意大利城邦林立，各城市都是一个独立或半独立的国家，即城邦。14世纪后，各城市逐渐从共和制走向独裁。独裁者耽于享乐，信奉新柏拉图主义，希望摆脱宗教禁欲主义的束缚，大力保护艺术家对世俗生活的描绘。与此同时，圣方济各会的宗教激进主义力图摒弃正统宗教的经院哲学，歌颂自然的美和人的精神价值。罗马教廷也在走向腐败，历届教皇的享乐规模比世俗独裁者还要厉害，但他们也在保护艺术家，允许艺术偏离正统的宗教教条。哲学、科学都在逐渐朝着比较宽松的气氛发展，也酝酿着宗教改革的前奏。

但丁早在1300年左右就写了《神曲》，反对教皇独裁，但他随后被关入狱中，贫困而死。但丁的作品对彼特拉克产生影响。从1338年起，彼特拉克断断续续地用了四年的时间，写下了著名的叙事史诗《阿非利加》。作者用优美的语言对第二次布匿战争作了生动的描述，在诗中热情地讴歌了西庇阿。史诗《阿非利加》让彼特拉克蜚声诗坛，并使他获得了"桂冠诗人"的荣誉。后来，彼特拉克到处演讲，他把自己的学术思想称为"人学"或"人文学"，以此和"神学"相对立。他大声疾呼，要来一个古代学术的复兴，其中包括语言、文学风格和道德思想。因此，彼特拉克是文艺复兴的发起者，有"人文主义之父"之称。

1348年，黑死病流行，这促使薄伽丘写出了《十日谈》。《十日谈》是欧洲文学史上第一部现实主义巨著，它使文艺复兴在意大利的发展越来越势不可当。14世纪中期至15世纪中期，文艺复兴在意大利开始了，随后在一大批优秀人物的推动下蔓延到欧洲大地，更引发了大航海时代。

15世纪末前，从西方通往东方的商路主要有三条。一条是陆路，即传统的"丝绸之路"。另两条是海路：一条从叙利亚和地中海东岸，经两河流域到波斯湾；另一条从埃及经红海至亚丁湾，再换船到印度和中国。15世纪中叶，奥斯

人啊，认识你自己！
—— 人类两次大思潮运动

曼帝国兴起，先后占领小亚细亚和巴尔干半岛，控制传统商路，对过往商品征收重税，使运抵西欧的货物不仅量少，而且比原价高 8—10 倍。于是，西欧的商人、贵族迫切希望另辟新路。

15 世纪时，科学技术的提高和地理知识的进步使远洋航行成为可能，为开辟新航路创造了必要的条件。最终，新海上航路开通，并借助这个时期大幅度发展，欧洲开始争取成为世界领导者。

随着文艺复兴的思潮深入人心，中世纪至资本主义时代的过渡完成；当资本主义革命开始，文艺复兴也就终结了。

文艺复兴使处在传统封建神学束缚中的社会慢慢解放，人们开始探索人自身的价值，而不是人作为封建主及宗教主的人身依附和精神依附。当文艺复兴充分肯定人的价值时，它便成为人们冲破精神枷锁的有力号召。

文艺复兴也有负面影响，因为过分强调人的价值，在传播后期造成个人私欲膨胀，物质享受和奢靡泛滥。这个顺着人性发展起来的问题一直延续至今，而且积重难返，对人类文明的健康发展十分不利。

文艺复兴期间取得的科技成就不小。

· **文明成果** ·

一、天文学：波兰天文学家哥白尼 1543 年出版了《天体运行论》，在其中提出了与托勒密的地心说体系不同的日心说体系。意大利思想家布鲁诺在《论无限性、宇宙和诸世界》《论原因、本原和统一》等书中宣称，宇宙在空间与时间上都是无限的，太阳只是太阳系而非宇宙的中心。伽利略 1609 年发明了天文望远镜，1610 年出版了《星界信使》，1632 年出版了《关于托勒密和哥白尼两大世界体系的对话》。德国天文学家开普勒通过对其老师、丹麦天文学家第谷的

第八章
第二次大思潮：文艺复兴到科学体系的确立

观测数据的研究，在1609年的《新天文学》和1619年的《世界的谐和》中提出了行星运动的三大定律，判定行星绕太阳运转是沿着椭圆形轨道进行的，而且这样的运动是不等速的。

二、数学：代数学也在文艺复兴时期取得了重要发展，三次方程、四次方程的解法被发现。意大利人卡尔达诺在他的著作《大术》中发表了三次方程的求根公式，但这一公式的发现实应归功于另一学者塔尔塔利亚。四次方程的解法由卡尔达诺的学生费拉里发现，在《大术》中也有记载。邦贝利在他的著作中阐述了三次方程不可约的情形，并使用了虚数，还改进了当时流行的代数符号。符号代数学是由16世纪的法国数学家韦达确立的。他于1591年出版了《分析方法入门》，对代数学加以系统的整理，第一次自觉地使用字母来表示未知数和已知数。韦达在他的另一部著作《论方程的识别与订正》中，改进了三次方程、四次方程的解法，还建立了二次方程和三次方程的方程根与系数之间的关系，现代称之为韦达定理。三角学在文艺复兴时期也获得了较大的发展。德国数学家雷格蒙塔努斯的《论各种三角形》是欧洲第一部独立于天文学的三角学著作。书中对平面三角和球面三角进行了系统的阐述，还有很精密的三角函数表。哥白尼的学生雷蒂库斯在重新定义三角函数的基础上，制作了更多精密的三角函数表。法国人笛卡尔在创立了坐标系后，于1637年成功地创立了解析几何学。费马建立了求切线、求极大值和极小值以及定积分的方法，对微积分作出了重大贡献，其将不定方程的研究限制在整数范围内，从而开始了数论这门数学分支。费马和帕斯卡在相互通信讨论中，建立了概率论的基本原则——数学期望的概念。

三、物理：伽利略通过多次实验发现了自由落体、抛物体和振摆三大定律，使人对宇宙有了新的认识。他的学生托里拆利经过实验证明了空气压力，发明了水银柱气压计；法国科学家帕斯卡发现液体和气体中压力的传播定律；英国科学家波义耳发现气体压力定律。笛卡尔运用他的坐标几何学从事光学研究，在《屈光学》中第一次对折射定律提出了理论上的推证。他还第一次明确地提出了动量守恒定律：物质和运动的总量永远保持不变。笛卡尔对碰撞和离心力等问题曾做过初步研究，给后来惠更斯的成功创造了条件。

四、生理学和医学：比利时医生维萨留斯出版《人体结构》一书，对盖伦的"三位一体"学说提出挑战。西班牙医生塞尔维特发现血液的小循环系统，证明血液从右心室流向肺部，通过曲折路线到达左心室。英国解剖学家哈维通过大量的动物解剖实验，创作出《心血运动论》等论著，系统阐释了血液运动的规律和心脏的工作原理。他指出，心脏是血液运动的中心和动力的来源。这一重大发现使他成为近代生理学的鼻祖。

五、地理学：航海技术产生了一次革命性的飞跃，葡萄牙、西班牙、意大利的探险家们开始了一系列远程航海活动。哥伦布和麦哲伦等人在地理方面的发现，为地圆说提供了有力的证据。

中国人发明的印刷术、造纸术、指南针、火药在这期间也先后传入欧洲，助推了科学思想的迅速传播。

六、教育：牛津大学的第一所学院成立于1264年。到了1500年间，欧洲境内便有超过50所大学。原由阿拉伯人保存的古文献被翻译成拉丁文，透过这些古老文献，教育和辩论的风气得以蓬勃发展。欧洲人在圣地、西西里和西班牙等地均与阿拉伯人有所接触，并借

第八章
第二次大思潮：文艺复兴到科学体系的确立

此重新发现许多宝藏，古希腊数学家欧几里得的著作即为一例，一直到19世纪都是欧洲人的标准数学教材。阿拉伯人也传播了新的数字体系、小数点的观念和零的观念，而这些观念都是在印度发展起来的。到了15世纪中期，学问的传播速度更是随着印刷机的发明而加快脚步。

恩格斯曾高度评价"文艺复兴"在历史上的进步作用。他写道："这是一次人类从来没有经历过的最伟大的、进步的变革，是一个需要巨人而且产生了巨人——在思维能力、热情和性格方面，在多才多艺和学识渊博方面的巨人的时代。"

总的来说，文艺复兴打破了宗教神秘主义一统天下的局面，有力地推动和影响了宗教改革运动，并为这个运动提供了重要的助力。文艺复兴提倡重视现世生活，反对权威，在当代人中间唤起了对天主教会及神学的怀疑和反感。文艺复兴中的人文主义者通过文学、艺术等形式，讽刺、揭露天主教会的腐败和丑恶。此外，它又否定了在中世纪根深蒂固的封建特权，使这些东西在衡量人的天平上丧失了以往的重量。人的高贵被赋予新的内涵。彼得拉克说："真正的贵族并非天生，而是自为的。"在当时意大利的社会生活中，才干、手段和金钱代替了出身门第，成为大多数人爬上社会高层的阶梯。

虽然文艺复兴在哲学上成就不大，但是它摧毁了僵化死板的经院哲学体系，提倡科学方法和科学实验，提出"知识就是力量"，开创了探索人和现实世界的新风气。人们坚信自己的眼睛和自己的头脑，相信实验和经验才是可靠的知识来源。这种求实态度、思维方式和科学方法为17—19世纪自然科学的大发展打下了坚实的基础，也为西方对"人啊，认识你自己"的认识划定了一条"人之为物"的方向。但是，文艺复兴对人性的探讨、对宗教的鞭挞、对神学的批评，都因为没找对方向而不能贯彻到底，西方哲学生存和发展的空间也就可想而知了。

中世纪，圣经传说充斥艺坛，阻遏了艺术的生命。文艺复兴不但把圣母变成人间妇女（拉斐尔），把图像化为对人体的歌颂，而且开始了日常生活和现实人的直接描写。解剖、透视等科学也第一次与艺术结合。西欧近代现实主义艺术从此发端。

因为长期受到宗教有组织、有制度的羁绊，西方的人文精神起步很晚而且发育不良，这导致今天西方人对人的欲望的控制力与对贪婪的抵抗力都异常薄弱。人在生活中缺乏伦理道德，就像一条没有罗盘也没有舵的船在大海中航行，往哪儿去找方向，找到了又如何掌控？这都是问题。人文主义这个词于1808年才在西方出现，而且是在换汤不换药的宗教的伴随下共生发展，所以西方的人文主义不是儒家的民本主义。西方一些政客总喜欢以他们所谓的人文主义忽悠世人，整天高喊人权、民主、自由，并以此为道德制高点来打压他人，其实他们伦理道德的起点本来就不高，又哪来的制高点？

8.2　启蒙运动

以宗教信仰加在人们头上的精神枷锁是异常顽固的，打破它不易，就连改革也十分困难。文艺复兴在避重就轻的情况下，终于找到了一些可以让人民思想自由呼吸的缝隙，从而引发了宗教的改革。

"宗教改革最明显的结果是粉碎了西方基督教世界的统一。整个西欧不再像中世纪那样属于一群信徒和一个牧师，而是分裂成许多互相敌对的教派。在

第八章
第二次大思潮：文艺复兴到科学体系的确立

日耳曼北部和斯堪的纳维亚国家是路德派；在英国是带有几分妥协性的新教；在苏格兰、荷兰、瑞士取得胜利的是卡尔文派。过去曾经效忠教皇的广阔区域，如今只剩下意大利、奥地利、法国、西班牙、葡萄牙、日耳曼南部、波兰和爱尔兰，但即使在这些国家里，也还有少数新教徒在积极活动，像肉中刺那样和天主教并存。这种分裂状态导致不同教派之间的激烈对抗，直至引发一系列宗教战争。"[1]

18世纪的法国仍然是一个君主政体的国家，专制和天主教会控制着国家的社会生活和人民的思想，农村在封建领主和教会的盘剥下已经满目疮痍，宫廷贵族挥霍无度、国库空虚。天主教会与专制王权相互勾结，推行文化专制主义和蒙昧主义，疯狂残害不同信仰者和有进步思想的人们。

与专制制度严重衰败的景象形成鲜明对照的，是新兴进步力量的壮大，他们强烈要求冲破旧制度在政治、经济、思想方面的束缚。

在文艺复兴的推动下，自然科学取得很大进展。科学家们揭示了许多自然界的奥秘，天主教会的很多说教不攻自破，人们有了更多的自信。在西欧资本主义的迅猛发展和英国资产革命的影响下，人们要求摆脱专制统治和天主教会压迫的愿望日益强烈，在思想领域展开了反对专制统治和天主教会思想束缚的斗争。

启蒙运动是发生在17—18世纪欧洲的一场反封建、反教会的思想解放运动，它为革命做了思想准备和舆论宣传，是人类第二次大思潮运动中继文艺复兴之后的思想解放部分。

法语中，"启蒙"的本义是"光明"。当时先进的思想家认为，迄今为止，人们仍处于黑暗之中，应该用理性之光驱散黑暗，把人们引向光明。他们著书

---

[1] 许海山. 欧洲历史[M]. 北京：线装书局，2006：151.

人啊，认识你自己！
—— 人类两次大思潮运动

立说，积极地批判专制主义、宗教愚昧和特权主义，宣传自由、平等和民主。

在启蒙运动中，一批先进的、新兴的思想家前赴后继，口诛笔伐，其重点是：

1. 对专制制度及其精神堡垒——天主教会展开猛烈抨击；

2. 对未来的社会蓝图进行展望和描绘；

3. 这场持续近一个世纪的思想解放运动，开启了民智，为欧美革命做了思想上和理论上的铺垫；

4. 运动的涟漪波及世界，为各地的民族解放斗争作出了贡献。

启蒙运动的倡导者将自己视为大无畏的文化先锋，以引导世界走出充满传统教义和非理性信念的专制体系为目的。这个时代的文化批评家、宗教怀疑者、政治改革者皆是启蒙先锋，不过他们只是松散、非正式、完全无组织的联合。当时的启蒙知识的中心是巴黎，法语是共享语言。

启蒙运动最初产生于英国，而后发展到法国、德国与俄国，此外，荷兰、比利时等国也受到波及。

与其他国家相比，法国的启蒙运动声势最大，战斗性最强，影响最深远。法国启蒙运动的领袖是伏尔泰。他的思想对18世纪的欧洲产生了巨大影响，所以，后来有人说："18世纪是伏尔泰的世纪。"这一时期的代表人物有以下几个。

一、孟德斯鸠（1689—1755年）

孟德斯鸠出生于法国波尔多附近的拉伯烈德庄园的贵族世家，是法国伟大的启蒙思想家、法学家，也是近代欧洲国家比较早的系统研究古代东方社会与法律文化的学者之一。

其主要主张君主立宪制，反对君主专制；提出"三权分立"学说，认为国家的权力应分为立法权、行政权和司法权，彼此制衡；认为法律应当体现理性。

他的著述虽然不多，但影响却相当广泛，尤其是《论法的精神》这部集成的著作。三权分立学说是古代希腊、罗马政治理论的发展，它体现了人民主权原则，奠定了近代西方政治与法律理论发展的基础，也在很大程度上影响了欧洲人对东方政治与法律文化的看法。他所提出的三权分立学说成为当今民主国家的基本政治制度的建制原则。孟德斯鸠还是国家学说理论的奠基者之一。

二、伏尔泰（1694—1778年）

法国启蒙思想家、文学家、哲学家，18世纪法国资产阶级启蒙运动的旗手，被誉为"欧洲的良心"。

主要主张：1.反对封建专制，主张由开明的君主执政，强调资产阶级的自由和平等；2.主张天赋人权，认为人生来就是自由和平等的；3.认为法律应以人性为出发点，在法律面前人人平等，是"天子犯法与庶民同罪"思想的西方表述；4.猛烈抨击天主教会的黑暗和腐朽，主张信仰自由和信仰上帝。

伏尔泰还尖锐地抨击了天主教会的黑暗统治，说天主教是"一切狡猾的人布置的一个最可耻的骗人罗网"，号召"每个人都按照自己的方式同骇人听闻的宗教热狂作斗争"。但他不反对财产上的不平等。在反对君主专政的同时，他又赞成实行"开明专制"。主要著作有《哲学通信》《路易十四时代》等。

三、狄德罗（1713—1784年）

18世纪法国唯物主义哲学家、美学家、文学家、教育理论家，百科全书派代表人物，第一部法国《百科全书》主编。

狄德罗在坚持唯物主义哲学观点的同时，又具有同时代唯物主义者缺乏的辩证法思想。

四、卢梭（1712—1778年）

法国哲学家、教育家、文学家，是启蒙运动最卓越的代表人物之一，被称为人民主权的捍卫者。

人啊，认识你自己！
—— 人类两次大思潮运动

主要思想：1. 天赋人权、人民主权；2. 社会契约说，著有《社会契约论》《论人类不平等的起源和基础》等；3. 革命合法性；4. 认为私有制是人类不平等的根源；5. 理性是不可靠的。

在法国启蒙思想家中，卢梭对法国封建社会进行的批判最为严厉、最为激烈。他是一位激进的民主主义者，他的思想精华和基本原则是人民主权思想。卢梭继承了洛克的"人民主权说"，进而提出"主权在民"的主张。他认为一切权力属于人民，权力的表现和运用必须体现人民的意志。政府和官吏是人民委任的，人民有权委任他们，也有权撤换他们，甚至有权举行起义，消灭奴役压迫人民的统治者。

卢梭还强调"公共意志"，它的具体形式就是法律。卢梭的思想主张在法国大革命中成为罗伯斯庇尔领导的雅各宾派的理论旗帜，对欧美各国的革命产生了深刻影响。他从根本上反对君主的存在。

五、康德（1724—1804 年）

德意志著名哲学家，1740 年入哥尼斯贝格大学。从 1746 年起任家庭教师 4 年，1755 年完成大学学业，取得编外讲师资格，任讲师 15 年。在此期间，康德作为教师和著作家，声望日隆。

从 1781 年开始，康德在 9 年内出版了一系列涉及广阔领域的有独创性的伟大著作，短期内带来了一场哲学思想上的革命。如《纯粹理性批判》（1781 年）、《实践理性批判》（1788 年）、《判断力批判》（1790 年）。

主要思想：1. 指出启蒙运动的核心就是人应该自己独立思考，理性判断；2. 强调人的重要性，提出"人非工具"；3. 相信主权属于人民，自由和平等是人生来就有的权利，但同时坚持人要自律，自由和平等只能在法律的范围之内。

康德在《历史理性批判文集》这本书中，是这么定义启蒙运动的：人类脱离自己所加之于自己的不成熟状态。

六、霍布斯（1588—1679 年）

早期著名的启蒙思想家，生于英国威尔特郡的一个乡村牧师家庭。他自幼聪颖好学，15 岁进入牛津大学学习。曾在欧洲大陆旅游过多年，结识许多科学家，并做过培根的秘书，思想深受培根影响。

英国资产阶级革命时期，霍布斯曾一度移居法国，克伦威尔执政时返回英国，此后他的思想得到传播。英国革命并没有受到霍布斯等启蒙思想家的影响。

霍布斯既提出了一些最基本的启蒙思想，但又带有明显的落后意识。他认为，国家不是根据神的意志而是人们通过社会契约创造的；君权也不是神授的，而是人民授予的。他坚持统治者一旦获得授权，人民就要绝对服从，不可反悔。因此，他并不反对君主专制，甚至认为专制政权有干涉臣民财产的权力。他认为宗教是人类无知和恐惧的产物，但又提出宗教有助于维持社会秩序。代表作有《利维坦》。

七、洛克（1632—1704 年）

他的思想形成于英国革命期间。他对霍布斯的思想进行了修正，指出人们按契约成立国家的目的是保护私有财产，因此国家不应干涉公民的私有财产。他有一句名言："我的茅屋子，风能进、雨能进，国王不能进。"洛克甚至进一步认为私有财产是人权的基础，没有私有财产就无人权可谈。

在政权形式上，他赞成君主立宪制，主张国家的立法权、行政权和处理外交事务的权力应分属议会和君主。他的立法行政和外交的分权思想后来为孟德斯鸠继承和发展，变成了立法、行政、司法的现代三权分立模式。

八、斯宾诺莎（1632—1677 年）

著名的荷兰哲学家，其接受了拉丁语的训练，而正是凭借着拉丁语，他得

人啊，认识你自己！
—— 人类两次大思潮运动

以接触到笛卡尔等人的著作。斯宾诺莎本为犹太人，犹太教会以其背叛教义为理由，在他24岁时将其驱逐出境，后卜居海牙。他不承认神是自然的创造主，认为自然本身就是神的化身。他的学说对18世纪法国的唯物论者和德国的启蒙运动有着颇大的影响，同时也促进了从唯心到唯物、宗教到科学的自然派过渡。

主张：1.民主政体自由论：斯宾诺莎从天赋人权出发，痛斥神学对人的思想和自由的压制。他在宣传思想自由的同时，还强调人在行动上要守法。2.伦理学：他首先从形而上学讲起，再转论各种炽情和意志心理学，最后阐述一种以前的形而上学和心理学作基础的伦理观。他的形而上学思想是笛卡尔思想的变体，心理学思想也带有霍布斯遗风，但是伦理学思想却是独具一格。3.形而上学：思维和广延全是神（即自然或实体）的属性。神还具有无限个其他属性，因为神必定处处无限。

启蒙运动启迪了人们长期被宗教信仰禁锢的思想，对后世的影响是深远的。

新兴自然科学证明自然是受理性所管辖的。大多数启蒙时期的哲学家和苏格拉底及斯多葛学派这些古代的人文主义者一样，坚决相信人的理性。所以，法国启蒙运动时期被称为"理性时代"。哲学家认为，他们有责任依据人不变的理性为道德、宗教、伦理奠定原则内容。不过，西方文明最欠缺的正是这些人文哲学的原则内容，建构性的伦理道德哲理体系一直没能建立。也可能是因为这个缘故，在接下来的日子里，西方的自然科学理论得以轻装上阵，进步的速度是惊人的。

没有哲理文明的空洞可以用宗教来填补，没有宗教信仰的文明却很难以科学或物质文明来补缺。人们在宗教改革的路上，认为宗教必须自然化，宗教也必须与"自然"的理性和谐共存。当时有许多人为建立所谓的"自然宗教"而奋斗，有很多唯物论者不相信上帝，自称为无神论者。大多数启蒙时期的哲学家认为否认"上帝"的存在是不合乎理性的，因为这个世界太有条理了，牛顿就持这样的看法。同样，这些启蒙时期的学者也认为相信灵魂不朽是合理的。他们和笛卡尔一样，认为人是否有一个不朽的灵魂不是信仰问题，而是理性的问题。

8.3　西方科学体系的确立

"文艺复兴时期的欧洲科技得到了全面的发展。一方面，文艺复兴一定程度上解除了专制主义对人们思想和行为的禁锢；另一方面，欧洲的对外扩展受到了很多外来不同思想的科技文化的启发；再者，由于经济的增长和资本主义对科技的需求和资金投入，这些都促进了欧洲科学技术的快速发展。"[①]

18世纪，欧洲在科学上取得下列进展。

一、数学

代数学扩展并得到系统化发展；三角学推广成为数学分析的一个分支；微积分有了发展，而且被用来解决几何学、力学和物理学等学科中的问题。函数的一般理论建立。方程和无穷极数的理论提出。变分法奠定了基础，概率学说得到发展。解析几何的原理获得了比较一般的表达；画法几何初露端倪。力学丰富了，充实了好几个新的原理，如动量守恒原理、达朗贝尔原理和最小作用原理。数学分析越来越多地应用于力学问题，完成了系统化。对液体运动和液

[①] 许海山. 欧洲历史[M]. 北京：线装书局，2006：134.

人啊，认识你自己！
—— 人类两次大思潮运动

体中固体的运动的研究有了进展，为此产生了精心设计的流体动力学实验。气体分子运动论开始出现，认为气体的压强是由其运动粒子碰撞所产生，受其密度和温度影响。

二、天文学

在牛顿成果的基础上，构造了一个庞大的动力学体系，所取得的成果都汇集在拉普拉斯的《天体力学》之中。三个互相吸引的物体的运动问题，专门就太阳、地球和月球进行了研究。

三、物理学

物理学几乎在其一切分支中都取得了客观的进步。在光的研究中，最重要的进步是在光度学方面，它的理论原理和实验原理由兰伯特和布格埃在18世纪中期提出。在声的研究中，声音的拍、音调、强度、速度和可闻度等项的测定取得了进步。在热容量、潜热、热膨胀测量和热的动力说等方面有了许多新的发现。

电和磁的研究进步迅速。在这个领域中，18世纪的发现包括：有两种相反的带电状态存在；一些物体具有导电性；只要附近有带电物体存在，导体便产生电荷；电在低压下能击穿空气。18世纪还发明了改良的以机械方法产生电荷的摩擦机器、积蓄和存储电荷的电容器，以及用于检测和测量电荷的验电器和静电计。

对电现象的数量方面的兴趣越来越大，库仑用实验证明，电荷之间的力服从平方反比定律。证明了闪电是放电，以及整个大气平常处于带电状态。

四、气象学

气象学的研究，由于在国际范围内组织系统的观测，利用标准化仪器按照统一的程序采集数据而取得了进展。气压计和温度计的设计和应用有了改进；发明了新式的温度计和风度计等仪器。

五、化学

拉瓦锡使化学系统化了。用于气体的收集和爆炸、燃烧和煅烧的实验、水的合成等各种用途的重要装置先后被发明出来；确证了物质在化学变化中的守恒；化学亲和性和当量的研究取得了进展；对化学的命名法作了改进，并逐步标准化。

现代化学的元素周期律是1869年俄国科学家门捷列夫首创的，他将当时已知的63种元素依原子量大小顺序并以表的形式进行排列，把有相似化学性质的元素放在同一行，就是元素周期表的雏形。利用周期表，门捷列夫成功地预测了当时尚未发现的元素的特性（镓、钪、锗）。1913年，英国科学家莫塞莱利用阴极射线撞击金属产生X射线，发现原子序越大，X射线的频率就越高。因此，他认为核的正电荷决定了元素的化学性质，并把元素依照核内正电荷（即质子数或原子序）排列，经过多年修订后才成为当代的元素周期表。在周期表中，元素是以元素的原子序排列，最小的排行最先。表中一横行称为一个周期，一列称为一个族。元素周期表的意义重大，科学家正是用此来寻找新型元素及化合物。

此外，很多学科也被建立起来并得到不同程度的发展，如地质学、生物学、医学等。

西方整个科学体系的确立有赖于能量守恒定律的发现和数字作为关联众多科学学科的工具所起的作用。如在理论物理学方面，从力学的牛顿"万有引力定律"到电磁学的"欧姆定律"，数字都能把它们串联到一起。

能量守恒定律的最后确定，是19世纪中叶由迈尔（1814—1878年）、焦耳（1818—1889年）完成的。[1] 1845年，迈尔又发表了《与有机运动相联系的新陈代谢》一文，进一步发展了他的观点。在文章中，迈尔阐述了有关能量转换的相互

---

[1] 孙肇伦，钱逊. 知识地图［M］. 重庆：重庆出版社，2007：298.

人啊，认识你自己！
—— 人类两次大思潮运动

关系。他指出，机械能的消耗可以产生热的、磁的、电的、化学的效应，他考虑到了电和生物学的过程。迈尔的新观点已经超出了当时物理学界的水平。[①]

19世纪早期，人们发现了电磁感应现象，根据电和磁的相互转化，找到了很多不同运动形式的能量在相互转化中的当量关系，这关系被总结为"能量守恒"定律，化学、力学、电、热、光、磁……在"能量守恒"定律下是可以相互交换的能量。在进一步完善电学理论的同时，科学家们开始研制发电机。1866年，德国科学家西门子制成一部发电机，后来几经改进，逐渐完善，到19世纪70年代，实际可用的发电机问世。电动机的发明，实现了电能和机械能的互换。随后，电灯、电车、电钻、电焊机等电气产品如雨后春笋般涌现。[②]这就触发了第二次工业革命。

在第一次工业革命时期，许多技术发明都来源于工匠的实践经验，科学和技术尚未真正结合；中国的科学技术虽说一直领先世界，但到宋朝、明朝都仍然停留在这个层面上，未能取得突破，究其原因，应该在我们对数字的态度上。中国人对数字的态度是实用的，而古希腊人追求的是数的和谐。

8.4 数的和谐

早在公元前五百多年，希腊的思想家毕达哥拉斯就已经有了"数的和谐"这个概念。

---

① 孙肇伦，钱逊.知识地图[M].重庆：重庆出版社，2007：300.
② 罗铭泉.文明的脾性[M].北京：中国民主法制出版社，2017：132.

第八章
第二次大思潮：文艺复兴到科学体系的确立

如果说图形文字是哲学的文字，拼音文字是讲话、语言、发音的符号，那么科学的文字应该就是数字了。

图形文字，尤其是中文的图案总是能令人产生联想，图案代表的各种大自然物象有时仿佛能浮出纸面，带出生动感甚至散出灵气。至于抽象的人心、人性、人的感情等，也能通过文字表达，启发人们的思想。哲理性思维需要的就是这种意境，一种和谐地融入大自然的状态；要理解大自然，不融入又如何做到。中国文人写诗赋词，追求的就是一种精练雅洁的意境和捕捉到这种意境的瞬间的满足，但这都是拼音文字能力范围之外的事了。

拼音文字是通过符号表达各种语言的语音。语言是人类最早的沟通工具之一，但在信息的传承与保留方面是有着很大的不足的，拼音文字弥补了这个不足。

科学是严谨的，需要精准的符号来表达，一点儿都不可以马虎，也一点儿都不能含糊，一点儿侥幸的心态都不能存有，所以精准的数字就是最理想的表达工具。

毕达哥拉斯（约前580—前500年）对数论作了很多研究，将自然数分为奇数、偶数、素数、完全数、平方数、三角数和五角数等。在毕达哥拉斯派看来，数为宇宙提供了一个概念模型，数量和形状决定一切自然物体的形式，数不但有量的多寡，也具有几何形状。在这个意义上，他们把数理解为自然物体的形式和形象，是一切事物的总根源。因为有了数，才有几何学上的点，有了点才有线、面和立体，有了立体才有火、气、水、土这四种元素，从而构成万物，所以数在物之先。自然界的一切现象和规律都是由数决定的，都必须服从"数的和谐"。[①]

毕达哥拉斯还通过说明数与物理现象之间的联系，来进一步证明自己的理

---

① 孙肇伦，钱逊. 知识地图［M］. 重庆：重庆出版社，2007：60—61.

人啊，认识你自己！
—— 人类两次大思潮运动

论。他曾证明用三条弦发出某一种乐音和它的第五度音、第八度音时，这三条弦的长度之比为 6 ∶ 4 ∶ 3。他从球形是最完美的几何体的观点出发，认为大地是球形的，提出了太阳、月亮和行星做均匀圆运动的观点。他还认为 10 是最完美的数，所以天上运动的发光体必然有 10 个。毕达哥拉斯同时任意地把非物质的、抽象的数夸大为宇宙的本原，认为"万物皆数""数是万物的本质"，是"存在由之构成的原则"，整个宇宙是数及其关系的和谐的体系。毕达哥拉斯派把哲学思辨作为净化灵魂的一种活动，他们认为"灵魂是一种和谐"。净化灵魂的手段是音乐和哲学，因为音乐是和谐的音调，哲学是对事物间和谐关系的思索。但不论是音乐的和谐，还是事物之间的和谐，都是一种数的规定性，因此，哲学首要的对象是数。[①]

因为有了数，有了几何上的点、线、面，有了立体的实物，所以数字成了表达物体、科学的最好工具。后来事情的发展也是如此。人们通过数理逻辑方法和数学语言建构科学和工程模型，然后通过这些数字模型解决了很多难题，从经济学、社会学、生物学、工程学、管理学、医学、化学，到气象学的天气预测、物理学的原子弹爆炸、社会学的沙场推演等，无不与数字有关，到 21 世纪初更是出现了数字经济，这一切都是物质世界的部分。

到这里，我们可以清楚看到数字是如何把所有自然学科连接起来的，看到数字科学与自然科学的关系，但都与形而上的哲学无关。不过，它正好是有与无辩证的注脚。

数，还能是"哲学首要的对象"吗？如果不能，那就是中文的翻译有误了。看来，我们早就应该把希腊"哲学"的中文翻译纠正过来，把它还原为"思考"了。

---

① 孙肇伦，钱逊.知识地图［M］.重庆：重庆出版社，2007：60—62.

第八章
第二次大思潮：文艺复兴到科学体系的确立

8.5 欧洲的"百家争鸣"与秩序重整

"何谓门槛？能力够了就是门，能力不够就是槛。"

对于大自然的奥秘，在二元分立的世界里，人类的基本态度有三种：第一种是假设的有神论，第二种是假设的无神论，这两者都是唯心主义；第三种是孔子主张的"知之为知之，不知为不知，是知也"，唯物务实地绕过神鬼有无的争议，开创了民本思想的"做人的哲学"。于是，中国人在哲理的探讨上、在精神文明的问题上，多了一扇门，少了一道槛，收获了一份难能可贵的清明。同时，这也解释了为什么以宗教文化为主的文明很难产生"人"的哲学。

牛顿在物理科学上的成就很大，但他又是有神论的支持者。他觉得这个世界有如此多的奥秘，是如此复杂，却能运行得井井有条，四时顺序，没有神的存在是不可能的。这是一个自然科学家的一种唯心的假设，因为他的结论不科学，没有推理也没有求证。不过，这倒说明了人是有精神需要的，不管是什么人，也不管他的思想在逻辑上存在多大的矛盾，能满足其自身的需要就好。

启蒙运动通过自然科学的力量让欧洲人慢慢从宗教的桎梏中解放出来。通过科学得出来的结论是讲道理的、摆事实的，逻辑上也是令人无可怀疑的。于是，科学得到各方面的肯定而成为欧洲人长期被禁锢的思想上的一个突破口，西方人终于也有了他们的"百家争鸣"，不同的科学思想逐渐发展，形成我们今天熟知的自然科学中的不同学科，这些学科，又被串联起来成为一个完整的自然科学体系。

人啊，认识你自己！
—— 人类两次大思潮运动

这是人类在第二次大思潮运动中获得的辉煌成果，其背景与第一次大思潮运动相似，也是经历了数百年的动乱战争，是各方力量在争霸中谋求统一的结果。只不过这次思潮兴起于由欧洲人主导的全球殖民运动之后，同期更有资本主义的诞生与壮大、宗教力量对教徒思想约束的调整、海权主义的大英帝国对欧洲陆权崛起的高度戒心，这些相互制约、对立的力量使得整个思潮诞生的背景更为复杂。但对自然科学来说，这些力量又都成了它的催化剂。因为战争与军工的需要，科学思想在各领域的发展速度是惊人的。

在众多新军工产品发明的刺激下，人也变得越来越不安分，终于导致了第一次、第二次世界大战的爆发，而两战之间的分隔期还不到三十年。到现在，欧洲人仍在不断谋求欧洲的统一，同时不断打压与其诉求不同的力量。虽然一些欧洲外部的力量也很强大，但其内部的力量，各民族之间对自己利益最大化的诉求，才是妨碍欧洲秩序整合的最严重阻力。中国在两千多年前就走完了的路，对今天的欧洲人来说是漫长而修远的。

一方面，科学的发展使人类对自身的认知有了很大的进步，但也不过是在物质层面上。也就是说，我们通过科学手段对身体的肌理和器官有了更深入的了解，但都是分隔式的，并不全面，所以西方医学最大的缺陷就是顾此失彼。这种唯物的对人的认知，构建了西方医疗体系的全部基础，与更深层次的对人性的探讨、认知、约束和道德的提升都没什么关系。于是，随着西方医学的发展，出现为了牟取利益而买卖人类器官，为了控制他人而在人体内植入芯片等行为，也就不足为奇了。

另一方面，科技的发展助长了帝国主义对外侵略的野心，也促进了军国思想的膨胀，认为先进的生产力与武器会带给他们更多的财富，可以成为他们征服世界的工具。于是，帝国主义者造出了可以毁灭全人类的原子弹、氢弹，结果导致两大军事阵营在欧洲长期对峙，谁都不敢冒天下之大不韪动用能毁灭全

第八章
第二次大思潮：文艺复兴到科学体系的确立

人类的武器，这些武器也就成了"纸老虎"。

数千年来帝国主义追求的都是霸力的满足，只是以强权得来的果实永远是短暂的，真正可以长期有效运行的秩序只靠霸权无法建立。林则徐曾写过一副对联，上联是"海纳百川有容乃大"，下联是"壁立千仞无欲则刚"。意思是我们要像大海接纳百川那样宽容，才能成就壮大自己；我们要像高耸的峭壁那样正直，去私欲才能刚强。只是，以上两点欧洲人都做不到。首先，他们的宗教信仰都是排他性的，很难对异教徒甚至无神论者宽容。其次，排他性是为了维护教廷的经济权益。在人的作用下，罗马教廷从一开始就与罗马帝国有着政教合一的密不可分关系，所以他们不可能无欲。如果他们刚强，恰恰是因为他们有欲。为了追求穷奢极欲，他们不得不刚强，这不过是一种不可持久的外强中干。历史中，帝国链条上的所有帝国莫不如此。

欧洲的秩序重整是沿着数千年帝国兴替的思维逻辑演变的，其中有美国的私心与其强大的影响力在起作用，再加上欧洲各国本身的矛盾，整合来整合去，总是理不出一个和谐的、能共同进退的秩序来。北大西洋公约组织的初心是维护成员国的和平安宁，可经过五次东扩，北约已经变成一个极具攻击性的军事团伙了。欧盟的很多国家都与北约成员国重叠，看来，在缺乏充分自主权的情况下，欧洲人要通过欧盟重整理想中的欧洲新秩序是有一定难度的。从历史的脉络看，欧洲不乏往外扩张的攻击性极强的民族，在美国国力日益衰弱且对欧洲的钳制力有所减弱的情况下，欧洲新秩序整合的脚步肯定会加快。爱好和平的人们对这一点千万不能掉以轻心，只有团结奋进、自强不息、在科技上不断创新进取才是安邦立命之道。

第九章
李约瑟之问与元明清之殇
▶▶▶

现代科学文明体系确立后，在西方各国得到很好的传播，并且因为各方面高效的互通、国家争霸的需要、个人名利的诱惑而得到急速发展。物质世界是越来越丰富了，利益的冲突与各国争霸的野心导致军工势力的膨胀也越来越明显，终于把人类推到世界大战的十字路口。这些事本来与本书的主题无直接关系，但英国学者李约瑟（1900—1995年）在他编著的十五卷《中国科学技术史》中提出："尽管中国古代对人类科技发展做出了很多重要贡献，但为什么科学和工业革命没有在近代的中国产生？"这个问题在1976年被美国经济学家肯尼斯·博尔丁称为"李约瑟难题"，也就是李约瑟之问。

中国著名科学家钱学森曾提出过类似的问题，"为什么我们的学校总是培养不出杰出的科技创新人才"，也就是"钱学森之问"。这都是中国科学研究领域的核心课题。

公元前4世纪，中国人完成了人类第一次大思潮运动，在随后的几百年间，中国人的价值观都定位在伦理、道德、礼义上，而非追求与生俱来的霸

第九章
李约瑟之问与元明清之殇

力、物欲、私利。这种与西方不同的人生价值观,正是东西方文明根本的结构性区别。从这时候到16世纪之间,中国人在科学和技术方面的发达程度远远超过同时期的欧洲,哲学方面的成就更是西方不能比拟的。到东汉晚期,黄巾作乱,道教开始流行,中国也有了以宗教凝聚人心的范例,但中国始终保持政教分离的体制,而且保持唯物主义的哲理性清醒。至于文官选拔制度、私塾教育和诸子百家各成流派,都是欧洲没有的。

其实欧洲许多地区一直到中世纪结束前都只是一个地理上的概念,很多地方都没有自己的文字和国家,在希腊人、罗马人看来,都是野蛮游牧民族居住的地方。在17世纪,特别是在文艺复兴之后的西方,情况才有改观。欧洲经历了一千余年宗教的黑暗时期,希腊、罗马的古代典籍也被欧洲中世纪的焚书行动毁灭。之后,欧洲人在从阿拉伯帝国保存的希腊、罗马古籍里复原了他们早已丢失了的文化,同时消化吸收了通过元人西传的中华文明的科技与产业、体制、哲学与文艺等成就,从而促进了近代科技与工业文明的诞生。

1765年,瓦特发明蒸汽机开启了工业革命。1831年,英国科学家法拉第发现电磁感应现象。1847年,西门子—哈尔斯克电报机制造公司建立,开启了电气化时代。

1840年,英国的机械化生产已基本取代了手工业生产。同年,英国人到中国销售鸦片毒品牟取暴利,并在中国的抵制下悍然对中国发动了鸦片战争,随后的庚子赔款,其数额之巨更把中国经济拖进了深渊。

从《马可·波罗游记》的诞生到工业革命电气化的开始,欧洲经历了约六百年的努力,虽然还没有完全摆脱宗教的桎梏,以致在哲理文明方面没什么建树,但在科学文明方面终于超过了中国,于是有了"李约瑟之问"。但他对英国人贩卖鸦片并通过战争以霸力牟取暴利的史实,应该是心中有数的。问题的部分答案也就在这里,更早更深层次的答案,我们继续找。

人啊，认识你自己！
—— 人类两次大思潮运动

从 17 世纪中叶之后，中国的科学技术发展江河日下。据有关资料，从公元 6 世纪到 17 世纪初，在世界重大科技成果中，中国的成果所占的比例一直在 54% 以上。而到了 19 世纪，骤降为只占 0.4%。这大起大落背后的原因，我们下面继续探究。

长期以来，西方学术界的思潮是把科学仅仅视为知识，在一个自主的封闭体系中去探讨科学的诞生和发展，这就是所谓"内在论"或"内部主义"的思潮。但是，李约瑟通过对中国古代技术的长期研究，发现仅仅用内在论去研究这一问题是远远不够的，还需要从外部，即外在的影响，如社会经济、人文思想方面去研究它们对于中国古代科学发展的影响。

李约瑟花费了大量的精力，试图寻找答案，但得出来的结果缺乏深度，就连他自己也不满意。他的看法是：中国没有具备宜于科学成长的自然观；中国人太讲究实用，很多发现滞留在了经验阶段；中国的科举制度扼杀了人们对自然规律探索的兴趣，思想被束缚在古书和名利上，"学而优则仕"成了读书人的第一追求。

中国人不懂得用数字进行管理，这对中国儒家学术传统只注重道德而不注重定量经济管理是很好的批评。

中国科学技术难以得到发展，是因为缺乏科学技术发展的竞争环境。在中国，商业阶级从未获得欧洲商人所获得的那种权利，"重农抑商"政策表明了那些年代政府的指导性政策。比如，明朝末期的宋应星在科举失败后撰写《天工开物》，但他认为不会有官员读这本书。

在西方，发展了以还原论、公式化为研究方法的科技。此种科技的兴起与商业阶级的兴起相关，鼓励较强的技术开发竞争。在中国，反对此种科技发展的阻力太大。比如，欧洲国家之间的竞争使得欧洲在中国火药的基础上发明并改良火药武器。

第九章
李约瑟之问与元明清之殇

以上是李约瑟的观点,我们不予评论。人的私心、虚荣心、争强心、好胜心经常误导我们,扭曲着我们应有的公心。所以,拿一个问题去问十个人,会有十个答案、二十个反问、三十个争论……敏感、具有争议性的问题更是如此,还不如把我们知道的论点一一列举,理出个所以然来。当然,这里有一个前提,我们是从中国人的角度客观看问题的。

我们对"李约瑟之问"的观点是:

从历史脉络与人文文明的角度分析,我们知道野蛮与文明长期的对立性,更知道文明在野蛮面前的脆弱性,也知道越是文明,就会带来越多的自我约束而愈加脆弱。但文明的路只能这么走,有点悲壮、有点无奈却无可选择。走通了是和谐社会、光明大道,没有走通的就是数千年缺少人文文明的帝国之路,其特征就是以大多数人长期的痛苦与黑暗换取少数人的享乐与欢愉。

汉朝是个分水岭,中国人从霸蛮的帝国之路开始走出了一条有希望通向文明的民本之路来。这一走就是两千多年,成效是有的,缺点也不少。从外表看中国人是越来越文绉绉了,但这不正是一个有修养的人、讲道理的人应有的表现吗?这样的表现,在同一个文化圈子里的人会认同甚至尊敬,但对崇尚武力走帝国主义之路的人来说,这就是软弱的表现,是可欺负的最好对象。纵观历史横看世界,都是如此。

汉人的强悍与自信随着时间的推移慢慢淡化了。日子太平了,难免声色犬马、饮酒作乐。精美的手工艺品越来越多了,艺人们甚至能在米粒上雕字,一门门绝技就这样流传开来,令人爱不释手,叹为观止。这都是中华文明独有的创作。社会的精英把更多的精力花在诗词歌赋上,他们在中国文字的使用上下功夫,字斟句酌、细心推敲,呕心沥血地组织文字,慢工提炼,留给世人很多意境高远的旷世佳作,很多哲理性的内容与意境又与中国的大思潮运动所开创的哲学文明有关,也是世上其他文明所没有的。在中国人的思维逻辑里,尊天

人啊，认识你自己！
—— 人类两次大思潮运动

敬祖与天道观都是自然的传承，人在大自然中的位置也就这样被确定了。中国人对大自然奥秘的探索是实用的，也从未想过要去征服它。"征服"是西方人的观念，从早期的希腊人往海外殖民，到欧洲各国在世界各地的"大殖民运动"，从陆地帝国霸权的延伸，到对海上各地的掠夺都是同出一辙的，就像恺撒大帝说的那样，"我来过，我看见，我征服"。就我个人来看，这样的话语表达的不是自信而是狂妄自大，这又是与中国儒家思维格格不入，甚至是相反的。其实只要我们细心想一想，人在大自然中的分量是何等渺小，在很多事情还没有弄明白之前就说要去征服它，这不是自大又是什么？

就这样，我们从历史中一路走来，在唐诗宋词中让感情得到充分释放后，却迎来了蒙古人的入侵，"元明清之殇"就此拉开了序幕，中国有史以来的第一次亡国就这样开始了。文明的结果是讲道理，但与拳头讲道理又从何讲起。

亡国之痛是沉重的，它的影响不光是在物质层面，精神层面的伤害更是要命，而且是累积的、长期的、深远的。元朝初期，曾有大臣提出对汉族五大姓汉人进行屠杀。在这种空前残酷的历史背景下，大量的科技传承都断绝了，汉人平民的识字率也达到了中国汉朝以后的最低水平。蒙古人又把全国人民分成四等，在顶尖的当然是一等的蒙古人；其次便是西亚、欧洲的色目人；再次是在中国北宋作为统治者的辽人、金人，也有部分北方的汉人；最后也是最低的一等，就是南（南宋）汉人了。南汉人家庭每十户人家才允许保留一把菜刀，轮流在做饭时使用，其他兵器、利器更是严格禁止拥有，这都只是亡国之痛的一小部分。以上种种，导致明初的科技发展条件远不如宋初。

到了明朝，开国皇帝朱元璋因为出身寒微，对中国的传统文化认识不多，再加上在大时代背景下多方压力的影响，他成为皇帝后的思想和价值观都是混乱的，毫无传统儒家文化的特征，他甚至连孟子所谓"民为贵、社稷次之、君为轻"的言论都不能容忍，硬是要把孟子从天下庙堂中赶出来。

第九章
李约瑟之问与元明清之殇

在这种专权制度下，社会对人们思想行为控制的手段颇多，所谓"女人裹小脚"等封建恶习大都产生于这一时代。究其因，与中国士大夫阶层长期受到外族打压而致人才凋零、士气低落有关。一个国家的爱国人士、精英阶层受到外来统治者的长期打压，元气能不大伤？

吴三桂为了个人的恩怨罔顾国家利益，放清兵入关，中国人第二次亡国的命运便锁定了。当清军摧毁汉人的骄傲和社会地位，并在元朝屠杀汉人的恶劣罪行上，做出更不可饶恕，更残酷，更旷日持久的、丧失天良的行为，如扬州十日、嘉定三屠、苏州之屠、南昌之屠、赣州之屠、江阴之屠、昆山之屠、嘉兴之屠、海宁之屠、济南之屠、金华之屠、厦门之屠、潮州之屠、沅江之屠、舟山之屠、湘潭之屠、南雄之屠、泾县之屠、大同之屠、汾州之屠、太谷之屠、泌州之屠、泽州之屠等，使整个中国陷入一片腥风血雨中，汉人的软弱、政治的腐败和士气的低落，都到了无以复加的地步。清人实施强力的愚民政策，并且大兴残暴的"文字狱"。例如，一个雍正年间科举考试中的考题"维民所止"就被有心人利用，说是"雍正"被去头了，结果令很多人倒了大霉。中国近代科技发展的萌芽也就被摧毁了。

清人为中国编写了洋洋洒洒的一大套《四库全书》，但其中禁毁的图书达3000多种，几十万部以上。禁毁的书名可谓种类繁多，不仅包含民族、政治、文化等方面，还涉及科学、技术、经济等方面，如《经济考》《军器图说》等。在清朝统治的几百年里，诸如，《天工开物》之类的技术书籍居然消失了。《天工开物》所记载的科技在当时是相当先进的，但是直至中华民国它在日本被发现才得以重现中华大地。清朝禁毁图书的程度是前无古人的。

清朝禁书《军器图说》，实际上是明朝火器部队相关的重要图书之一，明朝时期中国军队的装备一点儿也不落后于西方。在隆庆年间，明朝所使用的火器多达几十种。在航海方面，著名的郑和下西洋就是例证，郑和所乘的宝船是

人啊，认识你自己！
—— 人类两次大思潮运动

当时世界上最为先进的船只。相比之下，哥伦布发现新大陆的船就显得太袖珍了。但是，为什么后来会在短时间内出现这么大的东西方科技落差呢？

问题的重心在于清人从头到尾都对汉人怀有重重的戒心，所以清朝的官制是二元化的，以满人为主汉人为辅。表面上好像是相互制衡，其实较大的权力往往都在八旗子弟那边，他们拥有的是实权，而且可以随时面朝天子。同一官职的汉人很不好当，经常受到怀疑与诬害。从曾国藩仕途的起落我们应可得到一些启示，他在清朝落败于太平天国时所起的扶危救亡作用和胜利后得到的回报，就是明证。

清人入主中原是靠暴力得天下的，对中华民族的传统文明危害甚大。从发式衣冠到民风习俗、读书人的气节传承，都造成了很大的伤害。他们对得来的新的版图并不珍惜，就算在康熙盛世之时，清人打败了从北面入侵的寥寥数千沙俄军队后，并没有将敌人驱离国土，反而接受了俄军的割地赔款要求，以求息事宁人，签订了《中俄尼布楚条约》。既然在全盛时期打胜仗还得割地赔款，那么晚清时期做出种种丧权辱国的事情就不难理解了。国家领土是神圣不可侵犯的，俄罗斯总统普京说过："俄罗斯国土虽大，但没有一寸是多余的。"这种心态与清人相比有巨大的落差，折射出中华文明所面对的不幸。

清朝的历史着实令人不忍卒读。在慢慢适应了统治者的身份之后，清人又多了一种高高在上的主子心态，"主子""奴才"等词开始流行起来，两个民族间这样的称呼是前所未有的。到现在我们所拍的有关清朝的电视剧、电影仍在沿用这些词汇，而且乐此不疲，可见它的影响之深，也可见它对汉人自尊的打击之大。这种风气应该尽快扭转，否则何来文化自信？清朝孕育起来的阿Q精神，我们也得砍断它，不能让它继续为祸中华了。

其实明朝还是有不少好的科技成果的。徐光启编著的农业巨著《农政全书》以及和利玛窦合作翻译的《几何原本》就是其中之一。现今几何上的很多

第九章
李约瑟之问与元明清之殇

用语，如点、线、面、三角形、平行线等，都来自《几何原本》。明朝翻译的西方著作是很多的，如《建筑十书》《各种精巧的机械装置》《哥白尼天文学概要》等。明朝还编著了《崇祯历书》，着重介绍西方数学和天文学知识。明朝并非一个封闭和黑暗的朝代，只是贪污腐败比较严重，宦官专权比较恶劣，大臣忙于党争。明朝时期，中国在不断地接触和吸收西方的科学技术。按照明末发展的趋势，中国传统科学已经复苏，虽然税收较多，但人们也都很喜欢研究科学。明末时期的科学相当注重数学化或定量化的描述，而这些又是近代实验科学萌芽的标志。如朱载堉的《律学新说》、潘季驯的《河防一览》、程大位的《算法统宗》、徐光启的《农政全书》、宋应星的《天工开物》、徐霞客的《徐霞客游记》、吴有性的《瘟疫论》等，都是具备世界较高水平的著作，在中国历史上也算是空前的科技繁荣时期。

1644年，英国封建王朝被打败，为资产阶级革命的胜利奠定了基础，其后虽有反复，但1688年"光荣革命"成功以后，在君主立宪制度下，英国就在资本主义道路上开始了新征程。而中国由于清军入关，残酷的战争中断了科学发展的进程。到了清康熙时期，全国已基本上统一，经济也得到很大的发展，而且有懂科学的传教士在身旁帮忙，国内、国外的环境都不错，这时是一个机遇，是中国有可能在科学上与欧洲"同步起跑"的时机。然而，由于康熙一系列错误的政策，使我们失去了本可以与欧洲"同步起跑"的机会。如，康熙在用人上，对汉人采取防范措施，致使一些汉族科学家得不到重用；在培养人才和集体研究问题上，在有众多传教士的前提下，既没有兴办外语学校，也没有组织中国学者翻译外国科技书籍；在制造仪器和观测方面，只是把所制成的仪器视为皇家礼器，只供皇帝本人使用，未能发挥这些仪器应有的作用与效果，更不要说惠及社会了。

纵观元明清三代的科技发展，可能是基于历史的惯性作用，元代还是有许

人啊，认识你自己！
—— 人类两次大思潮运动

多原创的科学技术成果的，如黄道婆的纺织术、天元术（即立方程的方法）、四元术（即多元高次方程组的解法）、火铳等。而明代，除了翻译西方的科学技术成果外，原创不多，李时珍的《本草纲目》也主要是总结了中国几千年来的医药成就，应不属于明代原创。清代更是没什么拿得出手的科学技术发明，不仅与世界科学技术的交流基本上断绝了，连承继前朝的科学技术成果都很难做到。

对于中国传统科学的弱点——系统性、理论性不强，康熙好像未予以重视，他只关心一些普通常识问题，从欧洲传进来的一些理论体系，不管是第谷体系还是哥白尼体系，都好像未能引起康熙的重视。康熙时期是我们科技发展落后于欧洲科技发展的起点，之后的清朝统治政策也阻碍了中国科技的发展。如乾隆后期的"复古"运动就崇尚一切都可以从古书中找到原因，包括科技。康雍乾这三位皇帝被公认为清朝历史上比较有作为的君主，他们之所以没有采取较积极的科技政策，不是因为他们的目光短浅，而是因为他们敏锐地看到了科技对生产力、对战争形势的改变。随着科技的发展，社会资源的产生不再与占有土地数量、人口规模等封建社会基础资源成正比，士兵个人"武勇"在战争中的作用也将被大大削弱，依靠"弓马"之术立国的清朝政权必然岌岌可危。而且作为以寡民凌多民的统治者，首先要做的就是削弱被统治的广大汉民的民智，如通过文字狱等手段禁毁一切可能的进步，以达到愚民的目的。

从中统元年（1260年）忽必烈抵达燕京并在同年春天召开的库里台大会上宣读《皇帝登宝位诏》称帝后，中国经历了漫长的六百多年的灰暗期，也就是元明清之殇。这时期汉廷两度亡国，汉人地位低微很不好过，中华文明只得凭着自身内在雄厚的能量惯性前进，但六百多年毕竟是一个很长的时间段，再雄厚的能量储备也有耗尽的一天，中华文明是元气大伤了。

清人入主中原的时期是个关键期，西方各国的科技在国家争霸的需要中奋

第九章
李约瑟之问与元明清之殇

力前进,而中国的清政府却因为害怕汉人造反而对科技予以诸多排弃,实行愚民政策,中国的科技哪能不落后?到推翻清朝,国人又在一片思想混乱中囫囵吞枣,在一小撮人"全盘西化"的叫喊声中一呼百应,结果是西方好的东西没学到多少,坏的、放纵的、不符合国情的倒全搬进来了。这也难怪毛泽东说我们一心认西方做老师,但"很奇怪,为什么先生老是侵略学生呢?中国人向西方学得很不少,但是行不通,理想总是不能实现"。其实只要我们能冷静下来思考,这也没有什么好奇怪的,强行贩卖鸦片给我们的人并以此为由发动战争,然后索取剥削性的天价赔款的人,能为人师吗?没有道德伦理的文明,我们能按葫芦画瓢吗?当然,乱世之际,要看清楚包装漂亮的新事物的本质并不容易,要拨开云雾找到我们需要的东西更难;对利之所在,罔顾一切的西方主流文明,我们是病急乱投医找错老师了。新中国的诞生让我们看到了曙光,新中国的百年华诞,更让我们看到了国家的光明前途甚至是人类命运共同体共同繁荣的希望。

从元朝开始到新中国成立,整整 689 年。也就是从新中国成立开始,我们才起步追,拼命地赶,把失去的时间一点一滴、一分一秒地夺取回来,就为争取国家民族的主权独立,争取科学技术的再创辉煌,一洗过去这段日子的屈辱,把我们强大的自我保卫的能力、爱和平的传统、充满人文哲理的文明好好展现在世人面前。孔子"万世师表"这个尊称也到了该落实的时候了,因为他配得上为世人的师表,但要做到孔夫子要求的"兼善天下",谈何容易。

从精神需要和信仰角度看问题。哲学与神学、宗教与道德操守的问题,我们不准备在这里展开讨论,不过我们倒想提出一个问题:为什么不同宗教势力范围的边际总是矛盾重重、冲突不断?难道神不爱和平吗,还是信神的人不爱和平?如果前者的答案是否定的,我们无语;如果后者的答案是否定的,我们更无语。

人啊，认识你自己！
—— 人类两次大思潮运动

人啊，好好地认识自己吧！

从经济角度分析。商业经济发展到了一定程度自然会转变为资本主义经济。资本主义经济的特色是允许个人财产的无限膨胀，并且会在融资方面、金融体制方面、税务方面、法律方面多方配合，鼓励并促进有前途的私企全面发展。很多企业就这样慢慢变成庞大的跨国公司、国际财团，这些公司、财团富可敌国，它们所具备的能量是惊人的，有些更是被资本主义国家利用，为它们的不法活动提供资金和掩护。既然是私人企业，这些公司管理的难点在于，私人企业是个很庞大的团体，它们集结起来的力量很多时候已经可以左右政府，更不用说它们背后的国家力量了。

农业经济的特色就是把人和土地、大自然紧密地联系在一起。中国以农立国，在士农工商中，商业被排在末位，朝廷并不鼓励私人企业和商业过度膨胀，因恐尾大不掉，对社会的公平、稳定和道德造成坏的影响。

中国人与土地接触密切，爱游山玩水享受大自然。西方人多游牧民族，地中海一带更是以海上贸易为主，都具有四处流荡、到处为家的流动特色，所以西方人爱冒险，具有极强的攻击性，喜欢刺激和新鲜感。

民以食为天，在生计面前人类的选择是有限的。务农的人不违农时，只能守着地等收成。游牧民族与海洋民族则刚好相反，他们不停地四处流窜找草原、找渔场，遇到可乘之机，便通过抢劫甚至战争掠夺别人的财富，以补充自身给养。这很自然便形成了两种截然不同的经济模式，一个是面朝黄土背朝天的守；另一个是乘风破浪或疾驰飞奔的攻。问题是守方无论怎样守，都要承受国土被破坏和经济上巨额消耗的损失；反过来看，攻方无本生利，可以靠不停地掠夺来补充自己的消耗，在经济上是绝对有利的，但这些事情，只有缺乏伦理道德的民族才能做得出来。当他们在世上横行到处找软柿子欺负，世界哪能不乱？不过这也正是他们需要的环境，好浑水摸鱼。

第九章
李约瑟之问与元明清之殇

所有人都在喊世界秩序需要公平、正义、民主、自由、法治，到底哪一种经济模式更能形成和维护世人期望的世界秩序呢？是的，世界有点乱，很多贼也在喊抓贼，而且他们喊得比谁都响，把正义的声音给压制住了，于是他们掌握了话语权、掌握了世界舆论的制高点。一般的老百姓为了生计日夜奔波，哪有时间过问世界的事情，很容易就被他们蒙蔽了。在这样的大环境下，人文科学不被重视，名利价值观成为主流。人啊，该好好想想自己了。

从战争的需要角度分析。帝国之路一直以来都是靠蛮力和霸力推进的。早在赫梯帝国时代他们便知道优良的铁兵器是战胜敌人的最关键的原因，亚述人更是在此基础上尽可能扩大他们的优势而发展。于是，优先发展军工产业成了各大帝国行之不悖的国策。当然，爱好和平的国家是没有这种传统的，所以难免总受欺负总吃亏。

中国人追求过太平日子，讲究的是如何把日子过好，因为太平日子毕竟来之不易。好斗的帝国总爱在别人身上占便宜，弄得整个世界不得安生，在他们征服、征服、再征服的惯性思维下，战争催生了军工，也催促了科技的发展。西方就是在这样的环境背景下，通过人类第二次大思潮运动，完成他们的工业革命和科技体系的建立的。

从这个角度看，战争确实是西洋科技文明的催生剂，并且催赶着所有不想做奴隶的人加入这场残酷的竞争中，就像古罗马斗兽场里身不由己的角斗士一样。

话说到这里，大家不觉得这样的科技领先是毫无意义的吗？这是一种无人性、非人道的生活体验，有些人乐此不疲，觉得很刺激，正常吗？不喜欢这种生活体验的人、酷爱和平的人又拿什么来对抗？从这里我们不难得出一个结论：地球不健康，世界也不太平，焉得良医良药，还我清明。

人啊，让我们每一个人都能从内心好好认识一下自己吧。

人啊，认识你自己！
—— 人类两次大思潮运动

我们知道，以上述四点来解答"李约瑟之问"是不够充分的，因为我们没有提到科学文字——数字所起的作用。这一点我们在本书"数的和谐"中有论及，在此就不再赘述了。值得一提的是，简洁的阿拉伯数字的换算使用为数学的发展铺平了道路，它的方便是其他数字不具备的。

说到数的和谐，我们应该知道，虽然中国的科技在元明之前一直领先于世界，但要创造性地构建一个现代科技体系是不容易的，因为我们对数学的态度和热爱不如希腊人，而没有数字从中串联，科学体系无从建立。所以，就算中国没有元明清之殇，最多也就是跟美国一样，随着欧洲的科学起飞而起飞，跟着欧洲的工业革命而革命，不会过于落后。如果当时的政局也像现在一样，中国迟早都会弯道超车，后来居上，重领风骚。

不得不说的是，有些西方人怀疑中国人的思维无逻辑，这见解不免过于主观。中国人的逻辑思维可能与西方人不尽相同，也说不上谁好谁坏，因为中国人的思维有着哲理性的自由、随意与放纵，而西方人的思维有科学性的严谨、缜密和约束。如果有人说中国人的思维没有逻辑又或是逻辑性不强，那么我会问："发明针刺麻醉、武术气功的人能没有逻辑思维吗？只不过西方人看到人体内循环的是血液，而我们'看'到更多。"

现有的中国教育体制对科学基础理论的发展支撑力度不够，因为我们的教育体系对数学人才的培养不够重视。既然我们知道数学是科学的语言，可有时候学生放在数学上的时间远比放在一门外国语言上的时间少；我们知道数学是很重要的基础知识，而外语只不过是人类千百种沟通工具之一，除了需要传承的母语我们必须认真对待，其他语言自有它自己的传承人，轮不到我们去操心；我们还知道小学生犹如一张白纸，小学是一个人最容易吸收新事物与知识的重要关口期，是一个人人生中学习的黄金期，这段时间的教育深刻影响着一个人才的成长。所以，如果我们想把小孩培养成才，就一定要使他的时间充分

第九章
李约瑟之问与元明清之殇

有效地用在"刀刃"上。教育是一门兴国育才的事业,不能也不应该让它与商业挂钩,更不能把它作为一种牟利的工具。国之大事,从长远看,除了军备国防,再无比教育更重要的了。

中国因为元明清之殇而在科技上有一段时间远远落后于西方各国,现在好不容易追上来了,但仍有很多短板必须补上,要引领风骚还有一段漫长的路要走,破题的关键是我们必须要有足够的数学家、数学理论家和各方面的科学家。数学可以把很多学科连起来,它是通向各科学基础理论之门的钥匙。

西方对培养数学人才是极其重视的。苏联有数学少年宫,法国有不同的数学俱乐部,其他西方国家也有各自不同的平台,都是为了让有数学天赋的儿童、年轻人有一个良好的环境以共同学习、切磋。当然,这些组织都是由大师级的导师来教导管理的,其中更不乏得菲尔兹奖(数学领域的国际最高奖项)的知名人士。

法国数学界出现过很多知名人士,有着优良的传统,可是近代法国在这方面的质量不停下降,他们也为这一现象发愁。于是,他们开了很多讨论会,讨论如何调整法国的教育课程以达到促进更多数学人才成长的目的,这还是最近几年的事呢。

美国在这方面也不遗余力,他们在各大知名学府,如密歇根大学安娜堡分校、普渡大学、俄亥俄州立大学、密歇根州立大学、威斯康星大学麦迪逊分校、印第安纳大学伯明顿分校、亚利桑那州立大学坦佩校区、斯坦福大学等,都有着雄厚的数学教研基础,并将一些长期解决不了的数学难题悬赏重金以求破解者,赏金有达百万的,可谓不惜成本,只求突破。当然,一些数学难题是有着巨大的实用价值或商业价值的,而且往往是某些理论科学的关键问题。

中国要在理论科学上有所突破,也需要有大量的专业的数学人才。数学是开发脑力、增强逻辑思维的有效工具。中国古代很多巧妙的儿童玩具,如连环扣、九子连环、七巧板乃至围棋、象棋等，都是古人为我们留下的开发脑力的宝贵财产。具体到数学，这样的例子也不少，如《孙子算经》里的鸡兔同笼问题、物不知数问题等。在阿拉伯人那里是代数的问题，都是我们在"奥数"里面经常碰到的问题。

要从小培养数学人才的办法很多，如何将这一需求融入现在的教育体系，是一个必须由国家解决的问题。这个问题有一定的紧迫性，中国科学技术的发展、中国基础科学理论研究，都要求我们这么做。

至于全国性的、地区性的数学俱乐部，政府主办的也好，民间主办的也罢，也是不能缺席的。如何把这方面的事办好，如何发展出一整套可持续发展的有效管理机制，如何为中国科技力量的崛起、为基础理论的研究夯实基础？这需要源源不断的动力，更需要国家长期的有效作为和激励。

第十章
科学需要伦理道德
◂◂◂

> 我们撒谎、我们欺骗、我们偷窃。我们还有一门课程专门来教这些。这才是美国不断探索进取的荣耀。
>
> ——美国前国务卿 迈克·蓬佩奥

2019年4月15日，美国前国务卿迈克·蓬佩奥在美国得克萨斯农工大学进行演讲，并回答学生们的提问。一名学生就美国对沙特的外交政策进行了提问，蓬佩奥回答道："我曾担任美国中央情报局的局长。我们撒谎、我们欺骗、我们偷窃。我们还有一门课程专门来教这些。这才是美国不断探索进取的荣耀。"这几句话引发现场热烈的掌声。

这已经成为今天美国价值观的主要组成部分，与它开国时的精神面貌有着天壤之别，20世纪80年代的美国就不是这样的。

1972年发生的水门事件，美国共和党的数名高级管理人员潜入民主党办公的水门大厦安装窃听器，偷窃竞选策略情报，结果被捕入狱。为此，当时的美

人啊，认识你自己！
—— 人类两次大思潮运动

国总统尼克松也不得不黯然下台，成为首位因丑闻而辞职的总统，代价不可谓不大。是什么原因导致今日的美国价值观变得如此扭曲，如此胆大妄为呢？

第二次世界大战期间，日本人在中国设立了七三一部队，从事生物病毒研究工作，研究细菌残害生命的全过程；然后又有五一六部队从事大规模杀伤性化学武器研究，战后这些资料全归美国所有。美国人在继承了日本人这方面的研究后变本加厉，到现在美国的生化（武器）研究实验室已遍布全球。在乌克兰设立的多个生化实验室中，被发现存有俄罗斯人的细胞基因，其用意可能是要从破坏或重组俄罗斯人的基因入手，以达到大量消灭俄罗斯人的目的。2022年的俄乌冲突中，俄国人在搜查乌克兰的生化实验室时发现此事。其实美国在全球各地搜集人类基因的活动从没停止过，覆盖面很广，连中国贵州、云南、广西的少数民族都有所涉及。当然，美国人的研究是有目的的，中国人民解放军在抗美援朝时吃了不少这方面的苦头。看来没有伦理道德约束的科学，大有问题。

21世纪初，更换器官作为一种医疗手段开始盛行，滋生了活人器官买卖的黑暗产业。为了满足市场的需要，一些人被圈养起来，只为他们身上的器官能在第一时间被送到手术台上。人免不了会贪生怕死，有权势的人、身家财富巨硕的人也不例外，但不管是通过权势的压迫还是巨额财富换回续命器官，都不可能是公平的。就算议价、定价的过程当事双方都无异议，一个健康的人身上器官的价值又有谁有权厘定？它必然会引出一个伦理道德的新问题。

到了21世纪20年代，人工智能开始发力。这个问题比较复杂，因为一般国家研究机器人主要是为了满足生产的需要，以机器人来从事人力不好胜任的烦琐的工作。但也有国家研发机器人主要是当杀伤性武器使用。姑且勿论没有感情的人如何能够在编程上编出带有感情的机器人，就算编出了又如何保障这些感情不是反人类的呢？现今世界的普遍情况就是如此，定点清除、斩首行

第十章
科学需要伦理道德

动、制造借口滥杀无辜，都牵涉人类道德伦理的复杂区域。

这样的例子可能还有很多，但归根到底问题的核心全在于人类行为缺乏监管。发展科学不能没有伦理道德，如果过去人类不明白这道理，近代一百多年的痛苦经历应该很能说明这个问题了。

《大学》开篇有这么几句话："物有本末，事有终始，知所先后，则近道矣。"人类第一次大思潮运动带给我们哲学，带给我们民本思想，带给我们伦理道德。人类第二次大思潮运动带给我们文艺复兴，带给我们启蒙运动，并最终把所有与自然科学有关的学科连成一片，带给我们科技文明。只是，相隔两千多年的两次大思潮，没能使哲理文明和科学文明有机地融为一体，不过它们的先后顺序是存在的，中华文明的发展就是循着这个顺序走过来的。虽然没能参与第二次大思潮运动科技体系的确立，使我们一度因为科技落后失去自信，但强大的、得民心的、有人性的中华哲学没有让我们迷失方向。于是，新中国找到了自己的主义，并在一穷二白、艰苦卓绝的环境下重新上路，自力更生、发愤图强、不怕牺牲，到今天已经可以骄傲地自立于世界各民族之林。科技发展是在实物层面上演变、推进的，其过程是看得见摸得着的，只要有恰当的工具和足够的时间，追上甚至超越同时代的科技发展水平其实不难。但是，没有人文哲学，没有伦理道德，人类又如何驾驭科学、掌控科学发展的方向盘？很多问题，甚至是反人类的问题都出现了。带病的科学、畸形的物质文明、失序的无道，岂是偶然？

最后，我们不妨比较一下有道德伦理与没有道德伦理文明的差异。

玛莎·斯托特博士，任职于哈佛大学医学院，是美国近代知名临床精神病学专家，曾在著名的精神病专科医院麦克莱恩医院接受专业训练，出版过多部著作，也曾被福克斯新闻、美国公共广播电台、KABC 电台及其他许多广播节目介绍和报道。她在《当良知沉睡》一书中说：

人啊，认识你自己！
—— 人类两次大思潮运动

"自从青春期以来，我就在疑惑为何有这么多人以羞辱别人为乐。但另一点显而易见，仍然有人对别人的痛苦感同身受，这也证明了想要伤害别人的冲动并不是普遍的人性。

"洛克、多琳以及斯基普在很多方面都大相径庭。洛克好逸恶劳，喜欢混日子，并设法赖上某个有责任感的'朋友'或家人来为他打理一切；多琳嫉妒心重，长期不满现状，她会花很多心思打压别人，以便让自己显得比别人厉害；而斯基普渴望统治世界，他这么做当然是为了自己的利益，而且也是一种浮夸地娱乐自己的形式。但这三个动机迥异的人却有一个共同特点：为了满足个人野心，他们什么事情都干得出来，而且没有一丝负罪感。他们想要的东西都不一样，但获取方式却如出一辙，也就是说，他们做起事来毫无廉耻。斯基普违反法律，毁掉别人的前途和生活，反倒觉得无所谓；多琳用谎言编织了自己的人生，她为了让同事难堪，不惜去折磨无助的病人，而且丝毫没有感到不自在，一点都不觉得自己该对此负责；为了找人照顾自己，为了不用付租金的房子和游泳池，洛克便会迎娶一位他并不爱的、渴望拥有家庭的正直女人，然后他会偷走儿子童年的快乐来维持自身儿童般的依赖性，他在做这些决定的时候根本没有犹豫，更谈不上会为负罪感所困。

"……上述这三个人都属于同一类人，他们的显著特征就是缺乏良知，从个体如何认知环境以及如何过人生而言，这个特征要比其他所有的人性特征，甚至性别，都更为突出。多琳跟这个世界上任何一个有良知的女人都不大相像，反倒是跟斯基普或洛克更为相像，而少言寡语的洛克与野心勃勃的斯基普比较相像，他们跟任何一个受到良知约束、秉性各异的人都不一样。

"是什么东西在无形中不可思议地对人类进行了这样深度的划分？为什么

第十章
科学需要伦理道德

有些人没有良知？反社会人格是如何炼成的？"①

西方还在寻找解决人性问题的答案，这一过程中有一点很突出，就是他们还在用科学的思维、用实验的方法来求解。

现在让我们回到玛莎博士的提问："是什么东西在无形中不可思议地对人类进行了这样深度的划分？"

如果我们以此来问我们的太史公，他应该会说是"七情十义"的问题，解答问题的方法应该是"缘人情而制礼，依人性而作仪"，以"仁义"互勉，以刑罚束缚。

于是我们发觉，两千多年后，东、西方文明对人性管制的成效已经有了很大的差别。"虽然不管什么地方、什么年代都会有反社会人格者存在，但有可靠证据表明，某些文化里的反社会人格者就是比其他文化里的数量少。有趣的是，在东亚的一些国家（尤其是日本和中国），反社会人格者相对稀少。在中国台湾的农村和城市所做的研究发现，该地区反社会人格障碍的发生率极低，范围是 0.03%—0.14%，虽然不是零，但已远低于西方国家的平均值 4%。令人烦恼的是，反社会人格在美国的发生率在节节攀升。由美国国家心理健康研究所赞助的'1991 年流行病集结地区研究报告'指出，在开展此项研究之前的 15 年间，美国年轻人群中反社会人格障碍的发生率增加了近一倍。我们很难、也几乎不可能用遗传学或神经生物学的理论来解释这种现象。很明显，文化影响对任意给定群体中反社会人格的发展（与否）起到了非常重要的作用。"②

我们应该理解，在一个战争不断的国家里，不管是受霸凌被侵略的国家，还是到处出兵、在全球广设军事基地拉帮结派的国家，国民的心态都不可能平

---

① 玛莎·斯托特.当良知沉睡[M].北京：机械工业出版社，2017：143—144.
② 玛莎·斯托特.当良知沉睡[M].北京：机械工业出版社，2017：161.

人啊,认识你自己!
—— 人类两次大思潮运动

静,更不可能正常。当兵时以杀人为乐,退伍的兵能安分守己吗?所以美国枪支管制难以实现,枪杀案件日增更是无从避免。

就这样,我们既有了一些文明事例的分析、概括,又穿插了近代美国科学家的一些科学调研与数据。我们也该明白在民本主义的社会里,父母官该怎么样为人民服务了。玛莎博士的反社会人格者调查报告数据显示,东、西方有着反社会人格者的比例竟然高达 1∶133,而且还在拉开,这是一个多么大的倍数呀!它对人们该如何为美好、和谐的"人类命运共同体"而努力,应有所启迪。

后　记

　　"人啊，认识你自己！"着实是个耐人寻味的问题，把它用作书名，更像是个振聋发聩的呼喊！

　　因为有人，所以产生文明；因为人在精神、肉身方面都有需要，所以健全的文明必须在这两方面都兼顾好。阳光的精神面貌给我们带来健康的价值观，从而构筑起健康阳光的世界，把人类引向和谐；阴暗龌龊的思想只能祸害人间，如何趋利避害，就得看人类的智慧了。

　　人类的两次大思潮运动都带来丰硕的文明成果。第一次运动充实了我们人文精神方面的需要，确立了中国独一无二的哲学体系。只是那个时代，世界还没有连成一片，很多地方、很多族群都没能分享这些成果，所以，以霸力谋求征服和发展的帝国之路一直在蔓延，不断壮大，延续至今。

　　第二次大思潮运动带给人类丰硕的科技成果，但它是在殖民主义浪潮、资本主义大发展和帝国主义急速膨胀的大时代背景下，因为争夺利益的需要而产生的，目的十分暧昧，这情况到现在还在继续，只是我们已经不知道它是祸是福了。第二次大思潮带来的科技发展，在没有伦理道德的人文精神的引导下

人啊，认识你自己！
—— 人类两次大思潮运动

已经走错了方向。人类在不断发展大规模反人类的杀伤性武器，相互威胁并在很多地方开设生物化学实验室，目的是要找到一些能够灭族的病毒或细菌性武器，这样恶毒的居心早已超脱人类良知所能接受、理解的范畴，简直是面目狰狞毫无人性可言的另类。善良的人们不禁想，这样邪恶的生物能算是人吗？我们又应该怎么样去认识这个问题？这就打开了一个比本书书名层次更深的问题，我们在《后记之后》中会稍作讨论。

但我们知道的反人类问题、反地球问题、反自然问题不过是冰山一角，我们不知道的肯定是更多，我们有充分的理由相信现代科技沿着现在的路走下去不会给人类带来幸福。此问题的根源我们在第十章已经详细讨论过，此处就不赘述了。

"落后就要挨打"，这是邓小平从西方人的价值观里总结出来让我们能够保护好自己的真理。

"认识你自己"是个人的修为体验，但没有经历过第一次大思潮运动的西方，没有伦理道德、人文哲学的西方不知道如何在这方面修为，只知道铆足了劲儿在科学文明方面发力，并以科技文明创造出来丰硕的物质财富左右世界、收买人心。当饱受剥削欺压的人们面对巨额财富的诱惑，知道这些财富可以让他们摆脱贫困的命运时，很难有不动心的，当然也就忘记他们当初是为什么贫困的了。这应该是"认识你自己"最简单、最实际的一面，之后从如何面对到如何抉择，更是考问个人良知的关键过程，要不辜负自己、不辜负人民、不辜负时代，没有好的修为是做不到的。

世界是在经历过第一次、第二次世界大战后，在打成一片的废墟中首次有机地连成一体，所有人都变成休戚与共的人类命运共同体的一员。同住地球村，同坐一条船，认识世界就变成大国公民的修为。当我们坚信"己所不欲，勿施于人"时，也要对信奉"己所不欲，祸之他人"的人心存警惕。

后记

中国是个大国。中国人是大国公民，又是有着五千多年伦理道德、哲理文明的传承人，自然承担着一份与众不同的担当，这份担当必须从正确认识世界开始，因为正确的认识会给我们带来正确的判断，让我们从历史中理解世界、从人性中认识对手、从明白世界各种不同的价值观中知彼。只有这样，也一定是这样，我们才能处理好该负的责任与担当而不至于吃亏，不至于走向历史中很多大国被人瓜分的命运。

"知己知彼，百战不殆。"如果我们对世界没有正确的认识，又怎么能达到知己知彼呢，还不总是停留在以己度人的水平上吗？这是要不得的。不知彼却以为知彼是我们认识上的一个误区，它会给我们民族带来巨大的祸害，这祸害是会要命的。

自清以来，我们饱受耻辱、历尽艰辛，好不容易在新中国的带领下翻了身，我们不能让数千万烈士的血白流，我们必须朗声唱着国歌昂首前进。

本书的侧重点在人类的两次大思潮运动，这两次运动正好与人类文明在精神属性和物质属性两方面对应上了，而这两方面又正好是解释"人啊，认识你自己"的关键。说起来，要真正解答这个问题还是挺有难度的，不管从精神方面还是从物质方面去真正理解人，都不容易。地球是奇妙的，人也可以是很奇妙的，我们带着蒙昧与千万个为什么来到世间，然后很多自以为是的人又带着高度自信的蒙昧离去，为什么？

打成一片也好，乱成一团也罢，历史的舞台也就这样乱糟糟地从地域性往全球性延伸，舞台中心也变得不那么明晰了。第二次世界大战后的北美是少数没有受到战火蹂躏的地方，年少气盛的民族，在强大的虚荣心和权力霸占欲的推动下，毫不犹豫地接过了帝国之路的"接力棒"，并聪明地将美元先与黄金、后与石油挂钩，使其成为世界货币，也顺理成章地成为他们盘剥世界的生财工具。他们拉帮结派，成立了一整套以美国为首的世界秩序，然后以剥夺型的经

人啊，认识你自己！
—— 人类两次大思潮运动

济体系、以专利和层层设码的科技门槛、为方便操纵世界把联合国设在纽约、以战争推动型的军工体系发展军备，想要依靠强大先进的军事力量来维持霸权对世界的主宰地位。

2022年发生的俄乌冲突背后到处都是美国的影子。难以想象的是，在这样连天的战火中，乌克兰当局还不忘出口大量粮食，大概是无奈中以此来偿还美国的军火债吧？如果因此发生动乱，当然又是美国人获利最多了，不过这一切应该都在他们的算计之中。乌克兰人民的话语权、生存权又该如何表达？谁来表达？

人啊，认识你自己吧，是时候让世界上没有民本思想，欠缺人文哲学、道德文明的国家、民族补上这一课了。人类在科技文明方面有了共同语言，所以我们沟通得很好。精神文明的需要也是一样的，只是我们缺少沟通，更缺乏能让我们沟通良好的共同语言。

作者 2022 年 10 月 16 日写于北京回龙观

后记之后
◂◂◂

　　孟子见梁惠王。王曰:"叟!不远千里而来,亦将有以利吾国乎?"

　　孟子对曰:"王何必曰利?亦有仁义而已矣。王曰:'何以利吾国?'大夫曰:'何以利吾家?'士庶人曰:'何以利吾身?'上下交征利而国危矣。"

——《孟子·梁惠王上》

　　中国有些概念,不管是在感情上、伦理上还是道德上,都是很独特的,是世上其他民族所没有的。就拿"利"和"义"来说,早在春秋战国时代,我们的先人已经看到"唯利是图"的害处,化解它的方法就是"仁义"。商人逐利,举世皆然,在中国社会各阶层的排名上,商是在士、农、工之后的。中国的商人,在社会风气和各方面的熏陶下,都能明白这一点,所以有不义之财不取、待客以诚、货真价实、童叟无欺等概念,先把商人两个字中的"人"字做好以博取社会各方人士的尊敬和认同,然后兢兢业业去营商。这是中国殷实商人的

人啊，认识你自己！
—— 人类两次大思潮运动

致富之路，在道德上是有底线的，与西方资本主义的经营之道是有着明显甚至巨大的本质区别。

> 以利相交，利尽则散。以势相交，势败则倾。以权相交，权失则弃。以情相交，情断则伤。唯以心相交，方能成其久远。
>
> ——《中说》（隋·王通）

隋代王通把人际交往中的利、势、权、情、心说得更透，只是时代变迁，不同甚至相悖的价值观都在影响着我们。传统的理念，在面对西方某些观念毫无底线更无道德伦理的强势干扰时，在财富诱惑与巨大的生存压力中风雨飘摇。但不管怎样，数千年来中华文明都是这样走过的，它所面对的时而近、时而远的帝国政权的霸力、野蛮人的侵袭乃至群狼的围攻，守护文明的决心从未动摇过，也从未妥协过。我们知道，以武止戈是正道，以蛮力侵略别人掠夺财富是歪道，因为这样，人类文明得以存续，和谐社会总有希望，世界和平看到曙光，这就是人类命运共同体应有的未来。

认识自己的方法很多，最直接的方法还是得从修身做起，通过自己的努力去认识自己、修炼自己。间接一点儿的方法是通过父母、老师、亲友的劝导、教育、批评和忠告来认识自己，但能从别人的善意中得益的人毕竟不多，所以间接的影响没有直接的索求来得深刻。至于通过科学的方法去理解物性的人，那只是物性方面的认知，既触动不了人性，更谈不上修炼、改良，这就导致西方学界走进了以形而下的方法去了解形而上的意境的误区，往往徒劳无功。神学与宗教是躲开这个误区的一种方法，但经过两千多年的验证，它的效果并不理想。

第二次世界大战后，战胜国对战败国分别在德国的纽伦堡和日本的东京举行过两场对战犯的大审判，那就是"纽伦堡大审判"和"东京大审判"。这本来是一个很好的机会，让我们可以深入地去了解人性，可是两次大审判的过程和结果都不一样。在德国的审判以强势的美英苏为主，于是有了对德国战俘穷追猛打的场景和结果；至于东京的审判，中国虽说是战胜国，但国力毕竟与其他强国相去甚远，讨公道讨说法的诉求十有九空。

有一个犹太律师为了弄清楚那些犯下滔天大罪的德国纳粹战犯的真正心理状态，化装成战俘混到监狱里，与那些所谓杀人不眨眼的恶魔同吃同住达一年之久，结果却发现那些人与一般的正常人无异，而且斯文温顺得出人意料。这些反应正好说明人在某些关键时刻的特性：自我保护性、环境适应性与蒙蔽欺骗性。这样的特性，如果是顺应自然的发展还好说，因为它会自动找到一个中间点，那就是中国人常说的"中庸之道"。但如果它是不受克制而发展起来的病态状态，自我保护变成对别人伸手要地盘的掠夺和攻击；环境适应变成无休止的对大自然的破坏；蒙蔽欺骗更是一种建筑在高度贪婪、毫无底线的营销策略上的逐利行为，人类想真正认识自己是有很大难度的。

在两处庭审中，美国代表总是义正词严，简直就是正义的化身，但事实是带有极大程度的蒙蔽欺骗性的。美国人为了不可告人的目的，在日本战犯名单上开始做手脚，如在中国犯下滔天罪行的七三一细菌战部队和五一六化学战部队都没有被追究责任。但这绝对不是美国人对日本战俘的仁慈，而是美国为了私利与日本战俘达成的一笔龌龊买卖。于是，这些战俘连同他们所有的研究实验资料乃至整个实验室的设备都到了美国，开始为美国人服务。在俄乌冲突中，俄罗斯就发现了二十多个美国设在乌克兰的生化武器实验室，其中不乏研究人员在撤离前来不及销毁的俄罗斯人基因的资料，想来令人恐怖。

看来"认识自己"只是我们可以做的最基本的层次，也是最表面的层次，更深入的层次往往隐藏着更大的蒙蔽性和欺骗性。从这个方向往前追溯越远，

人啊，认识你自己！
—— 人类两次大思潮运动

人的个性也就会变得越扭曲。当人类共有良知的火焰在一些人的心头上再也亮不起来，人心就凉了甚至冰冷了，人类所有美好的感情也就与他们再无关系，这样的人我们可以把他们称作"冰人"。想到他们的状况基本上已经失去了人的意义，所以我们又应该把他们称为"冰良"。在一个正常的社会里，他们的比例是很低很低的。但在一些经常发生战争的国家里，这些"冰良"在社会中的比例会相对高涨。这当然不是一个追求和谐的社会的福祉，如果我们纵容他们就这样发展下去不加制约，会变成人类的祸患；作为人类命运共同体的一部分，这是我们不愿意看到的。

人从"认识自己"，到"理解自己"，到"管控自己"，到"改良自己"，到清楚地知道如何与自己的良知共鸣，到保护好自己心中的小火炉长期温暖又同时温暖别人，到清楚地明白人类在大自然、在万物中的使命，知道我们作为万物之灵应该如何与大自然相处而不争，与万物相扶持而不独享，这需要我们端正好自己的态度，在不断变化的环境中修身。慎独而不是在别人面前演戏，更不是通过漂亮的修辞来影响、蛊惑人心，如果我们能做到这些就很不错了。

不过，对一些没有受过基本民本思想、伦理道德熏陶的人们，上面所说的都是镜中花、水中月。不积跬步无以至千里，我们还不如踏踏实实地从认识自己开始，而这个认识又应该从人类第一次大思潮运动的中华哲理开始。当每个人在道德伦理上都有着共同的价值观，真正明白"己所不欲，勿施于人""老吾老以及人之老，幼吾幼以及人之幼"，乃至"君子爱财，取之有道"等道理，共同的价值观就有了，社会也一定会变得更和谐。

我们还是从"人啊，认识你自己"开始吧。

作者 2023 年 1 月 3 日写于北京顺义